"十二五"职业教育国家规划教材
经全国职业教育教材审定委员会审定

普通高等教育"十一五"国家级规划教材

修订版

管理学原理

第 4 版

主 编　冯拾松　赵红英　汪莉娜
副主编　周桂瑾　刘　军　李菁羚
参 编　祁士闯　谢庆勇　程春鹏　施美英

机 械 工 业 出 版 社

本书是在上版"十二五"职业教育国家规划教材的基础上，根据高等职业技术教育教学要求修订编写的。全书共 11 章，主要内容包括：概论、组织文化与组织环境、管理理论的形成与发展、计划、组织、决策、沟通和激励、领导、控制、创新、综合实训演练等。

本书以适应高职高专教学改革需要、体现高职高专教材特色为目标，在内容上坚持实用性、针对性原则，根据学生毕业后所需的管理技能来选择教学内容；在形式上，努力探索"讲、读、研、练、学"一体化的新型模式，力求做到"做中学、学中做、学后练、学后用"。

本书可作为高等职业技术院校、高等专科学校、职工大学、业余大学、夜大、函授大学、成人教育学院等大专层次的经济类、管理类各专业的管理学教材，也可作为广大自学者及从事经济管理工作的人员的自学用书。

为方便教学，本书配备电子课件等教学资源。凡选用本书作为教材的教师均可登录机械工业出版社教育服务网 www.cmpedu.com 注册后免费下载。如有问题请致电 010-88379375 联系营销人员，服务 QQ：945379158。

图书在版编目（CIP）数据

管理学原理/冯拾松，赵红英，汪莉娜主编. —4 版. —北京：
机械工业出版社，2019.9（2024.12 重印）
"十二五"职业教育国家规划教材　普通高等教育
"十一五"国家级规划教材
ISBN 978-7-111-63938-1

Ⅰ.①管…　Ⅱ.①冯…②赵…③汪…　Ⅲ.①管理学
—高等职业教育—教材　Ⅳ.①C93

中国版本图书馆 CIP 数据核字（2019）第 214782 号

机械工业出版社（北京市百万庄大街 22 号　邮政编码 100037）
策划编辑：董宇佳　　　　责任编辑：董宇佳
责任校对：程俊巧　　　　封面设计：鞠　杨
责任印制：单爱军
北京虎彩文化传播有限公司印刷
2024 年 12 月第 4 版·第 9 次印刷
184mm×260mm·13 印张·305 千字
标准书号：ISBN 978-7-111-63938-1
定价：44.00 元

电话服务　　　　　　　　　网络服务
客服电话：010-88361066　　机　工　官　网：www.cmpbook.com
　　　　　010-88379833　　机　工　官　博：weibo.com/cmp1952
　　　　　010-68326294　　金　书　网：www.golden-book.com
封底无防伪标均为盗版　机工教育服务网：www.cmpedu.com

前　言

根据国发〔2019〕4号文件《国务院关于印发国家职业教育改革实施方案的通知》（以下简称"职教二十条"）的精神，教学设计不仅要以职业岗位需求为起点，而且要以培养学生具备一定的技术应用能力和创新能力为起点。

本书是在第2版普通高等教育"十一五"国家级规划教材、第3版"十二五"职业教育国家规划教材的基础上精心修订编写的。全书以适应"职教二十条"教学改革需要为出发点，以全面反映新知识、新信息为主要特色，努力从内容上、形式上有所突破和创新。在内容上，本书坚持实用性、针对性原则，根据学生毕业后所需的管理技能来选择教学内容。在编写方式上，除正文叙述外，还设置了"导入案例""阅读资料""案例分析""实践练习"等内容；同时，借助现代的互联网技术，在部分章节以二维码的形式导入了一些微课和微视频；另外，为了进一步强化管理技能的实操性、贯彻"职教二十条"的精神，本书在原来内容的基础上增加了一章综合实训演练，其实训演练的具体教学内容既可以二维码导入视频学习的方式进行初步学习了解，也可通过精品在线课程网站（https：//www.icourse163.org，http：//www.zjooc.cn）的形式做进一步的深入学习。另外，该课程在超星学习通上也建有课程资源网站，欢迎有志人士学习指导。总而言之，本书力求探索一种"讲、读、研、练、学"立体化的线上线下新形态教材模式，以尽可能适应教师精讲、学生多练、模拟实操"能力本位"的新型教学方式的需要，寻找一种产教融合的教学途径。

本书由冯拾松、赵红英、汪莉娜任主编，周桂瑾、刘军、李菁羚任副主编，祁士闯、谢庆勇、程春鹏、施美英参与编写。最后由冯拾松、汪莉娜、李菁羚统稿。本书结合当前高等职业技术教育的要求，吸收了当今的一些新成果，由各位编者在原有版本的基础上，做了一定程度的修改。具体改编分工为：金华职业技术学院的冯拾松改编第1章；浙江水利水电学院的刘军改编第2章、第10章；金华职业技术学院的汪莉娜改编第3章、第9章、第11章以及各章的"导入案例""阅读资料"与"案例分析"；河北机电职业技术学院的祁士闯改编第4章；无锡职业技术学院的周桂瑾改编第5章；金华职业技术学院的李菁羚改编第6章、第7章；义乌工商职业技术学院的赵红英改编第8章；金华职业技术学院的李菁羚负责本书各章节的微课和微视频以及教材教案的制作；金华职业技术学院的谢庆勇、程春鹏、施美英参与了部分内容的改编。

本书在编写过程中，参阅了有关著作和教材，并引用了其中的一些资料。值此，向所有给予帮助的朋友和有关著作、教材的作者表示诚挚的谢意。

由于编写人员水平有限，加之本书对高职高专教材编写模式做了大胆的尝试，不足之处在所难免，恳切希望广大学者、同仁和使用本教材的师生提出批评和改进意见。

编　者

二维码索引

序号	微课名称	图形	页码	序号	微课名称	图形	页码
1	管理		002	7	决策的本质		102
2	管理者		005	8	如何避开错误决策的四个陷阱		103
3	延伸学习：学习型组织建设的必要性		022	9	沟通		123
4	计划的概述、内容和类型		060	10	员工激励		129
5	计划的方法		066	11	管理创新		183
6	延伸学习：什么叫 ERP		071	12	组建沙盘团队		194

（续）

序号	微课名称	图形	页码	序号	微课名称	图形	页码
13	实训规则： 电子沙盘引导		195	19	模拟沙盘： 第二年运营		196
14	实训规则： 生产运营（一）		195	20	模拟沙盘： 第三年运营		197
15	实训规则： 生产运营（二）		195	21	模拟沙盘： 第四年运营		197
16	实训规则： 市场营销		195	22	模拟沙盘： 第五年运营		198
17	实训规则： 财务管理		195	23	模拟沙盘： 第六年运营		199
18	模拟沙盘： 第一年运营		195				

目　录

CONTENTS

CONTENTS

第1章 概 论

学习目标
- 掌握管理、管理学的含义。
- 理解管理者的分类及技能要求。
- 了解管理者的角色理论。
- 掌握管理学的特点及学习方法。
- 理解管理的职能、性质与作用。

导入案例

一位年轻的炮兵军官上任后，到下属部队视察，发现有几个部队操练时有一个共同的情况：在操练中，总有一个士兵自始至终站在大炮的炮筒下，纹丝不动。经过询问，得到的答案是：操练条例就是这样规定的。原来，条例因循的是用马拉大炮时代的规则，当时站在炮筒下的士兵的任务是拉住马的缰绳，防止大炮发射后因后坐力产生的距离偏差，减少再次瞄准的时间。现在大炮不再需要这一角色了。但条例没有及时调整，出现了不拉马的士兵。这位军官的发现使他受到了国防部的表彰。

管理的首要工作就是科学分工。只有每个员工都明确自己的岗位职责，才不会产生推诿、扯皮等不良现象。如果公司像一个庞大的机器，那么每个员工就是一个零件，只有他们爱岗敬业，公司的机器才能得以良性运转。公司是发展的，管理者应当根据实际动态情况对人员数量和分工及时做出相应调整。否则，队伍中就会出现"不拉马的士兵"。如果队伍中有人滥竽充数，给企业带来的不仅仅是工资的损失，而且会导致其他人员的心理不平衡，最终导致公司工作效率整体下降。

在我们的许多企业里都可能存在"不拉马的士兵"。比如企业改革或所处的环境发生了变化，比如企业的工作流程或工作方式发生变化，再比如企业的技术进步或众多方面得以革新，等等，如果企业自身没有意识到，并仍因循原来的运作模式，此时，也许就会使一些人力、物力出现"不拉马"现象。"不拉马"现象直接占用了企业的资源，使组织运作的效能降低，也会大大影响企业内部的公平氛围和员工对公平的感觉。企业组织是一种流程和链条，单个管理者或员工对组织目标的贡献在很大程度上受到其他岗位员工表现的制约。每个环节的波动有正向的，也有负向的，但由于存在相互依赖性，使得正向的贡献不能积累，而负向的贡献反而逐渐积累。所以从整个组织的产出来看，整体的效率取决于最薄弱的环节或链条，而管理不到位却又加紧了这一种"瓶颈"。

1.1　管理、管理者、管理学

进入到 21 世纪，社会经济生活正在发生巨大的变化。各种组织，尤其是经济性组织的竞争日益加剧，科技与管理这两个现代社会发展的车轮的作用更加突出。凡是一个由两人以上组成的、有一定活动目的的集体都离不开管理。管理是一切有组织的活动必不可少的组成部分。随着科技进步的不断加快，管理对组织发展的作用越来越引起社会各界的重视。人们越来越重视社会各个领域和人类各种活动中存在的管理问题。本节主要阐述管理、管理者、管理学的基本含义以及三者之间的关系。

1.1.1　管理的含义

关于"管理"的含义，由于它是一个历史范畴，其范围极其广泛，研究学派又很多，所以有各种各样的解释。有关管理的定义很多，且有许多不同的说法，"科学管理之父"泰勒对管理是这样解释的，即"管理是确切地知道要干什么，并使人们用最好、最经济的办法去干"。法国早期管理学家法约尔（1841—1925）认为，管理就是实行计划、组织、指挥、协调和控制。现代著名管理学家孔茨则提出"管理是设计和维持一种环境，使集体工作的人们能够有效地完成预定目标的过程"。美国另一位著名的管理学家罗宾斯给"管理"下的定义是：管理是同别人一起，或通过别人使活动完成得更有效的过程。综上所述，我们对管理可以这样来定义，即管理就是在特定环境下，通过计划、组织、控制、激励和领导等环节来协调人、财、物和信息资源，以期更有效地达成组织目标的过程。这个定义可以从下面几个方面进一步理解：

1）管理是在一定环境下进行的，不同的内外部环境要有不同的管理策略、手段和方法。

2）管理的对象是组织的资源，包括人力资源、物力资源、资本资源、技术资源、信息资源等。其基本对象是人。

3）管理要紧紧围绕组织目标来进行，既要注意效率，又要注重效果。

管理

1.1.2　管理者

在现代社会中，存在着形形色色的组织。企业、社会团体、学校、医院、政府等都是组织。所谓组织，是指由两个或两个以上的个人为了实现共同目标组合而成的、具有一定边界的有机整体。

任何组织都是由一群人组成的，根据其在组织中的地位和作用不同，组织成员可以简单地划分成两类：操作者和管理者。

所谓操作者，是指在组织中直接从事具体业务，且对他人工作不承担监督职责的人。如工厂的工人、学校的教师、医院的医生、商店的售货员等。他们的任务就是做好组织所分派的具体的操作性事务。

所谓管理者，是指在组织中指挥他人完成具体任务的人，如公司的经理，学校的校长，政府机关中的司长、处长、科长等，有时也包括组织中各职能部门内具有一定管理权的一般管理人员。管理者虽然有时也做一些具体的事务性工作，但其主要职责是指挥下属工作，其区别于操作者的一个显著特点是管理者有下属向其汇报工作。

1. 管理者的分类

在一个组织中，有各种各样的管理者，按照不同的划分标准可以有不同的分类。

按照管理者在组织中所处的地位不同，管理者可以分为：

（1）基层管理者：其主要职责是直接指挥和监督现场作业员，保证完成上级下达的各项计划和指令。在工厂中，基层管理者可能被称为监工、领班，在运动队中可能由被称为教练的人担任；在政府机关中管理者是指科长、股长。基层管理者是组织中最下层的管理者，他们主要关心的是具体任务的完成。

（2）中层管理者：其主要职责是贯彻高层管理者所制定的大政方针，指挥基层管理者的活动。中层管理者可能享有部门或办事处主任、车间主任、分厂厂长、地区经理、系主任、部门经理、科长、处长等头衔。他们通常根据上级的指示，把任务进行具体分配，通过基层管理者的努力去带动第一线的操作者完成各项任务。他们注重的是日常管理事务。

（3）高层管理者：其主要职责是对组织负有全面责任，主要侧重于决定有关组织的大政方针，沟通组织与外界的交往、联系。公司的总经理、学校的校长、医院的院长等都是高层管理者。高层管理者往往对一个组织的成败至关重要。因此，高层管理者很少从事具体的事务性工作，把主要精力和时间放在组织全局性或战略性问题的考虑上。

高层、中层、基层管理者的划分是相对的，组织范围不同、规模不同，管理者所处的地位就不同，职责也不同。

此外，按照管理者所从事的工作领域不同，还可以把管理者分为综合管理者和专业管理者。综合管理者是指负责管理整个组织的全部活动的人；而专业管理者的管理活动仅仅涉及组织中的某一类职能，如生产、营销、人事、财务等。

2. 管理者的技能

管理者要在不同的环境中扮演好自己的角色，必须具备一定的管理技能。一般而言，管理者应当具备三种基本技能，即技术技能、人际技能和概念技能。

（1）技术技能：技术技能是指使用技术完成组织任务的能力，即从事自己管理范围内的工作所需的技术和方法，也可称专业技术能力。对于管理者来说，虽然没有必要成为精通某一领域技能的专家，但还是需要了解并掌握与其所管理的专业领域相关的基本技能，以便更好地了解情况，更有效地与有关技术人员进行沟通，从而对其所管辖范围内的业务活动和管理工作进行具体指导。相对而言，技术技能对基层管理者特别重要。

（2）人际技能：人际技能是指与人共事、激励或指导组织中的各类员工或群体的能力，主要包括表达能力、协调能力和激励能力。从某种意义上说，管理者的活动是围绕着人进行的，因此怎样和组织内外的各种人打交道，对外争取到有利的合作，对内与上下左右实现有效的沟通，是所有高、中、基层管理者必须掌握的基本技能。

（3）概念技能：概念技能是指洞察既定环境复杂程度的能力和减少这种复杂性的能力，即要在复杂多变的环境中纵观全局，辨清各种要素，抓住问题的实质，权衡利弊和风险程度，从而做出正确的决策。实际中，越是高层的管理者，越要经常面临复杂而混乱的环境，所做的决策往往无先例可循，因此更需要具备概念技能。

以上三种管理技能，所有的管理者都应具备，不同层次的管理者，对管理技能有不同的要求，如图 1 - 1 所示。

3. 管理者的角色

20 世纪 60 年代末期，加拿大的管理学家亨利·明茨伯格通过对 5 位总经理的工作进行的深入研究，提出了管理者角色理论。明茨伯格的结论是，管理者扮演着 10 种不同的，但却是高度相关的角色。管理者的角色指的是特定的管理行为范畴，这 10 种角色可以进一步组合成三个方面：人际关系、信息传递和决策制定。见表 1 - 1。

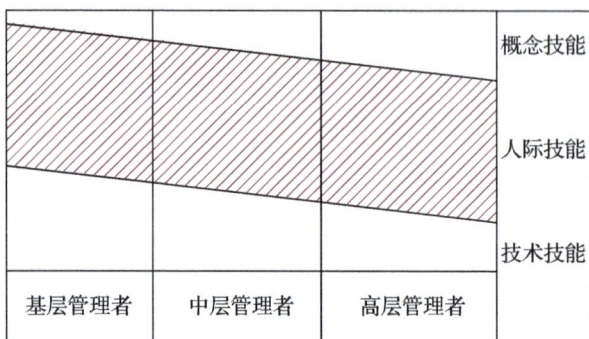

图 1 - 1   管理者技能要求图

表 1 - 1   明茨伯格的管理者角色理论

角　　色	描　　述	特 征 活 动
人际关系方面		
1. 挂名首脑	象征性的首脑，必须履行许多法律性的或社会性的例行义务	迎接来访者，签署法律文件
2. 领导者	负责激励和动员下属，负有人员配备、培训和交往的职责	实际上从事所有的有下级参与的活动
3. 联络者	维护自行发展起来的外部接触和联系网络，向人们提供恩惠和信息	发感谢信，从事外部委员会工作，从事其他有外部人员参加的活动
信息传递方面		
4. 监听者	寻求和获取各种特定的信息(其中许多是即时信息)，以便透彻地了解组织与环境作为组织内部和外部信息的神经中枢	阅读期刊和报告，保持私人接触
5. 传播者	将从外部人员和下级那里获得的信息传递给组织的其他成员——有些是关于事实的信息，有些是解释和综合组织的有影响的人物的各种价值观念	举行信息交流会，用打电话的方式传达信息
6. 发言人	向外界发布有关组织的计划、政策、行动、结果等信息；作为组织所在产业方面的专家	举行董事会议，向媒体发布信息
决策制定方面		
7. 企业家	寻求组织和环境中的机会，制订"先进方案"，以发起变革，监督某些方案和策划	制订战略，检查会议决议执行情况，开发新项目
8. 混乱驾驭者	当组织面临重大的、意外的动乱时，负责采取补救行动	制订战略，检查陷入混乱和危机的时期
9. 资源分配者	负责分配组织和各种资源事实上是批准所有重要的组织决策	调度、询问、授权，从事涉及预算的各种活动和安排下级的工作
10. 谈判者	在主要的谈判中作为组织的代表	参与工会进行合同谈判

人际关系角色指所有的管理者都要履行礼仪性和象征性的义务。例如，当学院的院长在毕业典礼上颁发毕业文凭时，或者工厂领班带领一群学生参观工厂时，他们都在扮演着"挂名首脑"的角色。此外，所有的管理者都具有领导者的角色，这个角色包括雇佣、培训、激励、惩

戒雇员。

管理者扮演的第三种角色是在人群中间充当联络员。明茨伯格把这种角色描述成与提供信息的来源接触，这些来源可能是组织内部或外部的个人或团体，销售经理从人事经理那里获得的信息属于内部联络关系；当这位销售经理通过市场营销协会与其他公司的销售执行经理接触时，他就有了外部联络关系。

信息传递角色指所有的管理者在某种程度上，都从外部的组织或机构接受和收集信息。典型的情况是：管理者通过阅读杂志和与他人谈话来了解公众趣味的变化，竞争对手可能正打算干什么，等等，明茨伯格称此为监听者角色。管理者还起着向组织成员传递信息的通道的作用，即扮演着传播者的角色；当他们代表组织向外界表态时，管理者是在扮演"发言人"的角色。

决策制定方面的角色，明茨伯格把它分为 4 种角色：

1）作为企业家，管理者发起和监督那些将改进组织绩效的新项目。

2）作为混乱驾驭者，管理者采取纠正行动应付那些未预料到的问题。

3）作为资源分配者，管理者负有分配人力、物质和金融资源的责任。

4）当管理者为了自己所在组织的利益与其他团体议价和商定成交条件时，他们是在扮演"谈判者"的角色。

大量后续研究检验都确认了明茨伯格管理者角色理论的有效性，在组织的任何层次上，管理者都扮演相似的角色。但是，不同层次的管理者扮演的角色的侧重点是不同的。传播者、挂名首脑、谈判者、联络者和发言人角色，对于高层管理者而言要比基层管理者更重要。相反，领导者角色对于基层管理者而言，要比中、高层管理者更重要。

另外，上述研究也表明，所有的管理者都从事一些非纯属管理性的工作，即并非管理者从事的每一件事情，都必须是管理工作的基本组成部分。

管理者

1.1.3 管理学

1. 管理学的概念

管理学是研究在社会化大生产的条件下，管理活动中各种现象及其规律的科学。管理学是一门研究一般管理理论、管理原理和管理方法的科学。管理学正式形成于 20 世纪 50 年代，其代表作是美国管理学家哈罗德·孔茨和西里尔·奥唐奈于 1955 年出版的《管理学原理》，该书于 1976 年第 6 版时更名为《管理学》。20 世纪 60 年代以来，管理学受到各国管理学界的广泛重视，从而形成了各种各样的管理学派。

2. 管理学的特点

（1）管理学是一门不精确的科学：管理学不同于自然科学，它没有明确的因果关系、确定的结论或结果，因为管理工作的影响因素众多，而这些因素又大都不可控，没有固定的规律可循，尤其是管理工作要与各种各样的人打交道，其变数更大。但是，这不影响管理学成为科学。经过这些年的探索和总结，已经形成了反映管理过程客观规律的理论体系，拥有一套成熟的预测、分析管理问题的方法，可以用许多方法定义、分析和度量各种管理现象，对实践具有较强的指导意义和应用价值。如果管理者能够灵活运用管理学的知识、技术和方法，就能够把管理工作做好。如果管理者对管理学的知识、技术和方法生搬硬套，就不能成为优秀的管理者。

（2）管理学是一门综合性科学：管理学的领域十分广阔，美国出版的《管理百科全书》认为，管理学是把自然科学和社会科学探索的成果加以改造而成为时代最高成就的唯一科学。管理过程的复杂性、动态性和管理对象的多样性决定了管理所要借助的知识、技术和方法的多样化。因而管理学的研究必然涉及众多学科，主要有哲学、经济学、社会学、生理学、心理学、伦理学、人类学、法学、数学、信息科学、控制科学、系统科学等。管理学的综合性，要求管理者具有广博的知识，只有如此才能对管理问题应付自如。

（3）管理学是一门实践性很强的科学：管理学的基本原理、原则、方法都来源于实践，是实践的结晶。管理学学习和研究的目的是指导实践。所以，管理学会随着实践的发展而不断发展，对实践的指导价值也会越来越大。要成为合格的管理者，除了要掌握管理学的基本知识外，更要努力同实践相结合，在实践中不断地磨炼、积累管理经验。

（4）管理学是一门发展中的科学：管理学的建立和发展有其深刻的历史渊源。管理学虽然作为一门学科只有几十年的时间，但管理理论已经历了许多不同的历史发展阶段，在每一个历史阶段，由于历史背景不同，便产生了不同的管理理论，具体内容将在第3章加以阐述。应该说，这些理论，有些已经过时，有的仍在发挥作用。但总的来说，管理学与其他学科相比还是一门非常年轻的学科，还处于不断更新、完善的大发展之中。同时，作为一门与社会、经济和科技发展紧密相连的学科，也必将随着社会经济的发展和科学技术的进步而进一步发展。

3. 管理学的学习方法

明确了管理学的研究对象和特点，还要了解学习和研究管理学的具体方法。下面简要介绍一下几种主要的方法。

（1）历史法：任何管理现象都不是孤立的，都有它产生的历史背景及其发生、发展过程。对管理学的某一种理论、某一个定义、某一项规律的研究，都应放在一定的历史条件下，从其发生和发展的过程中去考察，才能掌握它的来龙去脉，了解其实质所在。同时，学习和研究管理学还要有发展的观点，要充分明确管理学中诸多知识的历史局限性和今后发展变化的空间，要有创新意识，用创新思路去学习和研究管理问题。

（2）比较法：这里是指在学习和研究管理学的过程中要通过横向比较来研究不同因素、地区、部门、单位、学派、人物的管理思想和管理经验，找出和认清管理的一般规律。没有放之四海而皆准的管理理念、管理方法和管理经验，关键是通过学习、比较，从中悟出管理的真谛而为我所用，达到学习和研究管理学的最佳境界。

（3）案例分析法：管理学具有很强的实践性。这是指通过对真实案例的阅读、分析、讨论，从中领会管理学的有关理论和方法，找到解决问题的答案。案例分析法可以培养学习和研究者的信息获取、分析问题、论述辨析等方面的能力，在反复分析中，举一反三，由此及彼，在看似缓慢的自我参与过程中带来管理思维的升华。

（4）综合法：在学习和研究管理学的过程中，要把有关事物、现象、原理或对象的关系分解为各项组成因素，并把这些因素有机地、符合逻辑地、整体地结合起来。既包含联合、综合，又包含分析和分解。管理学本身就是一门综合性的科学，需要分解和综合；管理学的很多问题的研究也需要分解和综合，这样使我们在学习和研究过程中既能看到"树木"，也能看到"森林"。

1.2　管理的职能与性质

1.2.1　管理的职能

管理的职能是指管理所具有的作用和功能。管理是一个抽象的概念，只有通过管理者的活动，管理才具有具体的内容。因此，管理的职能也就是指管理者的管理工作。管理工作是一项综合的、系统的、动态的工作。划分管理的职能，只是为了从理论上清楚地描述管理工作的整个过程。将管理工作划分为不同的活动，并不意味着这些独立的管理活动是互不相关、截然不同的，每一职能尽管侧重于管理的某一侧面，但它们在内容上是相互交叉、密切相关的。

最早比较系统地提出管理职能的是法约尔。20 世纪初期，法约尔提出，所有的管理者都履行着 5 种管理职能：计划、组织、指挥、协调和控制。美国学者戴维斯认为，管理的职能是计划、组织和控制。美国学者吉利克 1937 年在《管理科学论文集》中，提出了著名的"七职能说"。他认为，管理的职能是计划、组织、人事、指挥、协调、报告和预算。哈罗德·孔茨则主张把管理的职能分为计划、组织、人事、领导和控制。综上所述，关于管理职能的划分，至今还未有统一的看法。由于管理学是一门发展中的科学，随着社会、经济的发展，管理的内容、方法、侧重点也不一样，管理的职能是随着社会的发展而发展的。在西方管理理论发展的第一阶段，即古典管理理论，人们将管理工作侧重于技术和物质，强调实行严密的计划、指挥和控制。自从霍桑试验以后，管理理论进入第二发展阶段，人的因素受到重视，人员激励成为一项重要的管理工作。在现代社会发展的背景下，人员激励更为重要，成为组织发展的决定性因素之一。

通过以上的归纳和分析，我们将管理职能划分为：计划职能、组织职能、指挥职能、控制职能和协调职能。本书将围绕这五大职能进行论述。

1. 计划职能

这是管理的首要职能，是指工作或行动之前，确定目标和拟定实现目标方案的过程。西方管理学家把它比喻为在人们所处的地方与要去的地方之间铺路架桥。当然这里的"计划"是广义的概念，它包括调查研究、预测未来、确定目标、选择方案，规定实现目标的方法、步骤、手段、途径等。

计划工作是为事物未来的发展规定方向和进程，因此，重点要解决好两个基本问题：一是目标的确定。目标选择不对，计划再周密、具体也是枉费心机，这是计划的关键。二是进程的时序。事物发展都有一定的规律和顺序，先做什么，后做什么，同时做什么，不能错位，这是计划的准则。否则，就像俗话说的那样，"鞋子穿在袜子里"，整个计划根本就没有什么可行性。

2. 组织职能

管理的组织职能就是把管理要素中的人、财、物，按目标要求合成一个协调的整体。它有两个基本要求：一是按目标要求设置机构、明确岗位、配备人员、规定权限、赋予职责，并建立一个统一的组织系统。二是按实现目标的计划和进程，合理地组织人力、物力、财力，并保证它们在数量和质量上相互匹配，以取得最佳的经济效益和社会效益。组织职能实际上是管理的组织保证功能。

3. 指挥职能

指挥是发令调度的意思。管理的指挥职能就是运用组织权限，发挥领导的权威作用，按计划目标的要求，把所有的管理对象集合起来，形成一个高效的指挥系统，保证人、财、物在时间上和空间上相互衔接。指挥是一种带有强制性的管理活动。管理者主要通过命令、指示等形式，调控管理对象的行为，使千百人的意志行为服从于一个权威的统一意志，保证全体成员按整体要求履行职责，全力以赴地完成任务，不折不扣地实现管理目标。管理对象对命令、指示必须闻风而动，雷厉风行，令行禁止，准确及时，保证各项管理活动在空间上并存、时间上有序。

4. 控制职能

控制职能是指对计划执行情况不断进行监督检查，发现问题后，及时采取纠正偏差的措施，以保证原定目标顺利地实现。控制必须具备三个基本条件：①有明确的执行标准。如数量、定额、指标、规章制度、政策等。②及时获得发生偏差的信息。如报表、简报、数据、原始记录、口头汇报等。③有纠正偏差的有效措施。缺少任何一个条件，管理活动便会失去控制。

5. 协调职能

协调职能是管理过程中带有综合性、整体性的一种职能。它的功能是保证各项活动不发生矛盾、重叠和冲突，以建立默契的配合关系，保持整体平衡。它是管理本质的体现，保证各个管理层次和管理部门心往一处想，劲往一处使。协调职能包括垂直协调和水平协调、内部协调和外部协调。协调与指挥不同，协调不仅可以通过指令，也可以通过调整人际关系、疏通环节、形成共识等途径来实现平衡。

管理的五大基本职能，各自发挥着独特的功能和作用，但它们并不是割裂分开的，而是密切联系的。它们是围绕着管理目标而构成的有机整体，这就是管理职能的整体性。其关系如图1-2所示。

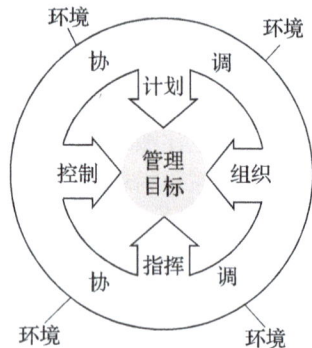

图1-2 管理的五大基本职能

1.2.2 管理的性质

1. 管理两重性

管理具有两重性。这是由生产过程本身的两重性决定的。由于生产过程是由生产力和生产关系组成的统一体，决定着管理也具有组织生产力与协调生产关系的两重功能，从而使管理具有两重性。

管理两重性原理。一方面，管理是人类共同劳动的产物，具有同生产力和社会化大生产相联系的自然属性；另一方面，管理同生产关系、社会制度相联系，具有社会属性。

管理的自然属性。也称管理的生产力属性或管理的一般性。在管理过程中，为有效实现目标，要对人、财、物等资源合理配置，对产供销及其他职能活动进行协调，以实现生产力的科学组织。

这种组织生产力的管理功能，是由生产力引起的，反映了人同自然的关系，故称为管理的自然属性。它只受生产力决定，而与生产关系、社会制度无关。在历史的发展过程中，它不随社会形态的变化而变化，具有历史长期性，故又称管理的一般性。例如，一些资本主义企业所采用的现代化管理的方法与技术，在社会主义企业管理中，只要适用，是完全可以应用的。

管理的社会属性，也称管理的生产关系属性或管理的特殊性。在管理的过程中，为维护生产资料所有者利益，需要调整人们之间的利益分配，协调人与人之间的关系。这是一种调整生产关系的管理工作。它反映的是生产关系与社会制度的性质，故称为管理的社会属性。管理的社会属性是由管理所处的生产关系和社会制度的性质决定的。在历史发展的过程中，不同社会形态下，管理的社会属性体现着统治阶级的意志，带有明显的政治性。故管理的社会属性又称为生产关系属性或管理的特殊性。社会主义企业管理与资本主义企业管理的区别也主要反映在管理的社会属性上。资本主义企业管理是为了维护资本主义生产关系，是资本家榨取工人创造的剩余价值的一种手段；而社会主义企业管理则是在维护社会主义生产关系的条件下，充分发挥职工的积极性、智慧和创造力，搞活经营，提高效益，实现社会主义生产目的。两者有本质区别。尽管如此，对于一些资本主义企业用来调节生产关系的技术与方法，只要具有科学和实用性，在社会主义企业管理中也是可以应用的。

2. 管理既是科学又是艺术

管理是一门科学。管理是人类重要的社会活动，存在着客观规律性。管理作为科学，就是指人们发现、探索、总结和遵循客观规律，在逻辑的基础上，建立系统化的理论体系，并在管理实践中应用管理原理与原则，使管理成为在理论指导下的、规范化的理性行为。如果不承认管理的科学性，不按规律办事，违反管理的原理与原则，随心所欲地进行管理，必然受到规律的惩罚，导致管理的失败。

管理又是一门艺术。管理虽然可以遵循一定的原理或规范办事，但它绝不是"按图索骥"的照章操作行为。管理理论作为普遍适用的原理、原则，必须结合实际应用才能奏效。管理者在实际工作中，面对千变万化的管理对象，因人、因事、因时、因地制宜，灵活多变地、创造性地运用管理技术与方法解决实际问题，从而在实践与经验的基础上，创造了管理的艺术与技巧。这就是所谓"管理是艺术"的含义。把管理只当成科学，排斥管理的艺术，完全按管理原理与原则去刻板地解决管理问题，也必然碰壁，不能取得成功。

管理是科学与艺术的结合。管理既是科学，又是艺术，这种科学与艺术的划分是大致的，其间并没有明确的界限。说它是科学，是强调其客观规律性；说它是艺术，则是强调其灵活性与创造性。而且，这种科学性与艺术性在管理的实践中并非截然分开，而是相互作用，共同发挥管理的功能，促进目标的实现。

如果用最简洁的语言来解释，科学是教我们"知"，艺术是教我们"行"。管理作为艺术或实践，其本质不在于"知"而在于"行"。也就是说，管理所追求的不是知识而是知识的运用，是运用知识取得成果。理论只有同实践相结合，才有意义；理论只有付诸实践，才会结出丰硕之果。艺术与科学并不是互相排斥的，而是互相补充的。随着科学的发展，艺术也应该发展。艺术只有以系统的理论知识为基础时，才有可能达到登峰造极的境界。因此管理既是一门科学，也是一门艺术，管理的理论是一门科学，管理的实践则是一门艺术。管理是科学与艺术的完美结合。

1.3 管理学的研究对象和研究方法

任何一门独立的学科都有自己独特的研究对象，否则就不能成为一门独立的学科。如数学研究世界的空间形式和数量关系，天文学研究天体的运动，生物学研究生命有机体的发展，心理学研究人的心理现象，等等。

1. 管理学的研究对象

管理学研究管理活动中的各种现象，这是它区别于其他学科而成为一门独立学科的依据。管理学研究管理活动中的各种现象，它不是孤立的、单个的研究，而是研究管理活动中各种现象之间内在的、本质的必然联系，即各种现象之间变化的客观规律。值得注意的是，管理学的研究对象与管理的对象并不是一回事。管理的对象是人、财、物、时间、信息，它们都是作为要素存在的。而管理学的研究对象是管理活动中的各种现象及其内在的本质联系。因此，它注重各种管理现象之间变化的规律性，管理学实际上是这些规律性的理性认识的总结。管理学来源于人类社会的管理实践活动，而社会实践活动的领域是多样化的。不同行业、不同部门、不同性质的组织，其具体管理业务的方法和内容可能很不相同。即有多种不同的社会组织就会有多种解决这些领域特殊问题的管理原理和方法，由此形成了各种不同门类的管理学科，如企业管理学、行政管理学、教育管理学、科技管理学、农业管理学、城市管理学、交通管理学、财政管理学、信息管理学，等等。但是，不同组织或领域的管理工作的共同基础是为实现组织目标，通过计划、组织、指挥、控制来协调他人的活动，分配各种资源。这些专门管理学中所含的共同的、普遍的管理理论、管理原理、管理方法，就是管理学的研究对象。所以，管理学是以各种管理工作中普遍适用的原理和方法作为其研究对象的。

2. 管理学的研究方法

管理学的建立与其他学科一样，要运用科学的方法，将这一领域的知识条理化、系统化。根据管理活动的特点，管理学的建立，不能用抽象的理论演绎的方法，也不能用计算推理的方法，更不能像自然科学那样用实验的方法，而只能用观察—分析—概括—假设—检验的方法。

（1）观察：首先对管理活动进行观察，观察那些能反映管理活动本质的现象。

（2）分析：随后对这些事实进行科学的分类和分析，这是理论研究中的基础工作。荷蒙斯说过："理论最基本的工作形态是分类，把汇集的各种资料积累起来，然后分门别类地加以整理。"

（3）概括：在此基础上，分门别类地对事实进行抽象概括，即抽取出其本质的规定性，使管理现象上升为理性认识。

（4）假设：在概括的基础上，再寻找事实之间的因果关系，并做出现象之间的因果假设。

（5）检验：当这些概括和假设经过实践多次检验，证实它反映了客观事物内在的规律性，那么，我们就将其称为"原理"。与原理相对应的、具体的行动规范，称为"原则"。一系列原理、原则、程序、方法、手段及概念、术语组成了管理学的理论体系。

1.4　科学发展观指导下的现代管理基本原理

科学发展观，是中共中央原总书记胡锦涛在 2003 年 7 月 28 日的讲话中提出的"坚持以人为本，树立全面、协调、可持续的发展观，促进经济社会和人的全面发展"，按照"统筹城乡发展、统筹区域发展、统筹经济社会发展、统筹人与自然和谐发展、统筹国内发展和对外开放"的要求推进各项事业的改革和发展的一种方法论。

美国管理学家奥唐奈认为，管理是与经济发展有关的唯一最重要的社会活动，是一种最重要的经济资源，是第二生产力。现代管理基本原理是现代管理活动的普遍的基本规律；科学发展观是符合经济社会发展规律、能够指导经济社会可持续发展的一种思想意识。前者是为促进经济社会发展的人类社会活动的基本规律，后者是人类对经济社会发展规律的认识，正好符合马克思主义的能动反映论。这两者在本质上的一致性就显而易见了，特别值得指出的是科学发展观是一种符合经济社会发展规律的当今最先进的指导思想。因此，在发现和总结现代管理基本原理时，必须以科学发展观为指导。因为只有观念创新，才能取得管理思想和理论的创新；只有管理思想和理论的创新，才能提炼出最基本的管理原理。

1. 人本原理

以人为本是科学发展观的本质和核心，以人为本的原理也是现代管理的首要原理。这是因为世界上一切社会生产力的发展，一切社会经济系统的运行，一切物质财富和精神财富的创造，一切科学技术的进步，都离不开人的劳动、人的管理、人的服务和人的创造。人是管理的主体，是管理系统中最重要、最活跃、最有价值、具有决定意义的因素。20 世纪中叶以来，全世界的国家领导者和管理学家，普遍把以人为中心的思想作为管理的主导思想。以人为本的发展观最根本的是发展依靠人、发展为了人，人的全面发展是最根本的价值追求。现代管理的人本原理的基本内容和价值取向是尊重人、依靠人、发展人、为了人；发展人、为了人是根本目的，而尊重人、依靠人是手段。手段与目的是完全一致的。

2. 系统原理

自 20 世纪 40 年代美籍奥地利生物学家贝塔朗菲创立了一般系统论，把人类社会和自然界视为具有整体性、层次性、相关性、动态性和目的性等特性的各种系统组成，研究系统的演化就能把握人类社会和自然界的变化规律。从此，系统思维成为人类思维的范式。20 世纪中叶以来，系统科学的系统论、信息论、控制论、耗散结构理论、协同学、突变论、系统工程等理论和方法被广泛运用于管理研究和实践，取得了辉煌的成果。系统思维的核心是整体思维，整体思维要求我们正确处理整体与局部、局部与局部的各要素之间的关系，把整体观念、全局利益放在首位，统筹兼顾，精心运筹，全面安排，实现整体优化；同时，要做好各部门、各单位的合理分工与协作，使之充分发挥各自的职能和作用，力求取得全局的最佳效能；还应该对人、财、物、信息等要素进行科学组织、调节和使用，做到"人尽其才，物尽其用，财尽其力，信息尽其能"的优良效果；除此以外，还必须做好组织与环境的协调统一，使管理系统自身的调节与一般环境相适应，与任务环境相契合，才能为管理取得效益创造条件。

3. 效益原理

在管理工作中，效率是经常用来衡量管理工作水平的标准。在管理实践中，效果、效率和效益都是对投入和产出之间关系的一种评价。效果侧重于主观方面，强调合乎目的的程度；效率侧重于客观方面，判断投入与产出的比率；而效益则要求从主观和客观两方面的统一中进行判断。在企业管理中，首先必须追求经济效益，综合评价管理效益时，必须从管理者的劳动效益及所创造的价值来考虑。追求局部效益与追求全局效益相一致，必须把全局效益放在首位，局部服从全局。特别要以战略的眼光追求效益，追求长期稳定的高效益和对国计民生有利的效益。

本 章 小 结

管理就是在特定环境下，通过计划、组织、控制、激励和领导等环节来协调人、财、物和信息资源，以期更有效地达成组织目标的过程。任何社会组织都需要管理。所谓组织，是指由两个或两个以上的个人为了实现共同目标组合而成的具有一定边界的有机整体。

组织成员根据其在组织中的地位和作用不同可以简单地划分成两类：操作者和管理者。所谓操作者，是指在组织中直接从事具体业务，且对他人工作不承担监督职责的人。所谓管理者，是指在组织中指挥他人完成具体任务的人。按照管理者在组织中所处的地位不同，管理者可以分为基层管理者、中层管理者和高层管理者；按照管理者所从事的工作领域，还可以把管理者分为综合管理者和专业管理者。管理者应当具备三种基本技能，即技术技能、人际技能和概念技能。管理者角色理论的代表人物明茨伯格认为，管理者扮演着10种不同的、但却是高度相关的角色，可以进一步组合成三个方面：人际关系、信息传递和决策制定。

管理职能可以被划分为计划、组织、指挥、控制和协调5项基本职能，是围绕着管理目标而构成的有机整体。管理学是一门研究一般管理理论、管理原理和管理方法的科学。管理学是以各种管理工作中普遍适用的原理和方法作为其研究对象的，管理学的研究方法主要采用观察—分析—概括—假设—检验的方法。管理的理论是一门科学，管理的实践则是一门艺术。

复 习 思 考 题

1. 怎样理解管理的概念？
2. 管理职能包括哪些？
3. 管理者包括哪些类型？
4. 管理者的技能包括哪些方面？
5. 为什么说管理既是一门科学又是一门艺术？

阅读资料

管理是科学还是艺术

单纯争论管理学是科学还是艺术，没有任何意义

———

段小海

科学使人联想到的是规范、标准，是一幅严肃的面孔；艺术使人联想到的是美感、创新，带有很多的浪漫色彩。科学的东西多是共性的提炼，譬如航天科技、工业工程等；而艺术的东西多有个性的发挥，譬如书法绘画、演唱艺术等。

要澄清管理学究竟是科学还是艺术的问题，其实就是要回答管理学是规范还是创新，是共性还是个性的问题，其实这是一个两难的选择。如果说管理学只有规范，只有共性，管理学的理论是放之四海皆准的真理，就很难解释为什么不同性质的机构会有不同的管理方法，就算是同一家机构，小至一家企业，大到一个国家，在不同的发展阶段，其管理方法也不尽相同——譬如"刑新国用轻典，刑平国用中典，刑乱国用重典"，又譬如"到什么山上唱什么歌"。但如果说管理学只有创新，只有个性，"管理无方法，全在各人挥洒"，就很难解释为什么一些管理理念被奉为管理的"圣经"，为什么世界范围研究管理学的热潮经久不衰。

我认为，管理学是以科学为载体、以艺术为表现。也就是说，管理学能提供间接的经验（别人的经验和教训）、方法或是理念，是有一定规律可循的，仅此而已。不同的管理者其具体的管理方法不可能是千篇一律的，这与管理者的水平有关，也与管理者所处的环境有关。这就好比烹饪学，菜谱上说"把油烧至八成热"，我们不可能用温度计去量，更不可能用手指去试，只能凭经验来判断；菜谱上说"放盐适量"，适量是多少？恐怕只能根据菜的种类和食客的口味来决定。

其实，单纯争论管理学是科学还是艺术，是没有任何意义的，关键是管理者在实际工作中尽量少犯非此即彼、绝对化的错误。我们不仅要以科学的态度学习、继承前人优秀的管理理念和方法，更要在管理的实践中，仔细分析我们的内外部环境、管理对象的实际情况，充分发挥"艺术创造力"，采用有效的管理方法。管理方法是否有效，检验标准只有一个：是否有助于达成既定的目标。

（作者为根据地企业管理顾问有限公司项目总监）

到实践中去体会管理的科学性和艺术性

到实践中去体会管理的科学性和艺术性

———

李福和

"管理是科学还是艺术？这本来是学术界的争论，但现在引起越来越多企业界的关注。"这个引子是一个"挑起事端"的题目，可以选择的结论无非三种：①非此即彼；②二者兼而有之，某个成分多一点，另一个成分少点；③一个是表象，一个是本质。第一个结论显然容易遭到当然的否定；第二和第三个结论则也颇具争议。

以笔者的经验来说，管理的真谛是在实践中体现的。10多年以前，笔者在一个没有多少技术含量的行业经营一家200多人的小型亏损国有企业，如何扭亏为盈成为当时迫在眉睫的难题。一腔热情地扎在企业里面做了两年，算是完成了任务——扭亏了，但没有盈利。笔者也是从那个时候开始思考管理的问题。多数情况下亏损企业的逻辑是这样的：亏损企业工资低且很难及时发放，不及时发放本身就很低的工资，多数情况下员工工作热情会不高，员工热情不高就很难提供很好的工作质量，工作质量不好难以吸引客户，吸引不到客户就难以产生业务，业务不好又无法创造利润，于是继续亏损……

要使亏损企业扭亏必须从其中的一个环节下手，打开这个链条，可以从银行借款解决资金的问题，也可以从大力开拓业务角度开始创造现金流。当然实际的企业经营往往比我们纸上谈兵要难，银行往往不会给一个亏损的企业放贷，客户也不会将业务给一个士气低落的企业。这些招数都是从管理逻辑出发，这可能就是我们通常所说的管理的科学性。另一方面，我们也可以从员工士气提升的角度出发打开链条，所谓"天下无难事，只怕有心人"，鼓动人的精神力量，不按常理出招，这样更多地显示管理的艺术性。当年笔者逐步打开这个链条的招数就是凭着自己年轻，拿出"铁人王进喜"的精神，颇有点当年"张瑞敏砸冰箱"的味道。

多年以后，笔者从事管理咨询行业，在这个关于是否创造价值争议颇多的行业中从业，与很多大企业有过接触。一些企业家从当年的一无所有逐步成就企业帝国（中国多数上榜富豪的经历都如此），他们在一定意义上代表了管理是艺术的结论。我们曾经服务过一家年销售额超过300亿元的大型民营企业集团，企业董事局主席当时明确提出企业要"从规范让位于发展阶段向发展让位于规范阶段"转变。因为企业在规模逐步变大以后，管理的漏洞逐步增加，管理的风险逐步增大，一个小的事务可能会导致整个帝国的崩溃，无论假设前提是"人性本善"还是"人性本恶"，加强整个集团管理的科学性都成为必然（"人性本善"也可能由于个人能力不足导致决策失误）。我们协助做的工作是依据一定的假设前提设计内部集团管控的线路，包括明晰集团各个层次的管理定位、完善治理结构、梳理财务资金的管理、人力资源的管理、审计监督制度、集团品牌的建设思路以及与之相适应的流程和操作表单、手册等，方案的设计显然不是管理活动本身，但是也是管理活动的一个环节，这个工作更多关注的是管理的系统性、逻辑性等；在一个大型集团，没有系统的管理思路、没有一定的管理习惯和逻辑，这个集团的发展前景是难以想象的。在大型集团成功管理的总结中，多数人关注的是企业的文化，其实文化往往建立在具体的管理细节之上，细节的相互和谐协调，其中就有很多科学的方法。麦当劳是世界快餐业的典范，当我们津津乐道麦当劳文化时，在麦当劳一线工作的员工最需要关注的却是他们的操作手册，这些操作手册对每个人的行为都做出明确的规定。

在实践中，管理是一个兼有科学和艺术成分的活动，在常规环境中，可能需要更多的科学的成分，在迅速变化的环境中，艺术的成分也许就更加多一些；在制度和流程的执行中，更多的是科学的成分，而在沟通中更多的是艺术的成分；职业经理人和操作层面的管理往往需要更多的科学成分，而企业领袖、战略层面的管理则需要更多的艺术成分。至于管理者是不是艺术家，与管理活动的科学性和艺术性还是有些差异，正如一块木料，同样的工具、同样的过程加工，经过大师的手做出来的可能就是艺术品，而大师显然成为艺术家，而一般人做出来的可能就是一个实用的桌子而已，而这些人仅仅是匠人。所以给管理下一个非此即彼的定义本身就是不合理的，只有在实践中，遇什么局出什么牌，才是一个成功的管理者。

（作者为攀成德企业管理顾问有限公司总经理）

管理学到底是什么？

尹传高 ✎

德鲁克的经验主义管理思想在中国有很大的市场，也是他很权威地提出管理是一门艺术，所以当中国的模糊哲学思想和这样的理论结合起来的时候，我们看到的是企业家对管理科学的回避和对所谓国学的推崇。

但显然，管理不仅仅是艺术，因为管理学如果不能建立在科学的思考模式之上，其艺术性是没有价值的，也是没有可以承载的物体的。毕竟企业管理是很残酷的竞争。

因为管理学在研究方面要把企业（或者是组织）的结构搞清楚，一个对所管理对象的结构不清楚的人如何去有效地管理企业呢？就像医生不知道人体的结构一样，你如何去解决好病人的问题呢？显然，管理的对象是要我们运用科学的方法来慎重地找到企业的内在逻辑或者是企业组织的真正系统的模型或者结构。

这样的工作，世界上所有的管理研究者一直在做，从麦肯锡的 7S 理论到科特勒的企业模型都反映的是这个努力的目标或者方向，在我的著作《中国企业战略路线图》中，我也提出了一个更加系统的成熟的企业模型，这个研究方向在我的新书《能力战略》中有更清楚的描述。对这个问题研究的本身就是一个科学的态度和方法，在以这个目标为前提的情况下，管理无疑应该是一门科学。

但这样的科学性因为人的"有限理性"而变得有点遥不可及，因为正是因为管理的对象是人，而人不可能是完全理性的，那么这样的一个现实的人就被那些经验主义者找到所谓艺术化管理的借口了，但显然从专业的角度来看，管理是艺术的说法是局部的和片面的。真正准确的说法应该把管理理解为哲学。

所以，我们从管理的哲学性上看，企业模型的研究是其科学的一方面，但由于这样的模型中有大量的非理性（很多是关于人的）的元素，所以，在实践的角度来看待这样的模型的时候，管理实践的艺术成分是建立在科学结构的基础上的。

所以，那种认为 MBA 是没有用的说法是很可笑的，虽然企业家中有很多人没有系统地上过这样的课程，也有很多人获得了成功，但这个事实并不能说明管理就是那种随心所欲的艺术形态。因为任何企业家都是从自身的哲学出发来管理自己的企业的，有很多企业家天生或者通过学习就具备了一定的哲学知识，而这样的知识是具备科学的成分的。

对企业家思维逻辑做细致的区分将为我们很好地了解管理的本身带来机会，如果不具备这样的洞察力，我们就永远找不到管理的真谛，永远只能在管理的大门外猜测管理的神秘体态。

（作者为下马威咨询公司董事长）

（以上阅读材料来源于网易商业报道）

案例分析

北京信息系统有限责任公司软件工程部王某 2010 年 7 月毕业于某著名大学计算机科学系，其专业为软件工程。几年来，王某工作积极，待人真诚，是软件部公认的业务骨干。王某希望有一天自己能晋升到经理的职位，并为此奋发进取。令人意想不到的是，当软件经理职位空缺时，王某未能如愿以偿。荣升经理的是一位资历、年龄、技术都逊色于他的同事。王某极度失望。一位长辈告诉他，如果想在事业上有所发展，就应该提高自己的人际交往能力。

❓思考与分析

该案例说明了什么问题？请谈谈你的感想。

实践练习

访问一位民营企业家，了解他的发展历程及在管理工作中的经验和教训。

Chapter Two

第2章 组织文化与组织环境

学习目标
- 理解组织文化的定义和作用。
- 理解和掌握企业文化的概念、内涵及构成要素。
- 熟悉和掌握一般环境分析的内容。
- 熟悉和掌握具体环境分析的内容。
- 掌握波特的五力分析。
- 了解组织对文化和环境的影响。

导入案例

有一个实力较强的应用科学研究所，所长是一位有较大贡献的专家，他是在"让科技人员走上领导岗位"的背景下，被委任为所长的，没有领导工作的经历。他上任后，在科研经费划分、职称评定、干部提升等问题上，实行"论资排辈"的政策；在成果及物质奖励等问题上搞平均主义；科研项目及经费只等上级下拨。广大的中青年科技人员由于收入低且无事可做纷纷到外面从事第二职业，利用所里的设备和技术捞私利，所里人心涣散。

上级部门了解情况后，聘任了一位成绩显著的家用电器厂厂长当所长，该厂长是一位转业军人，是当地号称整治落后单位的铁腕人物。新所长一上任，立即实施一系列新的规章制度，包括"坐班制"，并把中青年科技人员集中起来进行"军训"，以提高其纪律性；在提升干部、奖励等问题上，向"老实、听话、遵守规章制度"的人倾斜。这样一来，涣散的情况有所改变，但大家还是无事可做，在办公室看看报纸，谈谈天。要求调离的人员不断增加，员工与所长之间也经常出现矛盾。一年后，该所长便辞职而去，并留下了"知识分子太难管了"的感叹。

上级部门进行仔细的分析和研究后，又派了一位市科委副主任来担任所长。该所长上任后，首先进行周密的调查，然后在上级的支持下，进行了一系列有针对性的改革，把一批有才能、思想好、有开拓精神的人提升到管理工作岗位，权力下放到科室、课题组；奖励、评职称实行按贡献大小排序的原则；提倡"求实、创新"的工作作风；在完成指定科研任务的同时，大搞横向联合。制定优惠政策，面向市场。从此，研究所的面貌焕然一新，原来的一些不正常现象自然消失，科研成果、经济效益成倍增长，成了远近闻名的科研先进单位。

在我们的日常管理过程中，经常会有人发出这样的感慨：管人比管事难多了！在上述的导入案例里我们看到为什么同一个研究所，不同的人来当所长会有大不相同的结果。

2.1　组织文化

2.1.1　组织文化的定义

很久以来，文化一直是理解人类社会和群体的一个重要概念。它是指群体或社会成员彼此之间及与外来者相互作用方式的特征，以及他们如何完成所做的事情，包括假设、行为、故事、神话、修辞以及其他思想相结合而成的一种复杂的混合体。

文化与组织联系在一起的时候，指的是组织中的成员所共有的价值观念、行为方式、信仰及道德规范。它往往是该组织所特有的，在较长的一段时间里处于比较稳定的状态，它确定了该组织的风气和人们的行为准则，也影响到计划、组织、用人、领导和控制等各个管理职能的实施方式。

对组织文化有着多种理解，以下是对组织文化的常见描述：它是人们进行相互作用时所被观察到的行为准则；是一种群体规范；是一种外显价值；是一种正式的哲学观念；是一种游戏规则；是一种组织气候；是一种无需文字即可代代相传的能力和技巧；是一种思维习惯、心智模式、语言模式；是共享的意思；是一致性符号，包括创意、感觉和想象等组织发展的特征……

以上所列举的文化不过是更加深层的文化的表象，真正的文化则是隐含在组织成员中的潜意识，而且文化和领导者是同一硬币的两面，当一个领导者创造了一个组织或群体的同时就创造了文化。

由此我们认为组织文化是组织成员共享的、重要的价值观、信仰和认知的集合体，是组织成员共同的价值观体系，它使组织独具特色，区别于其他组织。文化为组织成员提供了模式化的思想、感受和反应，从而引导其制定决策和进行其他行为。成功的组织应该有强大的组织文化，它吸引、维系和激励人们发挥作用、实现目标。

任何组织都有自己的文化，尤其是企业组织。世界上优秀的公司都有自己良好的文化，例如：国际商用机器公司的宗旨是："以人为核心，并向用户提供最优质的服务"；通用电气公司的口号是："我们最重要的产品是进步"；杜邦公司"通过化学的办法为改善生活而生产更好的产品"，等等。优秀的组织文化反映和代表了推动组织发展的整体精神、共同的价值观、合乎时代的道德和追求发展的文化修养。

2.1.2　组织文化的作用

组织文化是组织成员共同的价值观体系，它向组织成员提供了一种价值认同感，但是组织文化在实现这种价值认同的过程中，存在着与组织环境适应和匹配与否的问题，因此组织文化既可以是一种动力，也可以是一种障碍。

1. 作为动力的文化

人是组织中最重要的资源，对人的管理方式不是直接通过计算机报告，而是通过巧妙的文化暗示。强大的组织文化通过指导行为和赋予行动一定的意义而对组织的长期成功起着重要作用。有效的管理者通过运用组织文化中的标志、信念和仪式，使员工接受目标，激励他们，确保他们长期恪尽职守。当组织面临目标、战略以及经营方式的转变时，组织文化的重要性就更为突出。对于管理者而言，组织文化可以增加组织承诺，增强组织成员行为的一贯性；对于员工而言，组织文化有助于减少组织内部的模糊性，让员工明白什么是重要的，为什么是重要的。

文化在组织中有多种功能：

1）它起到分界线的作用。即不同的组织文化可以使得组织相互区别开来。

2）它表达了组织成员对组织的一种认同感。

3）它使得组织成员不仅仅关注自身的利益，更时刻地考虑到组织利益。

4）它有助于增强社会系统的稳定性。文化是一种黏合剂，通过为组织成员提供言行举止的标准，从而可以使整个组织整合起来。

5）它还是一种重要的控制机制，能够塑造和引导组织成员的态度和行为。

2. 作为束缚的文化

同样，文化作为一种相对固定的传统或惯例，也是组织的一种束缚，尤其当某种文化已经不再适应环境而必须加以调整的时候。

（1）变革的阻碍：如果组织的共同价值和组织目标不相协调的时候，这种组织文化就成了组织的束缚，尤其是强文化。当组织存在于一个变动相当剧烈的环境中时，这种情况就很可能出现：以往成功经验就是现在通往成功道路上的障碍。

（2）多样化的障碍：对于大型组织，只有保持文化上的多元化，才能适应外部环境的多样化。尽管由于种种原因，组织的新老成员之间的观念差异很大，但管理者希望新成员能够很快适应和接受组织的核心价值观，否则这些新成员很难被组织接受。在这种强文化的作用下，员工的适应行为可能会导致文化多样化的丧失。

（3）兼并和收购的障碍：企业在兼并和收购时尽管财务上的潜力是一个必须要加以考虑的因素，但现在已经越来越倾向于考虑组织间文化的相容性。组织文化的相容比组织结构的整合更困难。

2.1.3　企业文化

目前，企业文化是各种组织文化中发展最成熟、最有代表性和最重要的一个分支。

1. 企业文化的形成和发展

从兴起和发展的历程来看，企业文化大体经历了实践阶段、理论萌芽阶段和理论的形成发展阶段，最重要的是第三阶段。

20 世纪 80 年代，随着日本和亚洲四小龙经济的腾飞，美国人开始总结和反思，相继出版了一些书，如《日本的企业管理艺术》《寻求优势》《Z 理论》《企业文化》等。特别是 1982 年出版的《企业文化》把企业文化作为系统的理论进行了全面的阐述，不仅明确提出了企业文化的概念，而且从理论上对企业文化的要素、功能、类型以及重塑等问题进行了全面的论述，从而初步建立了企业文化的理论框架，标志着管理学上突破性的进展。该理论框架认为企业管理不仅是理性的，而且是文化的、非理性的。在进入一个"人的时代"后，一种文化的管理方式才是企业成功的根本。长期以来，管理学对企业的描述是建立在科学范式基础上的，而不是建立在文化范式基础上的，不会从文化的观点、角度来认识管理。最初，泰勒的管理方法被命名为"科学管理",强调理性;梅奥教授的行为科学虽然发现了企业中人的重要性,但一种科学本能仍使他最后还是从本质上把人像科学家手中的实验工具一样进行分析。他们不知道企业中许多东西不是可解释的,而是不可解释的!像 IBM 公司重视服务的传统(IBM 公司的企业文化——尊重个人、争取最优、提供优质服务),旧理论只能归之为市场的压力,但这种传统诞生在近一个世纪前,当时是一个市场匮乏的时代,企业那时的重心是生产而非销售,重视服务的观念在当时简直是匪夷所思,老沃森曾为此备受嘲笑。所以,一个企业的生存更多地像一种文化的生存,充满了偶然性,适者生存的残酷性使企业的淘汰率极高,只有文化传统强而有力的企业才会在竞争中生存下来。未来的生存竞争将是人的竞争、民族的竞争、文化的竞争,未来社会是一个文化制胜的时代。

2. 企业文化的含义和构成要素

所谓企业文化,是指一个企业全体职工共同具有的、荣辱与共的信念,"集体板块"意识,"集团军"精神,是一种以团结、协作为主旋律的凝聚力,是企业的一种士气。或者说,企业文化是一种经营观念、经营思想,是一种价值观和哲学信仰。它是企业生存的基础、发展的动力、行为的准则、成功的核心、企业的灵魂。

企业文化的内容大致可以概括为 4 个方面。

(1)企业哲学:企业哲学是对一个企业的共同价值观、最高目标的理论概括。它是企业精神、企业形象、企业规范的理论基石,是企业活动的基本指导原则。日本企业称之为"经营理念"。

(2)企业精神:企业精神是企业文化的思想核心,是凝聚全体职工的主要精神力量。它需要长期的培养过程。好的企业精神必须既有丰富的思想内容,又有言简意赅、醒目易懂的表达形式。有的企业把企业精神概括为一些精炼的条文,如松下电器的企业精神被概括为 7 条:工业报国,光明正大,团结一致,奋斗向上,礼貌谦让,适应形势,感恩报德。

(3)企业形象:企业形象是企业文化个性化的表现,如该企业是倾向于保守,还是追求创新;是领导独裁型,还是职工民主型;是以商品廉价占领市场,还是以商品优质赢得人心;这都会在社会上留下该企业的独特形象。好的企业形象至少应具备三条特征:鲜明的企业个性;重视对社会的责任;关心和尊重职工,重视企业内部的民主管理。

(4)企业规范:企业规范是指企业职工的行为规范,它是企业内每个成员都必须遵照执行的行动准则,如果谁违背了这些准则,便会受到集体舆论的谴责和唾弃,或者受到批评和处分。

现代企业文化可以由 4 个层次构成(见图 2-1):

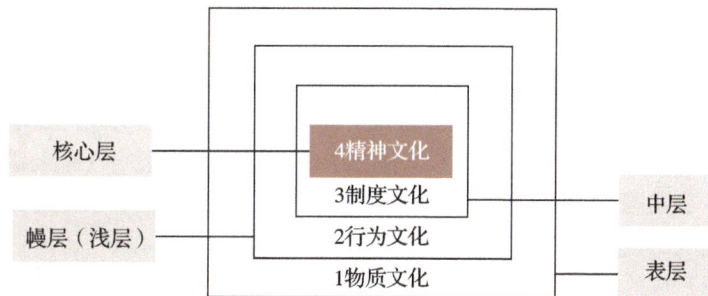

图 2-1 企业文化的层次构成

1）表层的物质文化——企业职工创造的产品和各种物质设施等所构成的器物文化。

2）幔层（浅层）的行为文化——企业职工在生产经营、学习娱乐、人际交往中产生的活动文化。

3）中层的制度文化——企业制度、规章和组织机构等。

4）核心层的精神文化——独具本企业特征的意识形态和文化观念。

阿伦·肯尼迪和特伦斯·迪尔认为，企业的文化应该有别于企业的制度，企业文化有自己的一套要素、结构和运行方式。他们认为企业文化包括价值观、英雄人物、典礼仪式、文化网络等要素，其地位及作用分别是：价值观是企业文化的核心；英雄人物是企业文化的具体体现者；典礼及仪式是传输和强化企业文化的重要形式；文化网络是传播企业文化的通道。

2.2　组织环境

2.2.1　组织环境的定义和分类

组织环境是指对组织绩效起着潜在影响的外部机构或力量，从广义上说，组织环境就是组织界限以外的一切事物。在这里，组织绩效不仅包括当前绩效也包括未来绩效。当前绩效可以通过一些财务指标来衡量，未来绩效则是反映在组织的业务指标上。因此，组织不仅要考虑影响组织的财务指标，如销售利润、资本收益率、权益收益率的环境因素，而且要关注哪些环境因素影响对组织的看法、组织的核心竞争能力以及组织能够继续提高并创造价值。

由于并非所有的环境都相同，所以环境对管理者而言是非常重要的。根据环境的影响范围，我们还可以把组织环境分为一般（社会）环境和具体（工作）环境。一般环境影响某一特定社会中的一切组织，而具体环境则更直接地影响个别组织。具体环境与要实现的组织目标直接相关。

2.2.2　一般环境分析

一般的、宏观的环境因素包括组织外的一切要素，它对组织运行的影响通常较小，但管理当局必须认真加以考虑。一般环境分析包括以下几个方面。

1. 政治、法律环境分析

政治法律环境是指一个国家或地区的政治制度、体制、方针政策、法律法规等方面。

政治环境分析主要分析国内的政治环境和国际的政治环境。国内的政治环境包括以下一些要素：①政治制度；②政党和政党制度；③政治性团体；④党和国家的方针政策；⑤政治气氛。国际政治环境主要包括：①国际政治局势；②国际关系；③目标国的国内政治环境。

法律环境因素有：①法律规范，特别是和企业经营密切相关的经济法律法规，如《公司法》《中外合资经营企业法》《合同法》《专利法》《商标法》《税法》《企业破产法》等。②国家司法执法机关。在我国主要有法院、检察院、公安机关以及各种行政执法机关。③法律意识。④国际法所规定的国际法律环境和目标国的国内法律环境。

随着我国改革开放的不断深入，政治法律因素对组织的影响程度正在逐步降低，但是，它仍然会对组织产生重大影响。例如，党和政府对民营经济的政策和态度严重影响着我国民营企业的发展。随着国家政策法规的不断完善，不同所有制类型的企业将站在同一起跑线上竞争。又如，随着经济的全球化，对于积极参与国际市场竞争的中国企业就不仅仅要了解和研究国内的政治法律因素，还必须密切关注相关国家政治法律环境的变化情况，认真研究这些变化对组织活动现实的和潜在的影响。

2. 经济环境分析

所谓经济环境，是指构成组织生存和发展的社会经济状况和国家经济政策。社会经济状况包括经济要素的性质、水平、结构、变动趋势等多方面的内容，涉及国家、社会、市场及自然等多个领域。国家经济政策是国家履行经济管理职能，调控国家宏观经济水平、结构，实施国家经济发展战略的指导方针，对组织的经济环境有着重要的影响。

组织的经济环境主要由社会经济结构、经济发展水平、经济体制和宏观经济政策等4个要素构成。

1）社会经济结构是指国民经济中不同的经济成分、不同的产业部门以及社会再生产的各个方面在组成国民经济整体时相互的适应性、量的比例及排列关联的状况。社会经济结构主要包括5方面的内容，即产业结构、分配结构、交换结构、消费结构、技术结构，其中最重要的是产业结构。

2）经济发展水平是指一个国家经济发展的规模、速度和所达到的水准。反映一个国家经济发展水平的常用指标有国民生产总值、国民收入、人均国民收入、经济发展速度、经济增长速度等。

3）经济体制是指国家经济组织的形式。经济体制规定了国家与企业、企业与企业、企业与各经济部门的关系，并通过一定的管理手段和方法，调控或影响社会经济流动的范围、内容和方式等。

4）宏观经济政策是指国家、政党制定的一定时期内国家经济发展目标实现的战略与策略。它包括综合性的全国经济发展战略和产业政策、国民收入分配政策、价格政策、物资流通政策、金融货币政策、劳动工资政策、对外贸易政策等。

3. 社会文化环境分析

社会文化环境包括一个国家或地区的社会性质、人们共享的价值观、人口状况、教育程度、语言、文化传统、风俗习惯、宗教信仰等各个方面。这些因素也常常制约、影响着组织行为。例如，人口和生活方式的变迁影响着企业劳动力供应及顾客的构成、位置和期望；不同的文化传统和社会风俗对经济活动产生的影响；社会价值观是所有其他一般环境因素变化背后的根源，决定了人们生活中所有的选择。

目前，我国的社会文化环境也发生了巨大的变化。主要体现在：①人口结构发生了根本性的变化。人口老龄化、家庭小型化给社会提出了新的课题和挑战。②国民整体素质显著提高。教育尤其是高等教育得到了很大发展。③人们的价值观念受到冲击和发生变化。例如，以集体主义为特征的中国传统文化价值受到了以个人主义为特征的西方文化的严重挑战；人们的消费观念也发生了很大转变，不仅提前消费、信用消费已经越来越为人们所接受，而且消费需求趋向于多样化、多元化。④由于环境污染、资源稀缺，可持续发展和组织承担社会责任的观念逐渐为社会大众所接受。

4. 技术环境分析

技术环境主要是指宏观环境中的技术水平、技术政策、科研潜力和技术发展动向等因素。在技术飞速发展、高新技术不断涌现的今天，人们普遍认识到了技术进步的重要意义。

技术环境和知识经济的发展变化对组织的影响如下。

（1）新技术是一种"创造性的毁灭力量"：每一种新技术都会给某些企业创造新的市场机会，因而会产生新的行业，同时，还会给某个行业的企业造成环境威胁，使这个旧行业受到冲击，甚至被淘汰。

例如，新技术的出现引发自动售货、电视购物和网上购物等方式的出现，从而影响了零售业结构的消费者偏好，这给传统零售业带来了一定的竞争。

（2）新技术革命有利于企业改善经营管理：随着现代科学技术的迅速发展，一场以微电子为中心的新技术革命正在蓬勃兴起。例如，计算机、传真机等设备的使用，对于改善企业经营管理、提高经济效益起了很大的作用。现在，零售商店已普遍使用小型手提点货机，其主要结构是一支笔形感光器和记忆装置，营业员点货时只需用感光器扫描商品条形码，再记下商品的货号和进、销、存等资料，一同存储在记忆装置中；然后拨通总公司与电话公司间的特定号码，通过计算机电话连接器，将资料传送到总公司管理部门的计算机数据库中，以便进行发货处理。

（3）新技术革命会影响零售商业结构和消费者购物习惯：如现在不少人喜欢的网上购物；通过"计算机电话系统"订购车票、飞机票和影剧票；未来的"卫星购物"，等等。

（4）知识经济带来的机会与挑战：知识经济与传统农业、传统工业不同，它是以不断创新和对知识的创造性应用为主要基础发展起来的。它依靠新的发展、发明、研究、创新的知识，是一种知识密集型、智慧型的新经济。它以不断创新为特色。

在知识经济时代，组织离不开知识管理。所谓知识管理，是对一个组织的知识资源进行管理，使组织中的每个成员都最大限度地贡献其积累的知识，实现知识共享的过程。运用集体的智慧提高组织的应变能力和创新能力，使组织能够利用所掌握的知识资源预测外部环境的发展变化并做出快速反应，以实现组织目标。

延伸学习：学习型组织建设的必要性

2.2.3 具体环境分析

具体环境是与实现组织目标直接相关的那部分环境。它是由对组织绩效产生积极或消极影响的关键顾客群或要素组成的。具体环境对每一组织而言都是不同的，并随条件的改变而变化。与一般环境相比，具体环境对组织的影响更为直接和具体，因此，绝大多数组织也都更为重视其具体环境因素。对大多数组织来说，具体环境因素主要包括供应商、顾客、竞争者、政府机构和特殊利益集团。

1. 供应商

供应商是指向企业供应原材料、零部件、能源、劳动力和资金等资源的企业和组织。组织的正常运转离不开供应商提供的各种资源，资源供应一旦发生问题，整个组织的运转就可能停止，因此，组织必须与资源（特别是关键资源，如人力资源、资金、技术等）供应者建立良好的合作关系。组织对某种资源的依赖性越强，这种资源对这个组织就越显得关键。供应商对组织的影响强度取决于资源供应者讨价还价的能力。如果组织完全依赖于少数几个供应商，这些资源供应者就会有较强的讨价还价能力，组织就会受制于它们的行动，甚至可能会因此陷入困境。

2. 顾客

顾客是指一个组织为其提供产品或劳务的人或单位。企业的客户、商店的购物者、医院的病人、图书馆的读者等都是顾客。组织是为满足顾客的需要而存在的，顾客是组织的"上帝"。

一般地，顾客购物时总是希望"物有所值"，而每一个人的价值判断标准又不尽相同。因此能满足某种需要的产品（或服务）制造出来后，还要考虑能否被顾客所接受。那么顾客是如何选择的？影响顾客选择的因素有哪些？

显然，价值、满意、成本是顾客进行选择时必须考虑的因素，顾客会综合这 3 个因素，选择"最低成本之下的最大限度的满意"，即"顾客让渡价值"。

顾客让渡价值是指总顾客价值与总顾客成本之间的差额。总顾客价值是指顾客购买某一产品与服务所期望获得的一组利益，包括产品价值、服务价值、人员价值和形象价值等。总顾客成本是指顾客为购买某一产品所耗费的时间、精力、体力以及所支付的货币资金等，因此，总顾客成本包括货币成本、时间成本、精力成本和体力成本等。

3. 竞争者

一个组织的竞争者是指与其争夺资源、顾客的人或组织。所有的组织，甚至垄断组织，都有一个或多个竞争者。如可口可乐与百事可乐，通用汽车公司与丰田汽车公司，联想与方正，长虹与 TCL 集团公司，等等。任何组织的管理者都不能忽视自己的竞争者，否则，他们会为此付出沉重地代价。因为任何成功的组织都是由小变大、由弱变强的，就像 IBM 公司和微软公司那样。

以上这些都说明竞争者是一种重要的环境力量，管理当局必须掌握竞争者的定价策略、提供的服务方式、新产品的开发策略等，并时刻准备对此做出反应。

4. 政府

政府及政府的某些政策法规的作用是很大的，它制约和规定了组织可以做什么和不可以做什么，从而限制了管理者选择的余地，如《劳动法》的颁布，对组织的招人、用人、辞退决策等带来了一定的限制；生产药品的公司需经食品和药品管理局的审查和批准；上市的股份公司必须遵守证券交易委员会规定的财务标准，并按要求从事经营。另外，政府还可以通过调控经济杠杆来影响和干预企业的经济活动。

5. 特殊利益集团

特殊利益集团是指代表社会上某一部分人的特殊利益的群众组织，如妇联、工会、消费者协会、环境保护组织等。他们虽然没有像政府部门那么大的权力，但却同样可以对各类组织施加相当大的影响。他们可以通过直接向政府主管部门反映情况，通过各种宣传工具制造舆论以引起人们的广泛注意。事实上，有些政府法规的颁发，部分地是对某些社会特殊利益集团所提出的要求的回应。就像社会和政治运动的变化一样，特殊利益集团的力量也在改变，例如，绿色和平组织经过不懈地努力，不仅使捕鲸业、金枪鱼捕捞业及海豹皮制品业方面有了显著的改变，而且提高了公众对环境问题的关注。

值得注意的是，虽然我们把组织环境因素分为一般环境因素和具体环境因素，但是一个特定的外部环境因素到底是属于一般环境因素还是具体环境因素取决于组织的目标定位。一个组织的一般环境因素可能是另一个组织的具体环境因素，反之亦然。即使对同一类型的组织，他们所面对的外部环境因素也可能会有巨大的差异。对一个组织的发展有重大影响的环境因素，也许对另一个组织根本不重要。

2.2.4　行业环境分析

行业环境分析，也称波特的五力分析，属于外部环境分析中的微观环境分析，主要用来分析本行业的企业竞争格局以及本行业与其他行业之间的关系。

波特认为，决定企业盈利能力的首要和根本的因素是产业的吸引力。任何产业，无论是国内或国际的，无论是生产产品或提供服务的，竞争规律都将体现 5 种竞争的作用力：新的竞争对手入侵、替代品的威胁、买方的讨价还价能力、供方的讨价还价能力以及现有竞争对手之间的竞争。这 5 种基本竞争力量的状况及综合强度，决定着行业的竞争激烈程度，从而决定着行业中最终的获利潜力以及资本向本行业的流向程度，这一切最终决定着企业保持高收益的能力（见图 2 - 2）。

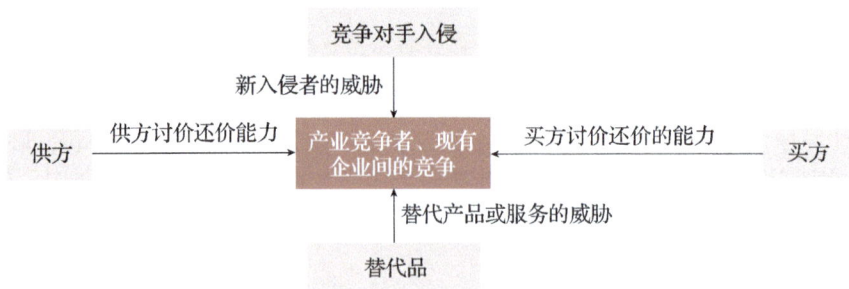

图 2 - 2　决定产业盈利能力的 5 种竞争作用力

1. 新的竞争对手入侵

新的竞争对手是行业竞争的一种重要力量，这些新进入者大都拥有新的生产能力和某些必需的资源，期待能建立有利的市场地位。一方面，新进入者加入该行业，会带来生产能力的扩大，带来对市场占有率的要求，这必然引起与现有企业的激烈竞争，使产品价格下跌；另一方面，新加入者要获得资源进行生产，从而可能使得行业生产成本升高，这两方面都会导致行业的获利能力下降。

2. 替代品的威胁

某一行业有时常会与另一行业的企业处于竞争的状况，其原因是这些企业的产品具有相互替代的性质。如果替代产品的价格比较低，它投入市场就会使本行业产品的价格上限只能处在较低的水平，这就限制了本行业的收益。本行业与生产替代产品的其他行业进行的竞争，常常需要本行业所有的企业采取共同措施和集体行动。

3. 买方讨价还价的能力

买方即顾客，买方的竞争力量需要视具体情况而定，但主要由以下 3 个因素决定：买方所需产品的数量、买方转而购买其他替代产品所需的成本、买方各自追求的目标。买方可能要求降低购买价格，要求高质量的产品和更多的优质服务，其结果是使得行业的竞争者们相互竞争残杀，导致行业利润下降。

4. 供方讨价还价的能力

对某一行业来说，供方竞争力量的强弱，主要取决于供方行业的市场状况以及他们所提供物品的重要性。供方的威胁手段主要有两种：一是提高供应价格；二是降低相应产品或服务的质量，从而使下游行业的利润下降。

5. 现有竞争者之间的竞争

这种竞争力量是企业所面对的最强大的一种力量，这些竞争者根据自己的一整套规划，运用各种手段（价格、质量、造型、服务、担保、广告、销售网络、创新等）力图在市场上占据有利地位和争夺更多的消费者，对行业造成了极大的威胁。

2.3 组织对文化和环境的影响

可能很多人听过煮青蛙的故事。故事是这样的：将一只青蛙放在大锅里，加水再用小火慢慢加热，青蛙虽然略感到外界温度在慢慢变化，却因惰性没有立即往外跳，最后被热水煮熟而不自知。组织环境的改变大多是渐热式的，如果管理者与组织成员对环境的变化没有疼痛的感觉，组织最后就会像这只青蛙一样被煮熟，淘汰了仍不知道。

有关组织对文化和环境的关系和影响可从组织的重要性去理解。

首先，组织能够将资源组合起来并完成特定的目标，而这些目标是任何单独的个体所无法实现的。如阿波罗登月计划，如果缺乏一个强大、有效的组织机构是难以想象的。组织能够有效地为顾客生产商品和服务，并寻求创新途径和创新方式以便更有效地分配产品和服务，而且组织能够为创新提供各种必要的条件，离开了组织的支持，现代很多的创新实践都不可能发生。

其次，组织不仅能适应环境而且也能够影响迅速变化的环境。每个组织都存在于某一特定的并且必须适应的物质、科技、文化和社会环境中。组织是一个有机的、开放的、耗散结构的系统，没有一个组织是自给自足的，所有组织的存在都有赖于与其所处的更大体系的关系。从技术的角度看，组织从环境中引进技术，从环境中获得输入的来源，并向环境输出，在那里，产品得以销售，客户关系得以发挥作用，等等；组织的目标从更广的社会角度来看，正是反映了社会环境所期望的价值；组织的社会结构形式通常产生于环境并对组织施加影响。无论正式还是非正式结构，都是扎根于环境的。

再次，组织通过所有的活动，能够为所有者、顾客和组织成员创造价值。创造价值是组织得到社会环境认可的条件，也是组织生存和发展的重要基础。

最后，组织也越来越被认为是社会伦理和社会责任的承担者。因为，在现代社会，一个组织的使命并不仅仅负有经济的责任，还负有社会责任。要考虑组织的目标是否损害他人和社会的利益，实现目标的方式和方法是否符合一定社会人们的行为规范。这就要求组织更加重视伦理建设和社会责任，关注组织、员工和社会的发展，建立起强有力的组织文化。

值得强调的是，强有力的组织文化好坏与否要视文化与组织需要是否相适应而定。文化既是一种资产又是一种负债。它是一种资产，因为共同的信念使沟通更加便利和经济，决策更加迅速，共同价值观也会产生激励、协作和献身精神。这会提高组织运行的有效性。然而，尽管强有力的文化会提高组织利用资源的有效性，但它们有时仍然是无效的，因为目标和战略可能是不恰当的。当共同的信念和价值观同组织成员和其他利益成员的需要不一致时，文化就成为一种负债。

在现实中，组织管理者既不是软弱无能的，也不是全能的。每一个组织中都存在着限制管理者决策的内部约束力量，这些内部约束源于组织的文化。此外，外部约束也冲击着组织，并限制着管理的自由，这些外部约束来自于组织的环境。组织文化与环境对组织管理者构成压力，制约着他们的选择。然而，尽管存在着各种约束，也不应当把这些约束力量看成是在任何情况下都固定的因素，在一个相当大的范围里，组织管理者能够对组织的绩效施加重大影响。对某些组织来说，在某些情况下，是有可能改变并影响他们的文化与环境的。

本 章 小 结

组织文化是组织成员共享的重要的价值观、信仰和认知的集合体，是组织成员共同的价值观体系，它使组织独具特色，并区别于其他组织。文化为组织成员提供了模式化的思想、感受和反应，从而引导其制定决策和进行其他行为。成功的组织应该有强大的组织文化，它吸引、维系和激励人们发挥作用、实现目标。

目前，企业文化是各种组织文化中发展最成熟、最有代表性和最重要的一个分支。所谓企业文化，是指一个企业全体职工共同具有的荣辱与共的信念，"集体板块"意识、"集团军"精神，是一种以团结、协作为主旋律的凝聚力，是企业的一种士气。或者说，企业文化是一种经营观念、思想，是一种价值观和哲学信仰。它是企业生存的基础、发展的动力、行为的准则、成功的核心，也是企业的灵魂。

根据环境的影响范围，组织环境可以分为一般（社会）环境和具体（工作）环境。一般环境分析包括政治法律环境分析、经济环境分析、社会文化环境分析和技术环境分析；具体环境因素主要包括供应商、顾客、竞争者、政府机构和特殊利益集团。

波特认为，决定企业盈利能力首要的和根本的因素是产业的吸引力。任何产业，无论是国内或国际的，无论生产产品或提供服务，竞争规律都将体现5种竞争的作用力，即新的竞争对手入侵、替代品的威胁、买方的讨价还价能力、供方的讨价还价能力，以及现有竞争对手之间的竞争。

对某些组织来说，在某些情况下，是有可能改变并影响他们的企业文化与组织环境的。

复 习 思 考 题

1. 组织文化的含义是什么？它为什么很重要？
2. 一般环境分析包括哪些内容？
3. 具体环境分析包括哪些内容？

4. 简述波特行业竞争结构分析模型。

5. 为什么说组织文化会是一种资产，也会是一种负债？

6. 描述你所在学校的文化，它约束了你的同学了吗？如果是，请说明它是怎么约束的。

阅读资料

麦当劳公司的企业文化

1. "走动式"管理

"走动式"管理是麦当劳公司最典型的工作方式。这种方式要求公司管理人员经常到所属公司、各部门走走、看看、听听、问问，即要在走动中对公司进行管理，以便提高管理的效率。

2. "Q、S、C + V"精神

（1）"Q"（quality）——品质上乘，以质量为中心。为保证质量，还制订了各种操作规程与具体细节，因而它的经营方针是"坚持不卖味道差的食品"。

克罗克规定：汉堡包出炉后 10 分钟及法式炸土豆条炸好后 7 分钟，若仍未卖出，一律废弃。

（2）"S"（service）——服务周到。为了保证服务质量，克罗克十分注重经理人员的挑选。据有关资料显示，在美国数十家快餐店中，要数麦当劳的服务最好，服务人员总是面带微笑。人们甚至称，这种"微笑服务"是麦当劳的"特色"。

当然，麦当劳的服务内含主要包括：店铺建筑的快适感、营业时间的设定以及销售人员的服务态度等。

（3）"C + V"其中的"C"（clean）——环境清洁。店铺必须做到窗明几净，环境装饰舒适、优雅，而且要严格地符合制造与服务的卫生标准，店员要有良好的精神面貌。

工作人员不能留长发，女职工必须要戴上发网；

店铺内不允许出售香烟与报纸；

甚至要求一旦顾客在店铺内丢落纸，必须马上捡起来；

统一服饰、说话方式、不能同顾客发生口角等。

（4）"C + V"其中的"V"（value）——"价值"。即强调"更有价值地提供物品（食品）给顾客"的精神。

3. "麦当劳叔叔"

（1）为了解决父母带孩子们聚餐时的一些不必要的麻烦，吸引孩子们经常去吃"麦当劳"，并且在就餐中能够给孩子们带来更多的欢乐，麦当劳在分店内专门设置了儿童乐园，供孩子们边吃边玩。

（2）为了吸引顾客尤其是"回头客"，几乎每家店铺都有一个形象可爱的"麦当劳叔叔"玩偶形象，或站在麦当劳外厅门口或坐在麦当劳餐厅门口。

4. 麦当劳的作风

（1）麦当劳一向十分强调，"把自己放在顾客的位置上，将心比心"。因而，坚持"顾客

第一，时时处处坚持为方便顾客着想"。

（2）讲求服务的高效、快速。特别是在美国国内的高速公路旁边设立的麦当劳分店，利用对讲机等现代通信手段，基本上保证顾客"一手交钱、一手取货"。

（3）采用"自我服务"的方式。顾客经过一次排队，就可以取走所需的各种食品，而不需要"坐下来等"。

（4）明显的标志服务。他们为了保证顾客能清楚地辨认麦当劳的位置，每家店铺的门面都十分醒目。具体做法一是服务人员的制服，二是拱形"M"字霓虹灯标志。

（5）"苛刻"的管理。麦当劳的"苛刻"主要包括：质量要求苛刻，对员工素质与工作要求苛刻，对经理的要求苛刻，如不能坐在办公室中，而是经常"走动式"管理。麦当劳的"苛刻"是举世闻名的，它的每项活动都是标准化的，甚至小到"洗手程序"的规定。

5. 麦当劳的营销策略

（1）以"情"感人。特别是在过节时，到麦当劳能体验到"过节"效应。

（2）强化职工培训。

（3）地毯式宣传策略，它已成为目前世界上单一品牌公司中广告宣传费用最多的公司。每年有14亿美元的广告预算。可想而知它的广告攻势。像"清晨起来，开始新的一天"的广告语随处可以听到，甚至在一些国家，麦当劳叔叔比圣诞老人还要出名。

（4）知人善任的用人策略，坚持"用人不疑、疑人不用"，而且坚持以"激励为主"的策略来调动员工的积极性。

（该阅读材料来源于任志宏、张晓霞、黄华、杨菊兰编著的《企业文化》）

案 例 分 析

浙商的商业风格

如果说晋商具有一种玩命苦干的"狠劲"，以至终称霸业、富甲天下，那么，浙商与之相比就具有一种勤奋加灵气的商业气质。浙商中最大的两支是龙游商人和宁波商人，浙江商人与山西商人商业风格不同，属于一种带有灵气的经营类型。早年的浙商，大多是以贩卖交易土特产而逐渐发展起来的。浙江民风委婉，经商之气由来已久。浙商吃苦耐劳，再脏再累的行业，只要能赚钱，哪怕只是很少的钱，他们都毫不犹豫地埋下头来干。因此他们经营的新旧行业几乎覆盖了旧中国的所有行业，例如：土特产、丝绸业、银行业、地产业、保险业、海洋渔业、船运业、成衣业、珠宝业、通信业等。

浙江濒临东海，海洋渔业是浙商的一项传统产业。浙商中的宁波帮，很多都是以渔业起家发迹的。他们活跃于上海，经营海鲜，成为上海商圈的"二老板"。

船运业更是浙商的支柱产业，以资本雄厚著称。从事船运业的以宁波商人为主。

银行业（这里是指现代意义上的银行）也是浙商的重要产业。浙商把他们的钱庄顺势转成银行，这在晋商看来是不可思议的，也是其他商帮所难以企及的。

成衣业是浙商涉足比较早的行业。当国人还穿着长袍马褂时，浙商就已开始了西装的成批生产，同时也推出了手工缝制的服务，使"奉帮裁缝"名扬天下。到现在，雅戈尔衬衫畅销全国，正是宁波商人的经营业绩。

保险业开始得也比较早。光绪十七年，浙商就已在上海开办"华安水火保险公司"。

浙江的地理环境不同于安徽和山西，地处东南沿海，一直以来是商业较发达的地区。水陆交通发达、物产丰富，有"鱼米之乡"的美称。鸦片战争后口岸被迫开放，西方资本主义大举进入中国，此时，徽商、晋商出现衰落，而浙商却渐渐崛起，他们利用口岸的开放，在上海租界、十里洋行闯荡，除原先经营的土特产外，进一步涉足现代银行业、现代娱乐业、现代百货业，成衣业也成为他们发展的一个重要产业。

无论是明清，还是近代，无论是南方，还是北方，浙商具有一种商界"不倒翁"的经营特色。虽不像晋商那样缔造王者商圈，雄霸天下一个世纪，但浙商的"不倒"本身就是一种特色。作为古代和近代的商帮都有一定的相似之处：创立会馆、团结同乡；家族式经营；强调信誉第一；依仗官府，大智若愚；勇于开拓进取；能快速地吸收和借鉴现代思想和理念，为自己所用。其中，浙商不倒的原因最重要的一点，是能积极吸收和借鉴现代的商业思想和商业理念。他们开设现代银行，涉足保险业；他们经营金融业务，开设证券公司。孙中山曾经说过："宁波人对工商业之经营，经验丰富，……即使欧洲各国，亦多甬商足迹，其能力与影响之大，固可首屈一指者也。"

❓ 思考与分析

1. 文化对管理有哪些影响？
2. 你认为现代商家应该具备哪些特点？

实 践 练 习

以当地的一家本土超市为例，探究其组织文化及外在环境的影响。

Chapter Three

第3章 管理理论的形成与发展

学习目标

- 了解管理理论形成的历史背景。
- 了解弗雷德里克·泰勒及其主要追随者的科学管理理论。
- 阐明亨利·法约尔对管理学的贡献，尤其是5大管理要素和14条原则。
- 阐述马克思·韦伯提出的理想的行政组织体系理论。
- 叙述梅奥及其同事在霍桑实验中得出的结论以及霍桑实验的意义。
- 了解现代管理理论的主要内容。
- 了解学习型组织及企业再造理论。

导入案例

联合包裹速递服务公司（UPS）雇用了15万员工，平均每天将900万个包裹发送到美国各地和180个国家。为了实现他们的宗旨"在邮运业中办理最快捷的运送"，UPS的管理当局系统地培训员工，使他们以尽可能高的效率从事工作。让我们以送货驾驶员的工作为例，介绍一下他们的管理风格。

UPS的工业工程师们对每一位驾驶员的行驶路线进行了时间研究，并对每种送货、暂停和取货活动都设立了标准。这些工程师们记录了红灯、通行、按门铃、穿院子、上楼梯、中间休息喝咖啡的时间，甚至上厕所的时间，将这些数据输入计算机中，从而给出每一位驾驶员每天中工作的详细时间标准。

为了完成每天取送130件包裹的目标，驾驶员们必须严格遵循工程师设定的程序。当他们接近发送站时，他们松开安全带，按喇叭，关发动机，拉起紧急制动，把变速器推到1档上，为送货完毕起动离开做好准备，这一系列动作严丝合缝。然后，驾驶员从驾驶室跳到地面上，右臂夹着文件夹，左手拿着包裹，右手拿着车钥匙。他们看一眼包裹上的地址并记在脑子里，然后以3ft/s的速度快速跑到顾客的门前，先敲一下门以免浪费时间找门铃。送完货后，他们在回到货车上的路途中完成登记工作。

这种刻板的时间表是不是看起来有点烦琐？它真能带来高效率吗？生产率专家公认，UPS是世界上效率最高的公司之一。举例来说吧，联邦捷运公司平均每人每天不过取送80件包裹，而UPS却是130件。在提高效率方面的不懈努力，看来对UPS的净利润产生了积极的影响。虽然这是一家未上市的公司，但人们普遍认为它是一家获利丰厚的公司。

UPS为获得最佳效率所采用的程序并不是UPS创造的，它们实际上是科学管理的成果。科学管理的兴起距今已近百年，但是正如UPS所证实的，这些程序今天仍然有效。在一些人的监督下将人们的努力组织起来，这些监督者负责计划、组织、领导和控制，这种活动已存在了几千年，像古埃及金字塔、中国长城的建造等。《圣经》中也提到管理的概念，中国古代的《论语》《道德经》等都有管理的思想。

3.1　管理思想的萌芽阶段

3.1.1　资本主义早期管理思想的产生

管理思想来源于人类社会的管理实践。在长期的管理实践中，由于社会化生产的发展需要，管理思想逐渐形成为系统的管理理论。管理的实践由来已久，在古代埃及、中国、希腊和印度的文献中，就有对公共事业进行管理并取得辉煌成就的记载。不过，那时的管理活动主要表现在处理事务、安排教会活动、指挥军事战役、治国施政等方面。18 世纪末，工业革命之后，工厂成为资本主义生产的主要方式，从而引起了对工厂如何进行管理的需要，早期的管理思想就是伴随着工厂制度的出现而形成的。

18 世纪后期，英国及其他一些资本主义国家出现了产业革命。产业革命是以机器大工业代替工场手工业的革命。1769 年，机械师瓦特发明的蒸汽机得到广泛的应用，手工业的生产转变为机器的生产。工厂这一新的组织形式代替了以家庭为单位的手工作坊。工厂制度的出现，要求对机器大工业的管理必须采用新的、科学的方法，那种依靠个人的主观经验和臆断行事，显然不适应工业革命后工厂制度所代表的生产力发展的要求，因此，开始了对工厂管理的探索。

3.1.2　早期管理思想家及管理思想

1）英国重商主义经济学家詹姆斯·斯图亚特在《政治经济学原理研究》一书中提出许多重要的管理思想，如实行刺激工资的思想、工作方法研究、管理人员与工人之间的分工等。

2）英国古典经济学家亚当·斯密以"制针"为例说明了劳动分工的好处，这无疑对资本主义的经济管理具有重大的意义。此外，他还提出了"工具人"的观点，指出了管理控制和计算投资回收期的必要性。

3）英国数学家和机械学家查尔斯·巴贝奇在亚当·斯密劳动分工的理论基础上，对专业化有关问题进行了系统的研究，在他 1832 年发表的《论机器与制造业的经济》一书中，着重论述了专业分工与机器、工具的使用、时间研究、批量生产、均衡生产、成本记录等。他还提出了以专业技能作为工资与奖金的基础，主张实行有益的建议制度，并对有益的建议给予不同的奖励。该书是管理史上的一部重要文献。

4）空想社会主义的代表人物之一，英国的罗伯特·欧文最早注意到企业内部人力资源的重要性。就人和机器而言，他认为"至少要像对待无生命的机器那样重视对于有生命的人的福利"。他还在自己的工厂里进行一系列的改革试验，如改进工人的劳动条件、缩短工人的工作时间、提供免费的午餐、改善工人的住宅等。通过改革，他认为重视人的因素和尊重人的地位可以使工厂获取更多的利润。由于欧文率先在人事方面作了许多试验和探索，被称为"现代人事管理之父"。

5）德国军事战略理论家卡尔·冯·克劳塞维茨以军队为对象，论述了管理决策等问题。他认为"企业简直就是类似于打仗的人类竞争的一种形式"，他明确提出以科学而不是以预感为依据来做决策，以分析而不是以直觉为依据进行管理的思想。

以上所介绍的这些有代表性的管理实践、管理思想，虽然都主要反映在某个人、某个企业的单一管理实践和个别论述中，但它对促进生产，加强早期企业管理和以后的管理理论及学派的形成，都起着积极的影响和作用。

3.2　古典管理学派的管理理论

古典管理理论是指 19 世纪末 20 世纪初在美国、法国、德国等西方国家形成的有一定科学依据的管理理论。经过产业革命后，先进资本主义国家的生产力已达到一定的高度，科学技术也有了较大的发展，并有了许多新发明，但是管理仍是建立在经验和主观臆断的基础上，缺乏科学的依据。由于企业管理落后，使这些国家的经济发展和企业中的劳动生产率都远远落后于当时的科学技术成就和国内外经济条件所提供的可能的经济环境。在美国表现为弗雷德里克·泰勒及其追随者创建的科学管理理论，即"泰勒制"；在法国表现为法约尔创建的一般管理理论；在德国表现为韦伯创建的行政组织管理理论等。尽管这些古典管理理论表现形式各不相同，但其实质都是采用当时所掌握的科学方法和科学手段对管理过程、管理职能和管理方法进行探讨和试验，进而确定一些以科学方法为依据的管理理论、管理原则和管理方法。

3.2.1　泰勒的科学管理理论

1. 科学管理之父——泰勒

泰勒出身于宾夕法尼亚的杰曼顿，他的父亲是一个出身于贵族教徒世家的相当富裕的律师，他的母亲出身于清教徒世家。这个家庭给泰勒一生的事业以许多不寻常的影响，使他从小就具备了寻求真理的强烈欲望，并怀有清教徒式的根除浪费和懒散弊病的热忱。

1878 年，泰勒到费城米德维尔钢铁公司当了一名工人，同时就读于新泽西州史蒂文斯理工学院的夜校。泰勒在米德维尔钢铁公司工作的 6 年时间里，获得了闪电般的晋升，他从一名普通工人升为职员，后又升为机工、机工班长、车间主任、维修总技师，最后升为总工程师。在管理工作中，他凭自己的劳动经验感觉到，米德维尔钢铁公司的产量受到工人们人为的限制。工人不肯竭尽全力去工作，他认为这是令人可憎的道德问题，这种罪恶比机器闲置不用更为可恶。于是，他就开始探索管理工作的科学化问题，力图创造出一套能鼓励或强迫工人达到最高定额的措施和办法，以解决工人的怠工问题和管理缺陷问题。

泰勒于 1895 年和 1903 年分别出版了《计件工资制》和《工厂管理》（又译《车间管理》），这两本书都是研究管理的具体技术。在逝世前 4 年他出版了著名的《科学管理原理》，该书充分体现了泰勒的管理思想和管理方法，他在书中所阐述的一套科学管理的法规，在工矿业中得到广泛的应用，被后人称为"科学管理法"，也叫"泰勒制"。

2. 科学管理的哲学理念

"管理哲学"这个概念，本身就是泰勒在《科学管理原理》中首先提出来的。他说"科学管理的理论或者说科学管理哲学"虽然刚刚为人们所理解，而管理实践本身却已逐步推进。在管理科学的发展中，泰勒的管理理论和管理方法之所以具有重要的地位，是因为他倡导了一场管理思想革命。这场管理思想革命被誉为"继产业革命以后，对产业社会具有划时代影响的第二次革命"。

（1）倡导新的管理理念：泰勒在《科学管理原理》开篇的第一句话是这样说的，"管理的主要目的应该是使雇主实现最大限度的富裕，同时也使每个雇员实现最大限度的富裕。'最大限度的富裕'这个词，从广义上去理解，不仅意味着为公司或老板取得巨额红利，而且还意味着把各行各业的经营引向最佳状态……，对每个雇员来说，不仅意味着他比其他同级人员取得更高的工资，更重要的是，还意味着能使每个人充分发挥他的最佳能力。"这段话清楚地表明了泰勒所倡导的"科学管理法"的哲学理念。他认为雇主就是为了利润，工人就是为了工资。因此，只要科学地规定工人一天的工作量，那么，由于生产效率的提高，工人的工资收入就会增加，雇主也会由于单位劳务费的下降而增加利润收入。这样一来劳资之间就不会发生利害冲突，从而实现劳资利益关系的调和。正如泰勒所说的，这是他制定"科学管理法的两大目的，这是非常明白的事实，没有必要加以阐述"。

（2）主张变革管理体制：在新的管理理念的驱使下，泰勒认为必须变革现有的管理体制，并分两步走：

第一步，改进传统的管理体制。变放任管理为"积极性加刺激性"管理，泰勒在《科学管理原理》中说，就是寻求传统管理体制下的最佳管理模式。

泰勒认为生产率的浪费与物质财富的浪费还不一样，因为人们感觉不到，也不留下任何痕迹，所以常常不被重视。然而，它却是一种最大的浪费。经过反复的实践，泰勒提出了一套新的管理体制，他亲自制定了许多严格的反对降低工资率的规定，目的是要让已经失去积极性的工人重新发挥最大的主动性和创造性，并且经雇主的手得到一些特定的激励和报偿。这种激励和报偿可以有若干种办法，例如：快速提拔和晋升，提高工资——形式可以是计件活的优厚报酬，或是由于干得好而快给予津贴或红利，提供比通常情况更好的工作环境和条件，等等。泰勒认为，"积极性加刺激性"管理，虽然是通常管理体制中的最佳模式，但它仍没有超脱传统管理体制的窠臼。

第二步，建立科学管理体制。在传统的管理体制下，"要取得什么成就几乎完全有赖于赢得工人的'积极性'，而真正赢得这种积极性的情况是不经常存在的"。要保持工人发挥最大的能力来为雇主的利益工作，就要建立科学的管理体制，使其"有可能在更大范围内以绝对的一致性去赢得工人的'积极性'"。科学的管理体制与传统的管理体制的根本区别，体现在劳动成果的获得不再完全依赖于工人，而由管理人员和工人平均分担责任。企业中非常繁重的责任与负担，都由管理人员自觉地承担起来，同时对劳动成果负有更大的责任。那么，管理人员要承担哪些更大的责任呢？泰勒认为可以归纳为以下 4 项任务：

1）开发一门新的科学，管理人员要专门研究工人日常操作的每一个动作，把传统的经验和方法收集、记录下来，进行整理分析，从中总结出一套科学的操作方法，以取代粗糙的、习惯的劳动经验。

2）科学地挑选工人，并对其进行培训和教育，以取代过去由工人根据自己的理解和判断任意选择操作方法、自己培训自己的做法。

3）与工人密切合作，以确保所有的工人都能按照新发展起来的科学原则去做。

4）管理人员把自己比工人更能胜任的那部分工作承担下来，改变过去几乎所有的工作和大部分责任都推到工人身上的做法。

泰勒做的第一个试验是搬运生铁。过去工人把工厂广场上的生铁搬到车厢内，平均每人每天搬运 12.5t，而泰勒却发现工人的实际能力远远不止这些。为了证实工人的巨大潜力，并使人们信服，他以每天工资由 1.15 元提高到 1.85 元为诱因，按着秒表指挥一位工人搬运生铁，到下午 5:30，这位工人把 47.5t 生铁装上了车。泰勒说搬运生铁恐怕是一种最原始的劳动了，但实验结果表明：搬运生铁的科学却是这样的深广，以至最能胜任这项工作的工人也无法懂得这门科学的原则，甚至也无法按照这些原则去做，除非他能得到一位受过更好的教育的人的帮助。由此可见，管理人员自觉承担这 4 项任务是十分必要的，这也是与传统管理的根本区别。

这种新体制，泰勒自己当时也未意识到，让管理人员承担更多的责任，让每个工人充分发挥主动性和创造性，标志着科学管理与传统管理在哲学理念上的分水岭。

3. 科学管理的主要内容

科学管理法的主要内容是任务管理，也称作业管理。它是泰勒科学管理理论的精华所在，其重点是解决管理中的技术问题。具体讲，它包含了 4 条原则。

（1）定额原则：这是建立科学管理体系的关键。泰勒认为过去的管理之所以不科学，就是因为没有找到作为定额根据的事实和规律，所有定额都是雇主凭自己的主观意愿和判断随意确定的。因此，资本家可以任意延长工作时间，降低工资率，而工人也会因此提出缩短工作时间和增加工资的要求。科学管理的作用就在于找到规定工时和工资的事实根据与规律。当然，这一事实根据和规律的确认，要经过科学研究去完成。

确认事实根据和规律的研究过程包括：①动作分析。从工人的操作习惯中，找出最合理、最高效的操作动作，定为标准动作。②时间分析。用秒表测定每个标准动作所耗费的劳动时间。③确认定额。根据每个动作所耗费的时间，然后用 8h 去除，计算出一天的劳动定额。

为了进一步具体说明确认事实根据和规律的研究过程，泰勒举了吉尔布雷斯先生在《砌砖动作》一书中所描述的砌墙定额的研究过程。吉尔布雷斯先生经过仔细观察和研究发现，工人砌一块砖的操作过程，可以分解为 18 个动作，而这 18 个动作中真正的必要动作只有 5 个。另外 13 个动作，有的经实验证明是无效动作，有的只要添置些简易工具就可省略，有的只要改单手轮换操作为双手同时操作，也可压缩。排除了那些不必要的动作后，工人开始按新的标准操作法培训，过去工人平均每人每天只能砌 120 块砖，而按新的标准动作操作，工人平均每人每天能砌 350 块砖。泰勒认为吉尔布雷斯先生所做的实验可证明，科学的动作分析、时间分析在管理中具有典型意义，进而认为"这是科学管理最重要的因素"。

（2）标准化原则：任务定额显然是高标准的，要使每个工人在标准时间里完成标准定额，这需要有两个条件，一是按标准化的要求，对工人进行培训；二是提供标准化的生产条件，包括劳动工具到劳动对象，这样才有可能形成工作的最佳方式。

当然，一切标准化的条件也是通过科学研究来确定的。例如，铲物料的铲子多大为最好？泰勒把每个工人每日用铲的次数记录下来，再把每个工人铲出来的物料重量记下来，用铲的次数去除。第一个实验他得到的结论是，平均每铲物料重 38lb（1lb = 0.453592kg），每人每天共铲物料 25t。随后他将铲子截短一些，使每铲物料的平均重量由 38lb 减至 34lb，结果发现：平均每个工人的每天工作量由 25t 增加到 30t。于是再把铲子截短一些，使每铲物料的平均重量减至 30lb，结果平均每人每天的工作总重量继续上升。这样不断地试下去，直到每铲物料的重量减到 21 ~ 22lb 时，发现平均每个工人每天的工作总重量为最高。如果再将铲子截短，每铲物料的重量依次减至 18lb、16lb，则工人每人每天的工作总重量也继续下降。实验结果确定每铲物料为 21.5lb 的铲子为标准工具。

（3）高工资原则：如按上述的最佳方式工作，工人的劳动强度是非常大的，没有一定的刺激，工人必然会抵制。那么，怎样才能被工人所接受呢？泰勒认为雇主的目的是高利润，工人的目的是高工资，那么可以采用高奖励工资的办法，以获得工人工作的高效率，同时也给雇主带来高利润。

（4）罚规原则：高奖励工资制也同时规定，工人如果完不成标准定额，就要减少工资，这就是罚规原则。高工资其实也是高要求，从而迫使效率低的工人自动离开工厂，保证工厂都是由一流的工人来创造利润。

任务管理不仅是科学管理法的主要内容，泰勒还认为"这就是科学管理的特点：它不是去驱赶工人工作，而是一种好意，是一种教育"。

4. 科学管理的实质

泰勒在阐述了他的科学管理法之后指出，如果从科学管理法的内容中，得出科学管理仅仅是一些取得效率的措施这样的结论，那是极其片面的。动作研究、时间研究、工时定额、计件工资，等等，当然可以起到提高生产效率的作用，但它不是科学管理法的实质。1912 年泰勒在美国国会答辩时说，科学管理法的实质实际上是"一场完全的思想革命——也就是这些工人，在对待他们的工作责任，对待他们的同事，对待他们的雇主的一次完全的思想革命。同时，也是管理方面的工长、厂长、雇主、董事会，在对待他们的同事、他们的工人和所有的日常工作责任上的一次完全的思想革命。没有工人与管理人员双方在思想上的一次完全的革命，科学管理就不存在"。

泰勒认为："过去，工业企业中劳资双方的思考和兴趣，都集中在双方共同努力所取得的盈余如何分配的问题上，资方总想得到尽可能多的盈利，而劳方总想尽可能多得到工资，这就是我们所说的盈余分配。""在科学管理中，劳资双方在思想上都要发生的大革命就是：双方不再把注意力放在盈余的分配上，不再把盈余分配看作最重要的事，而是将注意力转移到增加盈余的数量上，使盈余增加到使如何分配盈余的争论成为不必要。""通过努力，创造出比过去大得多的盈余，完全可以做到既增加工人的工资，也增加资方的利润。"

5. 科学管理的影响及其局限性

科学管理法提出了通过管理科学化来提高劳动效率，从而增加利润的方法；提出了提高劳动效率的决定因素不是经验，而是科学的管理体制的见解；提出了通过管理者与工人的职责分工，扩大劳资之间利益关系，实现调和的可能性。列宁在 1918 年曾对这一切作过深刻而全面的评价，说它尽管是最巧妙的残酷手段，但它是资本主义的"最新发明"，是"一系列最丰富的科学成就"，体现了科学管理的巨大进步。

科学管理法系统地分析生产过程，"分析人在劳动中的机械动作，省去多余的、笨拙的动作，制定最精确的工作方法，实行最完善的计件和监督制等"。在理论上开创了对管理进行科学研究的先河。科学管理法在 20 世纪初，以其独到的实用性和实践性，曾得到广泛的传播和应用，对资本主义社会经济的发展，确实起到了不可低估的积极作用。泰勒的科学管理法不仅在 20 世纪初，在 20 世纪中叶，直至今天，它在管理理论和管理实践中仍有十分广泛的影响。

当然，科学管理法也有它的局限性。首先，它对管理中人的看法，虽然从"工具人"发展到了"经济人"，但把经济利益作为人的唯一动机，显然是不全面的。其次，对管理活动中人的因素也没有给予充分的考察，忽视了经济目的以外的多种需求。另外，对于劳资间的对立，企图通过制定作业标准来解决，显然是不可能的。

3.2.2 法约尔的一般管理理论

管理科学产生之初的科学管理法，虽然也包含着一般管理理论，但就其主要内容而言，大都属于工厂管理的范畴。在泰勒之后，法国的亨利·法约尔以他管理大矿业公司30年的成功经验为基础，通过科学地归纳、整理和抽象，创立了一般意义上的管理职能理论。

1. "现代经营管理理论之父"——法约尔

亨利·法约尔（1841—1925）生活在法国资本主义经济发展较快的时代。1841年他出生在一个资本家家庭，1860年毕业于法国国立圣艾蒂安高等矿业学校，后进入一家采矿冶金企业科芒特里-富香博矿业公司当工程师。由于他管理才能的显现，在他25岁时就被任命为科芒特里煤矿的管理人员，6年后，又被提升为一家煤矿的经理。1888年，该公司的财政状况极为困难，在濒于破产时，法约尔被任命为公司总经理。经过30年的管理，到他77岁退休时，该公司已变得极为稳定和繁荣。直到今天，这家公司仍是法国中部最大的采矿和冶金联合企业。

法约尔在担任公司总经理期间，根据他自己的工作经验，早在1900年国际采矿和冶金代表大会上，就系统地提出了他的一般管理理论的思想。1908年，在他为矿业协会成立25周年所撰写的论文中，提出了管理的"14条管理原则"。1916年在法国矿业协会的年报上，他发表了最为著名的论文《一般管理与工业管理》，首次提出了管理"要素"的理论。

2. 一般管理理论的主要观点

（1）法约尔第一个提出了"管理职能"的概念：尽管人们过去对管理的概念谈得很多，但从未明确过管理的定义和它的职能，管理活动和其他活动的职能界限也模糊不清。为了说明管理的职能，他认为关键是弄清管理与经营的关系，如图3-1所示。

法约尔首先肯定所有企业经营的总体运动中，都包括了6种职能：①"技术职能"，如生产、制造和加工等。②"营业职能"，即采购、销售和交换等。③"财务职能"，即资本的筹集和最恰当的运用等。④"管理职能"，即计划、

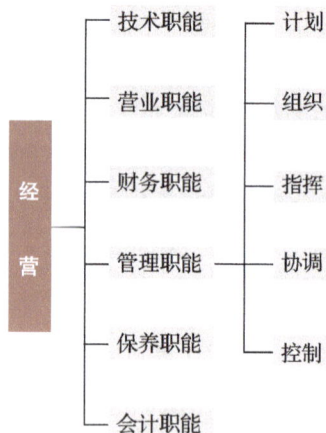

图3-1 企业经营与管理的各种职能活动

组织、指挥、协调和控制等。⑤"保养职能"，即设备的维修、维护和保养。⑥"会计职能"，即财产目录、资产表和成本统计等。法约尔认为，管理是从属于经营的，但他认为管理的重要性在其他5种职能之上。因为其他5种职能都是关于物或财的职能，这些职能的作用使材料、工具、产品都处于运动状态，而管理是关于人的职能，其他各种财和物都要通过人才能实现管理目标。因此，在财和物因素不变的条件下，改变管理方式会产生完全不同的结果。

（2）"14条管理原则"：这是法约尔根据他自己的经验提出来的，它们是：

1）分工。法约尔认为分工可以减少浪费，增加产出和便于培训工作。同泰勒一样，他也认为劳动分工不仅限于技术工作，也适用于管理活动。

2）权限和责任。法约尔把权力分成两类：制度权力和个人权力。前者是因职务和地位而

产生的，后者则是与担任一定职务的人的智慧、学识、经验、道德品质和领导能力有关。出色的管理者常常用个人权力来弥补制度权力。责任是权力的孪生物，是权力的当然结果和补充。权力与责任是相称的。

3）纪律。法约尔强调纪律是用来规范人们行为的，为使企业顺利发展，纪律是绝对必要的。没有纪律，任何企业都不能兴旺发达。纪律是以公司及其雇员之间的服从和尊重为基础的。良好的纪律产生于优秀的领导人，来源于劳资双方就工厂的规定达成的明确的协议，以及审慎地使用制裁（惩罚）措施。

4）命令的统一。一个下属人员只应接受一个上司的命令。如果这条原则被打破，那么权力将受到损害，纪律将受到削弱，秩序将被扰乱，稳定将受到威胁。

5）统一领导。法约尔认为，达到同一目标的全部活动，只能有一个领导人和一项计划，这是统一指挥，统一行动，协调组织中一切工作和力量的必要条件。

6）个人利益服从整体利益。这条原则是不言而喻的，但常常由于无知、贪婪、自私、懒惰、懦弱以及人类的一切冲动，总是使人为了个人利益而忘记整体利益，因此，有必要经常提醒人们注意遵守它。

7）公平报酬。报酬是人们服务的价格，应该合理，并尽量能让企业和职工都满意。报酬方式对企业的生产发展影响很大，合理的报酬必须符合 3 个条件：一是公平，二是能激励工作热情，三是不能超过合理的限度。

8）集权与分权程度。分权是提高部下积极性的重要做法，而集权则是降低这种积极性的重要做法。作为管理的两种做法，它们本身无所谓好坏，问题在于找到符合企业情况的最佳均衡点。

9）等级链。等级链即等级制度，它是从组织最高权力机构到最低层管理人员的领导系列，也是组织内部命令传递和信息反馈的正常渠道。依靠它完成信息沟通对于保证统一指挥是非常重要的，但它不总是最迅捷的途径。因此，为了尊重等级制度与保证信息快速，法约尔提出了横向联系的跳板原则，即不同权力系列的同一层次的组织之间，在上级授权的情况下，可以横向传递信息，直接商议解决问题，再分头上报。后人把这种做法称为"法约尔桥"或"跳板原则"。

10）秩序。秩序包括物的秩序和人的秩序，每件东西都放在它应在的位置，每个人根据不同的特点，安排在他应在的岗位上，通过精确的设计和正确的选择，组成完善的工作程序。

11）公平。法约尔认为，公平是由善意和公道产生的，为了鼓励下属忠实地执行职责，管理者应该以公道和善意对待他们。

12）职工稳定。人员稳定对于工作的正常进行和效率的提高是十分重要的。因为，一个人要适应新的工作，不仅需要相应的能力，而且还需要熟悉工作的时间。随着时间的推移才能积累一定的经验，否则，就会影响工作效率。

13）主动性和创造性。鼓励员工在一切工作中充满热情和发挥干劲。

14）团结精神。全体人员的和谐和团结是企业取得成功的保证，法约尔指出，管理人员切忌使用可能导致分裂的、分而治之的方法。

法约尔对"原则"的理解并不像物理学中的定义和法则那样死板，他说是很勉强地使用了"原则"这个词。因为，在管理事务中没有任何一样东西是绝对的、一成不变的，管理完全是一个根据具体情况处理得恰到好处的问题。现实生活中也很少把同一原则重复运用于某一类似对象的情况。因此，法约尔一再强调"原则"是灵活的，它们不是教条，它们是灯塔，照亮你走向成功的道路。怎样遵循？怎么具体运用它们？这是一项非常困难的艺术。

法约尔提出的 14 条管理原则之间是否存在内在联系，他未做进一步的说明，有些人据此对其中的一些原则提出了疑义。其实，法约尔本人也不认为这 14 条管理原则是完善的，只是想把它作为研究管理过程的基础。

（3）强调组织是一切管理活动的基础：法约尔尽管也认为计划工作十分重要，但他一再强调组织是一切管理活动的基础。如果说管理是经营中最重要的职能，那么，他认为，组织是管理中最首要的问题。法约尔的组织理论包含了这样一些内容：

1）组织的外部形态。法约尔认为人数决定组织的外在结构。在金字塔式的组织机构中，职能的增长是水平方向发展的——工作量的增加而人数增多；等级的增长是垂直方向发展的——加强指导和协调而增加管理层次，从而引起"金字塔"的不断变化和发展。这种职能和等级的发展是以一个管理者管理下属人数不超过 5 人为基础的。如果一个基层组织超过 5 人时，则应一分为二，分成两个基层组织。当这样的基层组织多于 4 个时，就应再增加一个管理层次。

组织结构图是每一个企业都必须具备的东西，能使人们一眼就看出一个组织的全貌。它详细规定权力界线，联系交往的途径，明确显示各自的任务和职责的划分，防止出现部门重叠、权力交错、多头领导的局面。从管理的角度来说，组织结构图本身就是一种可以用来分析部门关系的管理工具。

2）组织的内在因素。法约尔在说明了组织的总体结构后，转而对人事和人员配置问题进行了阐述。他认为在相同的外部条件下，组织之所以表现出不同的效率，那是因为组织的内在因素不同，即管理人员的能力、素质和创造性不一样。因此，人事工作的重点就是要做好人员的挑选、评定和训练。他认为，人员挑选实际上是一个发现人员品质和知识的过程，对管理人员和普通工人的评价均要以同样的基本品质为依据，但随着他们在组织内地位的高低差别，在要求上又有所不同。如"道德品质""健康体质"对所有人员来说都是必不可少的，而"管理知识""智力和精力旺盛"则随着等级链上地位的上升而越来越重要。

3）参谋论。法约尔主张任用一批"有能力、有知识并且有时间"的人作为"管理人员个人能力的增延"，协助管理人员工作。如通信、接洽、会谈、协调、联系和控制、收集情报、拟订计划、思考改进工作的方法等。他认为，上层管理人员必须要有极其广泛的、多种多样的职能，靠个人的才能无论如何是不够的，这是其一。其二，从事日常管理的管理人员，既无时间也无精力从事改进工作方法的探求和研究，而参谋人员由于不需处理日常工作，有较充裕的时间和精力去发现企业条件的变化，探索更好的工作方法，拟订未来的工作计划。

设置参谋机构的主张是法约尔的创见，它与泰勒的职能工长制处于直接矛盾的地位。泰勒的职能工长制否定了统一指挥的原则。在法约尔看来，这是非常危险的道路。我们要十分尊重统一指挥原则的组织形式，使之同向主管提供帮助（即参谋机构）吻合起来。

3. 对一般管理理论的评价

亨利·法约尔发表的著作虽然为人们所接受，但是，20 世纪初期的欧洲，仍然处于泰勒主义精神的笼罩之下，其主要原因是泰勒的效率方法被迅速应用于法国支援战争的需要。当时法国的国防部长曾命令所有生产战争物资的工厂研究和应用泰勒的管理方法；直到很久以后，法约尔的管理思想才引起人们的注意和重视。

（1）提出了管理的"普遍性"：法约尔强调所有的机构——工业、商业、政治、宗教等任何机构都需要实行管理。这种对管理"普遍性"的认识和实践，在当时是一个重大的贡献。因为他克服了狭隘的观点，不再把管理囿于某一个范围，而是把其看成某一方面的活动。同时，他把管理活动从经营中单独列出来，作为一个独立的职能和研究项目，这一切都是非常有见地的。

（2）管理理论更"一般性"：所谓"一般"即"普遍"的意思。法约尔的管理理论，虽然不能说没有受泰勒的科学管理法的影响，但它与泰勒的管理理论有很大的不同。泰勒是以工厂管理这一具体对象为出发点的，因此，泰勒的科学管理法非常富有实践性，但缺乏一般的理论性。而法约尔的管理理论是概括性的，所涉及的是带有普遍性的管理理论问题，其形式对象均是在极其普遍条件下有关管理的一般理论，所以更具理论性和一般性。由于它是能适用于各种事业的共同原理，人们便称之为"一般管理理论"。从理论角度来讲，它对管理理论发展的影响，也许比科学管理法的影响还要大些。

（3）为管理过程学派奠定了理论基础：法约尔的"一般管理理论"的价值，很容易被人们低估，因为他的主张和术语在现代的管理文献中实在太普遍、太平凡了，所以常常被看成是极其一般的东西。其实，这恰恰反证了法约尔的一般管理理论对现代管理理论的影响。法约尔的一般管理理论最先将经营与管理区别开来，最先归纳了管理的五大职能，在管理学史上是一个重要的里程碑。它所开创的一般管理理论，后来成了管理过程学派的基础理论。

3.2.3　韦伯的组织理论

马克斯·韦伯是德国社会学家、经济学家和古典管理理论的代表人物。韦伯对管理理论的贡献主要是提出了理想的行政组织体系理论，这一理论集中反映在他的代表作《社会组织与经济组织理论》一书中。由于韦伯是最早提出一套较完整的行政组织体系理论的人，因此，被称为"组织理论之父"。所谓理想的行政组织体系理论，原意是通过职务或职位而不是通过个人或世袭地位来管理，他所讲的"理想的"不是指最合乎需要，而是指现代社会最有效和合理的组织形式。韦伯认为，行政组织体系应以理性的、法律的权力为基础，其组织管理机构则是最纯粹的应用法定权力的形态；理想的行政组织是建立在正式、合法和权威基础上的最好的管理制度，是最符合理性原则、高效率的一种组织结构形式。韦伯的理想行政组织体系理论的主要内容包括：

（1）实行职责分工：把组织中为了实现目标所需要的全部活动都划为各种基本作业，作为任务分配给组织中的各个成员。组织中的每一个职位都有明文规定的权利和义务。

（2）自上而下的等级系统：各种职务和职位按职权的等级原则组织起来，形成一个指挥体系或阶层体系。每个下级接受他的上级的控制和监督，在对自己的行动负责的同时，还要对自己的下级的行动负责，为此，他必须对自己的下级拥有权力，能发出下级必须服从的命令。

（3）人员的任用：组织中人员的任用，完全根据职务上的要求，通过正式考核或教育训练来实现，每个职位上的人员必须称职，同时，也不能随意免职。

（4）职业管理人员：即除了某些规定必须通过选举产生的公职外，管理人员有固定的薪金和明文规定的升迁制度，是一种职业管理人员。这些管理人员并不是他们所管理单位的所有者，只是其中的工作人员。

（5）遵守规则和纪律：即管理人员必须严格遵守组织中规定的规则和纪律。组织要明确规定每个成员的职权范围和协作形式，避免感情用事、滥用职权，以便正确行使职权，减少摩擦和冲突。

（6）组织中人与人的关系：组织中人与人的关系是一种不受个人感情影响的完全以理性原则为指导的关系。这种公正的态度，不仅适用于组织内部，而且也适用于组织同外界人员之间的关系。不能任意解雇组织中的人员，应鼓励大家忠于组织。

韦伯认为，理想的行政组织体系最符合理性原则，效率最高。在精确性、稳定性、纪律性和可靠性方面优于其他组织形式，它能高度精确地计算出组织的领导人和成员的工作成果。所以，能适用于各种管理工作和各种大型组织，如教会、国家机构、军队和各种团体。韦伯对完善古典管理理论做出了重要的贡献，而且，对以后的管理理论，如社会系统理论有着一定的影响。

从泰勒、法约尔、韦伯等人开始从事管理的实验和理论研究算起，距今已达一个世纪之久。他们的理论不但在当时对管理理论的形成起了重要作用，对以后管理理论的发展和管理学派的形成，也有深远的影响，其中许多原理、原则和方法至今仍被人们所重视和沿用。

3.3 人际关系学说与组织行为学

3.3.1 霍桑实验与人际关系学说

泰勒在米德维尔钢铁公司用秒表观察工人搬运生铁获得了成功，然而，费拉德尔菲亚附近的一家纺织厂实行泰勒式的效率研究却遭到失败，既没有促进生产，也没有提高工人的工作热情。效率研究失败后，该公司向离厂最近的一所大学——宾夕法尼亚大学求教，遇到了正在该校任教的梅奥。

梅奥（1880—1949）原籍澳大利亚，1899年于阿德雷得大学取得逻辑学和哲学的硕士学位，以后又在苏格兰的爱丁堡研究精神病理学，这一经历为他以后成为一名工业管理研究员奠定了基础。后来他移居美国，在宾夕法尼亚大学执教。

1. 梅奥的解释

梅奥在听了公司的汇报后，用一种全新的观点来解释失败的原因。他说："经济理论运用在人际方面是很不恰当的，甚至是很荒谬的，它未能恰当地把人类描述为由个人组成的群体，而看成每个人根据个人利益而行动。"这段话清楚地表达了梅奥与泰勒在管理理论上的分歧。他认为劳动者是群体中的一个，他们都需要感情上的交流。梅奥的观点在工人那里得到了证实，工人们抱怨自己都像一个个"孤独者"。在工作中几乎没有和别人接触交谈的机会，其后果是清楚的，工人们感情上觉得压抑，心情上总感到不愉快。

工厂根据梅奥的意见和建议，增设了一些床铺，增加了工人的午休时间，并在上、下午安排了工间休息，虽然总共才40min，但创造了工人们交谈的机会。结果奇迹出现了，在预期时间内，工人的流动率从250%降低到了5%，生产效率明显提高。梅奥解释说，因为那些"孤独者"已经变成了一个社会群体，既有交谈，又有管理部门的影响。

2. 霍桑实验

梅奥后来到哈佛大学经济管理学院工作，他和弗里茨·朱利斯、罗特利斯·伯格以及其他人一起参加了管理学史上最著名的一次实验——霍桑实验。霍桑是美国西方电器公司在芝加哥郊外的一个工厂的名字，从 1924 年起，由美国科学研究委员会组织研究人员围绕工作条件与生产效率的关系问题进行实验。当时人们普遍认为工作环境的物质条件与生产效率存在着明显的因果关系，只要具备了理想的工作条件，工人就能发挥较高的工作效率。根据各种可变因素的变化，实验准备分 13 个阶段进行。

（1）照明实验及其他（1924—1927）：照明实验的目的是调查物质条件之一的照明度与工作效率的关系。研究人员把参加实验的 12 名女工分成两组，每组 6 人，分别在两个房间里工作。其中一组为实验组，另一组为对照组，两组工人的工作性质完全相同。开始时，两组的照明条件一样，然后将实验组的照明度从 24 烛光（1 烛光 = 1 流明）增加到 46 和 76 烛光。经详细观察和精确统计后，研究人员发现，不仅实验组的产量随照明度的增加而增加，而且对照组的产量也出乎意料地增加了，甚至增长率都大致相当。此后，研究人员又逐渐降低实验组的照明度，从 24 烛光降到 10 和 3 烛光。结果工人的产量，却没有随照明度的下降而下降，居然保持在较高的水平上，甚至还有上升。更让人奇怪的是，对照组的情况也一样。只有当照明度降低到接近于月光的水平，即 0.06 烛光时，实验组的生产率才出现下降的情况。

照明实验似乎以毫无结论而告终，研究人员改而从工资报酬、休息时间、工作日和工作周的长度，以及其他有可能提高生产率的各项因素上进行实验。结果，上午和下午各给 5min 的休息时间，生产率有所上升；集体刺激工资制改为个人计件工资制，产量也有巨大的增长；缩短工作日和工作周，在休息时间提供茶点等，都使产量有所提高。

对上述结果研究人员感到十分恼火，决定废除实验工人的所有"特权"，恢复到没有休息时间，没有茶点供应，以及工作日和工作周都不予缩短，即除了保留个人计件工资制以外，恢复到原来的工作条件。这一来研究人员估计工人们的情绪肯定会受到严重影响，但他们吃惊地发现日产量和周产量都达到了前所未有的高度。以后他们又再恢复休息时间和茶点供应，又使产量进一步大大提高。在整个实验期间，每个工人每周的平均产量从 2400 个继电器增加到 3000 个继电器。

对实验结果，没有一个人能够解释这是为什么。提出的所有假设都被否定了，于是，研究人员也都认为这种实验没有用处而准备放弃。

（2）继电器装配及云母片剥离实验（1927 年末开始）：梅奥听说了霍桑工厂的实验情况后，很感兴趣。就如童话故事中，塞伦蒂普的三位王子在他们的航程中没有发现他们所追求的事物，而发现了远比他们原来所要追求的更为重要的事物一样。梅奥从美国科学研究委员会研究组准备放弃的这项实验中，敏锐地意识到，也许能够从中得到比原先的照明实验研究重要得多的结论。

1927 年底起，由梅奥率领的哈佛小组来到霍桑工厂，继续实施科学研究委员会专家们决定放弃的研究工作。他们一到霍桑工厂，立即试图解释先前实验的结果，提出了 5 种假设：

1）实验中改善物质条件和工作方法导致产量增加。

2）工间休息和缩短工作日使得疲劳减轻。

3）休息间隙减轻了工作的单调性。

4）个人计件工资制促使产量增加。

5）监督技巧的改进改善了人际关系，从而改变了工人的工作态度，使产量不断提高。

对这些假设一个一个地加以论证。第一种假设被否定了，因为研究人员曾有意恶化工作条件，如照明度，而产量还是增加了。第二种假设即工间休息和工作日的长度不能说明结果，由于在所有"特权"取消以后，产量还是在继续增加。第三种假设即工作单调性的减轻更加缺乏说服力，因为单调性是一种心理状态，不能仅根据产量的变化来加以估计。哈佛小组认为，工人态度的变化，也许是因为被挑选出来参加实验，而感到自己受到了重视和关注。但是否能把产量的增加只归因于这一个因素呢？第四种假设也值得认真对待，需做进一步的深入考察。

为此，梅奥又成立了两个新的实验小组，一个是继电器第二装配小组，一个是云母片剥离小组。继电器第二装配小组由5位有经验的女工组成，实验以前实行的是集体刺激工资制，实验的前9个星期实行个人计件工资制，开始时总产量上升，然后在原有产量的112.6%的水平上稳定下来。在又恢复到集体刺激工资制的7个星期后，产量降至实验以前原有水平的96.2%。云母片剥离小组的工资制度没有改变，实验中唯一变化是将这个小组安排在一个特殊的观察室中，结果在实验期间，每小时平均产量增加了15%。

在假设这两个小组的实验结果时，研究者认为工资制度不是产量增加的原因。虽然继电器装配组的产量增加了2.6%，但主要是继电器第二装配组想同原来的第一装配组的产量拉平。云母片剥离小组在实验中保留了原来的工资制度，而每小时的产量却增加了，这就说明是工资制度以外的因素发挥了作用。研究者最后得出结论，导致两个小组产量增加的原因不是工资，而是士气、情绪和人际关系。这就是前面所述的第五种假设。

(3) 访谈实验：既然实验表明工作效率提高的原因，不是物质条件的改善，而是社会条件和人际关系的改变，那么，这一发现就为管理指出了新方向，即应该创造一种工人可以自由发表意见，并在同事之间、上下级之间建立起新的个人联系的"社会环境"。于是哈佛小组在实验中提出了一个访谈计划。

访谈实验持续的时间相当长，从1928年9月到1930年5月，在近两年的时间里，哈佛小组的实验人员进行了2万多人次的访问谈话。开始的想法是要工人就雇主的管理规则和政策、工头的态度、工作条件等问题做出回答，没想到工人认为重要的事情并不是调查者认为的那些事。访谈者了解了这一点以后，就把访谈计划改变为让工人可以任意发表意见。他们的任务就成了让工人讲话，访谈的平均时间从30min延长到了1~1.5h。在以后的访谈中研究人员惊奇地发现：有了这样一个自由发表意见和"泄泄气"的机会以后，工人们普遍认为工作条件改进了，处境也改善了，虽然事实上并没有什么变化。

在工人的"诉苦"中，研究人员还发现工人不满的事与引起他们不满的事并不完全一致，工人表述出来的不满与隐藏在心里深层并未表达出来的实际不满也不总是一回事。比如，一个工人不满工作中的噪声、温度和烟尘，进一步考察表明，他真正担心的是自己的健康，因为他的兄弟不久前死于肺炎。又如一个工人对计件工资率过低表示不满，深入考察后也发现，是由于这个工人要为他妻子支付医药费而担心。根据这些分析，研究人员认为工人由于关心自己个人的问题而影响了工作成绩，梅奥称之为"悲观主义的出神"。为此，要对管理人员进行训练和教育，使他们都成为能倾听和理解工人的访谈者，"防止任何道德说教、劝告和情绪"。在工作中更注重人的因素，对工人更为热情，更为关心。这样一来，人际关系得到了改善，工人士气得到提高，产量也就会增加。

(4) 绕线室观察：绕线室观察不是实验，而是观察调查，在时间上与访谈实验基本上是同时进行的，主要是对非正式组织进行研究。作为研究对象的小组由14名男工组成，他们负责装配中央交换机设备中所用的接线器，其中，9名是绕线工，3名是焊接工，另外2名是检验工。除 2 名检验工外，前面 12 个人分成 3 个小组，构成正式组织。绕线室实行的是集体刺激工资制，以强调相互协作。

观察中研究人员注意到了这样两个事实：

1）工人们对于"公平的一天工作量"有明确的理解，而且它低于雇主所规定的工作量和工人的实际生产能力。因为工人们认为，如果产量超过了那个非正式标准，就会导致降低工资率或提高产量标准。当然，如果产量过低，那会引起监工的不满。所以，每个工人既不成为"生产冒尖者"，防止破坏工资率，也不成为"生产落后者"，使同伴受到损失。每个工人的感觉成了这个团体内部的默契，谁要是违反了团体内部的规范，就会遭到嘲笑、讽刺和"给一下子"。在这种团体内部默契的压力下，即使某个工人某天的生产量多了，他也会把多余的产量隐藏起来，只报告符合团体内部规范的数量，多余的部分则留给放慢速度生产的明天。

2）在正式组织中存在着小团体，即"非正式组织"。绕线室中存在着两个小团体，它们的形成与工种无必然的关系，而是根据感情逻辑连接起来的。在工作过程中或工作结束后，工人们跨越正式组织的界限相互交往、相互帮助，甚至不顾工厂某些禁止的规定，形成相对稳定的"非正式组织"。在小团体内部有自然形成的领袖，也有它们自己的行为规范，如不应该干太多的活，也不应该干太少的活，不能成为向监工"打小报告"而有损同伴的"告密者"，不能在工作中一本正经、多管闲事、疏远同伴等。

3. 霍桑实验提出的新见解

梅奥和罗特利斯伯格根据霍桑实验结果的分析与研究，各自于 1933 年和 1939 年分别发表了《工业文明中人的问题》一书和《管理和工人》《管理和士气》等书。他们在书中阐述了人群关系学说的主要内容，提出了一系列新的观点，这些新观点实际上是有关工业文明的一种新的社会哲学。

（1）工人是"社会人"：梅奥认为工人是有复杂社会人际关系的成员，影响他们劳动积极性的，除了物质和金钱之外，还有社会和心理等方面的因素。而现实中对于技术进步和物质生活的过分强调，已达到了忘记人和社会生活的程度，导致了文明的衰弱。梅奥将其原因归咎于大卫·李嘉图的"群氓假设"。把社会看成由一群无组织的个人所组成，每个人都按保存自我和实现自我利益的方式行事。这是一种误导的经济和政治理论。泰勒的科学管理法建立在"经济人"假设的基础上，只把经济动机作为工人的激励因素，也是不恰当的。

（2）工人的情绪和工作态度对生产效率具有更大的影响：泰勒认为物质工作环境是影响生产效率的主要因素，生产效率、作业方法和作业条件三者之间存在着单纯的因果关系。而霍桑实验证明，作业条件的变化与生产效率的改变并无直接的联系，生产效率的变化与工人的态度、感觉和情绪的变化有关。工人的情绪与他们得到的满足程度成函数关系，即满足程度越高，情绪就越好，生产率就越高。梅奥因此把金钱的诱惑放到次要地位，认为社会环境才是影响生产效率的主要因素。

（3）企业中除了工厂、车间、工段、小组等"正式组织"之外，还存在着"非正式组织"。"正式组织"就是有一定的目标和组织结构形式，并由一套规章制度等规定成员之间相互关系的群体，它遵循的是效率逻辑和成本逻辑，不显示车间工人之间相互接触和相互作用的社会关系。"非正式组织"是工人在共同的工作中，超越了正式组织的相互联系和相互作用，从而建立起一定的感情，形成某种共识和不成文规矩的非正式团体。它遵循的是感情逻辑。非正式组织对工人起两种作用：①它保护其成员免受内部人员不当行为的伤害，如生产过多引起雇主提高生产定额，或生产过少加重同伴的负担。②它保护其成员免受主管当局的干涉所造成的损失，如降低工资和提高生产定额等。

（4）新的领导方式在于提高工人的满足程度：既然生产率的高低主要取决于工人的态度和情绪，而工人的态度和情绪则取决于他们感觉到的各种需求的满足程度。在这些需求中，梅奥认为金钱和物质是第二位的，首要的、更多的是获取社会承认、尊重友谊、安全保证等心理的社会需求。所以，新型领导不仅要解决工人技术和物质方面的问题，还要掌握工人的心理状态，了解他们的思想情绪，采取相应的措施，以达到提高生产效率的目的。梅奥强调说，新型领导者既要具有技术经济技能又要具有人群关系技能，既有符合效率逻辑的能力又有符合感情逻辑的能力，能在正式组织所要求的效率逻辑与非正式组织所要求的感情逻辑之间求得平衡，从而达到既满足人们社会的心理需求又满足组织的经济需求的双重目的。

4. "人群关系论"在理论上的贡献及其局限性

首先，人群关系论对人性做出了不同的假设。梅奥继 1933 年出版的《工业文明中人的问题》之后，1945 年又出版了《工业文明的社会问题》，两书中对人性的不同假设，为"人群关系论"奠定了理论基础。

大卫·李嘉图认为，工人具有兽性，除了自己的利益外不考虑其他因素，因此，社会看来是由一群乌合之众的"群氓"组成的。泰勒认为工人干活就是为了多拿钱，他们天生麻木不仁、得过且过，工作时懒散、"磨洋工"，一旦结成群体时，这种倾向还会增强。人群关系论却与之相反，认为工人的冷漠态度不是天生具有的，而是令人精神枯竭的社会环境所致的，人的本性是乐观的、进取的，只要我们改变社会环境，他们是会积极工作的。

对于人群关系论与科学管理法关于人性问题的理论分歧，美国麻省理工学院的麦格雷戈（1906—1964）做了最为清楚的对比。他在 1957 年写的《企业的人事方面》一书中，把以"科学管理法"为基础的一类理论观点称为"X 理论"，把以"人群关系论"为基础的一类理论观点称为"Y 理论"。

"X 理论"认为人的本性是懒惰的、愚蠢的、不诚实的、不负责任的。普通人天生就厌恶工作，因而总是千方百计地设法逃避工作；人总是想躲避责任，为了躲避责任宁可接受别人的命令；人是没有抱负的，他们把自己的安全看得重于一切。总之，"人之初，性本恶"。因此，管理人员要以强制命令和惩罚威胁为主要手段，迫使人们为达到目标而努力工作。

"Y 理论"的主要观点正好与之相悖，认为人的本性不仅不厌恶工作，而且把工作中的体力和脑力消耗看作与游戏和休息一样自然；人在一般情况下，不仅乐意负责任，而且会争取承担更大的责任；人不愿意接受别人的控制，乐意而且能够自我指导和自我控制。总之，"人之初，性本善"。因此，只要创造条件，在适度的激励下，人们都愿意献身于某一目标。现在的管理未能使人的潜力充分发挥出来，原因就在于对人的本性的误解。

1）人群关系论尽管只是从一个侧面强调了人的心理因素和社会因素对生产劳动所起的作用，也是不全面的，但毕竟提出了对人性问题的不同理解，从而为管理科学的发展提供了新的理论。

2）人群关系论所提出的新观点，大大拓宽了管理理论的研究范围和研究领域。例如"社会人"的观点，推动了人们对人的需求行为做进一步的探索；态度、情绪与生产率之间关系的假设，促进和强化了人们对管理心理学的研究；"非正式组织"的提法，又为管理组织理论增加了新的研究内容。凡此种种，对管理理论的发展有着重大的作用。

3）人群关系论为行为科学的发展奠定了基础。管理理论中，行为科学占有重要的地位，而行为科学可以说就是从人群关系论直接演化而来的，甚至有许多学者认为人群关系论本身就是行为科学的早期理论。

"行为科学"的名称是 1949 年美国芝加哥大学的一些教授在奉命研究"个人行为与人群关系"时提出来的。"行为科学"顾名思义是专门研究人的行为产生、发展和变化规律的一门科学，以达到预测、控制和引导人的行为，发挥人的作用，调动人的积极性的目的。由于任何人的行为都是在一定的组织群体内，受一定环境影响表现出来的，因此，他们的行为不仅与个体的行为基础有关，还与群体环境有关。这就涉及了共同的课题。"行为科学"是一个统称，本身尚无严格的范畴和规范，也无统一的理论体系，而是由许多对各种行为问题的看法和观点组成的。这些看法和观点大体包括人类的各种需求、动机、欲望、情绪、个性、思想、内在与外在驱策力、人与人之间的关系，以及个人与集体的关系等。主要的理论有"需求层次论""生存—交往—发展论""双因素论""成就需要论""公平理论""期望理论""强化理论""超 Y 理论"和"Z 理论"等。这些理论都对人的行为心理进行了研究，都把人看成有思想、有情绪的积极主体，说明这与人群关系论就有着割不断的继承关系。人群关系论在管理学史上有着不可磨灭的贡献，但今天以历史唯物主义的态度来研究它时，同样不能不看到它理论上的局限性。

（1）对"经济人"假设的过分否定：人群关系论完全否定了科学管理法赖以生存的"经济人"的假设——职工在企业中追求最大限度的经济报酬，而代之以"社会人"的假设——职工需要感情上的归属感和心理上的安全感。其实，只要企业是经济组织，那么，轻视企业中成员的经济需求就是片面的，是不现实的。西蒙说过："不把经济刺激放在重要位置上的人的模式，对于大多数人来说，是不完全的模式。"

（2）对"非正式组织"的过分偏重：人群关系论注重组织中的非正式组织，并且用"临床实验"这种科学方法剖析非正式组织，认为组织中的个人行为受非正式组织的影响最大。然而，后来的验证研究表明，非正式组织未必经常对每个人的行为产生有规律的影响。

（3）对感情逻辑的过分强调：自科学管理法实行以来，传统的管理理论一直追求效率逻辑和成本逻辑，而人群关系论则强调，职工具有非合理的感情逻辑，并在非正式组织中起着主导作用。这种理论是有漏洞的，职工的行动显然并非只受感情逻辑的支配，职工在正式组织中，他们既是工作的决策者，又是解决问题的行动者，怎么可能不受效率逻辑和成本逻辑的支配呢？

另外，工人的满足程度与生产效率之间，也未必成函数关系。人群关系论在理论上过于倾斜，就容易忽视事物的另一个方面，这些显然都是它理论上的缺陷。

5. "人群关系论"对管理实践的影响

人群关系论以其独到的科学性和合理性，很快得到了广泛的传播，尤其是在实业界的运用，引起了管理工作划时代的变革。20 世纪 40 年代和 50 年代美国的经营管理，基本上是受人群关系理论支配的。第二次世界大战后的日本，在重建经济时，也将人群关系理论广泛应用于经营管理实践中。直到现在，人群关系论仍为世界各国诸多企业所提倡。

人群关系论所引起的管理实践的划时代变革，主要体现在所谓民主化新管理方式上。其表现形式有：

（1）对管理人员进行教育：既然影响生产效率的主要因素是职工的社会环境，而职工的社会环境又主要是受管理人员管理方式的影响，因此，实业界广泛开展了对管理人员的教育，教育他们必须完成社会职能，即满足工人的需要，以社会职能的满足促进经济职能的完成。

（2）让职工参与决策，由独裁制转变为参与制：根据人群关系论的描述，如果让部下参与决策，那么就可以改善人际关系，提高下属人员工作的积极性。于是，第二次世界大战后，实业界纷纷否定过去的独裁指挥方式，而普遍采纳让部下参与决策的民主管理方式。

（3）建立上下通气的协商制度：在以往的管理过程中，上级与下属之间感情距离较远，关系比较冷漠，甚至相互不满，互相埋怨。自人群关系论确立之后，实业界广泛建立了有来有往的交换情况、沟通消息、联络感情的渠道，并注意用协商的办法去解决各层次之间的矛盾和问题。

（4）广泛实行"提案制度"：过去来自下级的意见与建议被搁置一边或付之一笑是经常的事。而人群关系论则认为，这是影响职工情绪的一个重要原因。于是，"提案制度"引起了实业界的广泛重视，它不仅作为现代管理的象征被人们所采用，而且在管理实践中得到了各部门的创造性发挥。

（5）开始实施"面谈制度"：梅奥认为工人由于找不到合适的途径来反映自己个人的问题，发泄自己对工作的不满，造成了潜隐的悲观幻想，梅奥称之为"悲观主义的出神"。因此，许多企业根据梅奥的人群关系论，要求各级管理者抓住一切机会同部下进行个别谈话，让他们说出自己的不满和意见，以便疏通思想，改善情绪，促进工作。

3.3.2 组织行为学

组织行为学是研究一定组织中人的行为规律的科学。它涉及的领域非常广泛，诸如心理学、社会学、人类学、经济学和医学等多种学科的知识。组织行为学基本上可以分为两个时期，前期叫作人际关系学说，后期叫作组织行为学。我们知道，人际关系学说侧重于"社会人"的论述，关心的是职工在生产中的人际关系和职工的社会需要的满足。而组织行为学则侧重于"自我实现人"和"复杂人"的论述，关心的是职工在工作中能否自我实现，有成就感和自我满足、群体的行为和组织中的领导行为及组织发展变革等。

组织行为学的理论主要有需要层次理论、双因素理论、成就需要理论、期望理论、目标理论、挫折理论、强化理论、管理方格理论、Z理论等。有关内容将在以后章节中详细介绍。

如何评价西方的组织行为学是一个有争议的问题，全盘否定或全盘肯定都是错误的，组织行为学至少在以下几个方面对我们具有重要的借鉴意义：

1）在管理的指导思想上，组织行为学中相当一部分内容反映了现代化大生产的共同要求。这集中表现在以人为中心的管理思想，重视群体的作用和把系统论、权变理论引入到管理中来的贡献上。

2）在具体理论方面，组织行为学存在着"合理内核"的成分。组织行为理论反映了现阶段大多数人的心理规律，对我们研究调动职工的积极性有一定的借鉴意义。

3）组织行为学提供的管理措施和研究方法具有更广泛的参考价值。

组织行为学的局限性主要表现在：

1）组织行为学所提出的理论和措施都以承认和维护私有制为前提。

2）组织行为学所研究的对职工的满足，都是以满足个人需要作为激励动机的根本。

3）组织行为学离开阶级分析来研究人的行为，把人看成抽象的人。

由此可见，组织行为学具有两重性。一方面，它符合客观规律的科学性，是当代一系列科学成果在管理中的应用；另一方面，它也反映了资本主义生产关系的要求。然而，科学性、合理性是主要方面。只要在研究应用时注意它的局限性，不盲目推崇、生搬硬套，而是取其精华、弃其糟粕，是可以为我所用的。

3.4　现代管理理论

3.4.1　现代管理理论的丛林

第二次世界大战之后，随着现代科学技术日新月异的发展，生产社会化程度的日益提高，生产活动更呈现出大生产的特点，过去那种大量生产、以产定销的时代已一去不复返。特别是进入 20 世纪 70 年代之后，石油危机的影响及新技术革命的出现，使企业经营环境更为复杂多变。企业为了盈利的最大化，尽量维持高速增长和减少投资风险，西方一些大公司其发展范围已不再局限在单一行业之内，跨行业投资、兼并、收购，多元化经营，实现资本的社会化、国际化在全球范围内兴盛起来，这些变化对管理也提出了一些新的要求。许多学者和管理专家都从各自不同的背景、不同的角度、不同的方法对现代管理问题进行研究，相继出现了许多管理理论和新学派。这些理论和学派，在历史渊源和内容上互相影响和联系，形成了盘根错节、争相竞荣的局面，被称为"管理理论的丛林"。

1961 年 12 月，美国著名管理学家哈罗德·孔茨在美国《管理学杂志》上发表了一篇名为《管理理论的丛林》的文章，把当时的各种管理理论划分为 6 个主要学派。1980 年，孔茨又发表了《再论管理理论的丛林》一文，指出管理理论已经发展到 11 个学派：管理过程（或经营管理）学派、社会系统学派、决策理论学派、系统管理学派、社会—技术系统学派、经验主义学派、管理科学学派、经理角色学派、人际关系学派、群众行为学派、权变理论学派。

1. 管理过程学派

管理过程学派又叫管理职能学派、经营管理学派。这一学派是继古典管理学派和行为科学学派之后最有影响的一个管理学派。它的开山祖师就是古典管理理论的创始人之一——法约尔。

管理过程学派的研究对象是管理过程和职能。这个学派试图通过对管理过程和管理职能进行分析，从理性的角度加以概括，把应用于管理实践的概念、原则、理论和方法糅合到一起，以形成一个管理学科。他们认为，各个企业和组织以及组织中各个层次的管理环境都是不同的，但管理却是一种普遍而实际的过程，同组织的类型或组织中的层次无关。把这些经验加以概括，就成为管理的基本理论。有了管理理论，就可以通过对理论的研究、实验和传授，改进管理实践。

管理过程学派的管理理论是以以下几个基本信念为依据的：①管理是一个过程。它可以通过分析管理人员的职能从理论上很好地对管理加以分析。②根据在企业中长期从事管理的经验，可以总结出一些基本的管理原理，这些基本的管理原理对认识和改进管理工作能起到一种说明和启示的作用。③可以围绕这些基本原理展开有益的研究，以确定其实际效用，增大其在实践中的作用和适用范围。④这些基本管理原理只要还没有被实践证明不正确或被修正，就可以为形成一种有用的管理理论提供若干要素。⑤管理是一种可以依靠原理的启发而加以改进的技能，就像医学和工程学一样。⑥管理中的一些基本原理是可靠的，就像生物学和物理学中的原理一样。⑦管理人员的环境和任务受到文化、物理、生理等方面的影响，同时也吸收了同管理有关的其他学科的知识。

2. 社会系统学派

社会系统学派是以组织理论为研究重点，从社会学的角度来研究组织的。这一学派的创始人是美国的管理学家切斯特·巴纳德，他的代表作是 1937 年出版的《经理的职能》一书。

巴纳德把组织看成是一个社会协作系统，即一种人的相互关系的协作体系。这个系统的存在取决于三个条件：①协作效果，即组织目标能否顺利达成。②协作效率，即在实现目标的过程中，协作的减员损失最小而心理满足较高。③组织目标应和环境相适应。巴纳德还指出，在一个正式组织中要建立这种协作关系，必须满足以下三个条件：①共同的目标。②组织中每一个成员都有协作意愿。③组织内部有一个能够彼此沟通的信息系统。此外，巴纳德还对一个管理者提出如下的责任要求：①规定目标。②善于使组织成员为实现组织目标作出贡献。③建立和维持一个信息联系系统。这一学派虽然主要以组织理论为其研究的重点，但它对管理所作的贡献是巨大的。

3. 决策理论学派

该学派的代表人物是著名的诺贝尔经济学奖金获得者，美国卡内基梅隆大学的教授西蒙。这一学派是在社会系统学派的基础上发展起来的，是当代西方影响较大的管理学派之一。西蒙认为，决策程序就是全部的管理过程。决策贯穿于管理的全过程。决策过程从确定组织目标开始，再寻找为达到该项目标可供选择的各种方案，经过比较做出优选决定，并认真执行控制，以保证既定目标的实现。西蒙采用"令人满意的准则"代替传统决策理论的"最优化原则"。他认为，不论从个人生活经验中，还是从各类组织的决策实践中，寻找可供选择的方案都是有条件的，不是漫无限制的。他还研究了决策过程中冲突的关系以及创新的程序、时机、来源和群体处理方式等一系列有关决策程序的问题。

4. 系统管理学派

系统管理学派是运用系统科学的理论、范畴及一般原理，分析组织管理活动的理论。其代表人物有美国的卡斯特、罗森茨韦克等。

系统管理学派的主要理论要点是：①组织是一个由相互联系的若干要素所组成的人造系统。②组织是一个为环境所影响，并反过来影响环境的开放系统。组织不仅本身是一个系统，它同时又是一个社会系统的分系统，它在与环境的相互影响中取得动态平衡。组织同时要从外界接受能源、信息、物质等各种投入，经过转换，再向外界输出产品。系统管理和系统分析在管理中被应用，提高了管理人员对影响管理理论和实践的各种相关因素的洞察力。该理论在 20世纪 60 年代最为盛行，但由于它在解决管理的具体问题时略显不足而稍有减弱，但仍然不失为一种重要的管理理论。

5. 社会—技术系统学派

社会—技术系统学派是第二次世界大战以后在西方兴起的一个较新的管理学派。它是社会系统学派的进一步发展。这一学派是由英国的特里斯特等人通过对英国达勃姆煤矿采煤现场的作业组织进行研究的基础上形成的。他们根据对煤矿中"长壁采煤法"研究的结果，认为许多矛盾的产生是由于只把组织看成是一个社会系统，而没有看到它同时又是一个技术系统。而且技术系统对社会系统有很大的影响；只有使社会系统和技术系统两者协调起来，才能解决这些矛盾从而提高劳动生产率，而管理者的一项主要任务就是要确保这两个系统相互协调。

这一学派认为，就环境对企业的影响而言，可以发现：

1）企业产品的市场变动在多大程度上可为企业所承受，而不至于引起企业组织结构上的变动，取决于企业技术系统的灵活性。

2）一个企业对它所需的资源市场的变动能在多大程度上承受，也取决于它的技术系统的灵活性，因此，企业作为一个系统，必须是一个社会-技术系统，而不只是一个社会系统。社会-技术系统学派的研究内容和成果，有些是符合社会化大生产的发展规律的，特别是在当前新技术革命和产业革命的条件下，更有现实的意义。

6. 经验主义学派

经验主义学派又称案例学派，其代表人物是美国的管理学家彼得·德鲁克和欧内斯特·戴尔。这一学派的中心是强调管理的艺术性。他们认为，古典管理理论和行为科学都不能完全适应企业发展的实际需要，有关企业管理的科学应该从企业管理的实际出发，以大企业的管理经验为主要研究对象，加以概括和理论化，向企业管理人员提供实际的建议。他们主张通过案例研究经验，不必企图去确定一些原则，只要通过案例研究分析一些经理人员的成功经验和他们解决特殊问题的方法，便可以在相仿情况下进行有效的管理。

经验学派的主要观点是：

1）关于管理的性质，他们认为管理是管理人员的技巧，是一个特殊的、独立的活动和知识领域。

2）关于管理的任务，德鲁克认为，作为主要管理人员的经理，有两项别人无法替代的特殊任务：①必须造成一个"生产的统一体"，经理好比一个乐队的指挥，他要使企业的各种资源，特别是人力资源得到充分的发挥。②经理在做出每一决策和采取每一行动时，要把当前利益和长远利益协调起来。

3）提倡实行目标管理。

7. 管理科学学派

管理科学学派又叫作数量学派，是泰勒"科学管理"理论的继续和发展。管理科学学派正式作为一个学派，是在第二次世界大战以后形成的，这一学派的特点是利用有关的数学工具，为企业寻得一个有效的数量解，着重于定量研究。

管理科学学派认为，管理就是制定和运用数学模型与程序的系统，就是用数学符号和公式来表示计划、组织、控制、决策等合乎逻辑的程序，求出最优的解答，以达到企业的目标。这个学派还提倡依靠电子计算机进行管理，提高管理的经济效率。管理科学学派似乎是有关管理的科学，其实它主要不是探索有关管理的问题，而是设法将科学的管理原理、方法和工具应用于管理。

管理科学学派强调数量分析，主张用先进的技术成果和科学研究成果对管理学进行研究，其意义也是十分明显的。但管理活动纷繁复杂，并非所有的管理问题都能定量化，能用模型来分析，因此，过分依赖于模型，也会降低决策的可信度，所以在管理活动中，应用一分为二的态度来对待数学模型。

8. 经理角色学派

经理角色学派是 20 世纪 70 年代在西方出现的一个管理学派。它之所以被人们称作经理角色学派，是因为它以经理所担任的角色的分析为中心，来考虑经理的职务和工作，以求提高管理效率。该学派的主要代表人物是加拿大麦克吉尔大学管理学院教授明茨伯格。

在经理角色方面，这一学派认为经理一般担任 10 种角色，渊源于经理的正式权力和地位。可归纳为 3 类，组成一个相互联系的整体。第一类是人际关系方面的角色，共有 3 种：挂名首脑的角色、领导者的角色和联络者的角色。第二类是经理作为组织信息的神经中枢，充当 3 种角色：信息接受者的角色、信息传播者的角色和发言人的角色。第三类是决策方面的角色，共分 4 种：企业家的角色、故障排除者的角色、资源分配者的角色和谈判者的角色。经理角色理论受到了管理学派和经理们的重视，但是经理的工作并不等于全部的管理工作，管理中的某些重要问题，经理角色理论也没有详细论述。

9. 人际关系学派

这一学派把社会科学中的许多理论、方法和技术应用于研究管理中人际间及个人的各种现象。这个学派中大多数学者都受过心理学方面的训练，他们强调职工是由不同的个人所组成，是群体中的一分子，他们的各种需要应由组织来加以满足。也有些人致力于研究激励和领导的问题，提出了许多对管理者很有益的见解。需要指出的是，研究人际关系对管理工作确实很有用，也很重要，但是不能说人际关系就包括了管理的一切。

10. 群体行为学派

这一学派与人际关系学派关系密切，甚至易于混同。该学派注重研究的是组织中群体的行为，包括群体的文化、行为方式和行为特点等，这个学派也常被称作组织行为学派。

11. 权变理论学派

权变理论是 20 世纪 70 年代在经验主义学说基础上进一步发展起来的管理理论。权变理论认为，在组织管理中要根据组织所处的环境和内部条件的发展变化随机应变，没有什么一成不变、普遍适用的、"最好的"管理理论和方法；权变管理就是依据环境自变数和管理思想及管理技术的因变数之间的函数关系来确定的一种最有效的管理方式，它要求具体情况具体分析。

权变理论的基本观点主要有以下几个方面：

（1）权变管理的思想结构：权变管理的思想结构就是认为管理同环境之间存在着一定的函数关系，但不一定是因果关系。所谓函数关系，就是作为因变数的管理思想、管理方法和技术随环境自变数的变化而变化。这种函数关系可以解释为"如果—就要"的关系，即"如果"某种环境情况存在或发生，"就要"采用某种管理思想。

（2）权变理论的组织结构观点：它是以权变思想为基础，把组织看成是一个既受外界环境影响，又对外界环境施加影响的"开放式系统"。组织内部机构的设计，必须与其组织任务的要求、外在环境要求以及组织成员的需要等互相一致，组织才能有效。

（3）权变的人事管理观点：在人事管理方面的权变观点也是以权变管理思想为基础的，认为在不同的情况下要采取不同的管理方式，不能千篇一律。

（4）权变理论的领导方式观点：权变理论学派认为并不存在一种普遍适用的、"最好的"

或"不好的"领导方式，一切以组织的任务、个人或小组的行为特点以及领导者和职工的关系而定。

权变理论的出现，对于管理理论有着某些新的发展和补充。这主要表现在它比其他一些学派与管理实践的联系更具体一些，与客观的现实更接近一些。但是，权变理论在方法论上也存在着严重的缺陷，主要问题是仅仅限于考察各种具体的条件和情况，而没有用科学研究的一般方法来进行概括；只强调特殊性，否认普遍性；只强调个性，否认共性。这样的研究，不可避免地要滑到经验主义的立场上去。

以上是孔茨提出的 11 个管理理论学派。在 20 世纪 70 年代后期，在美国又产生了一个新的学派，即管理文化学派，又称企业文化学派。这一学派强调管理活动的文化特征。其代表人物是威廉·大内、特里迪尔和阿伦·肯尼迪等。代表作有威廉·大内 1981 年出版的比较美日管理的名著《Z 理论》。在书中，威廉·大内指出，日本之所以能以咄咄逼人的架势对美国发起全面的经济挑战，是因为日本企业中存在着一种可称之为企业文化的价值观念体系，在这套价值观念体系中，企业职工能成为一体，主动地、充分地发挥他们的积极性和创造性。后来，特里迪尔和阿伦·肯尼迪合著了《企业文化》一书，对企业文化进行了系统论述。企业文化学派成了 20 世纪 80 年代最有影响的管理学派之一，在一定程度上反映了当代企业管理的客观要求和发展趋势。

3.4.2 现代管理理论的新思潮

进入 20 世纪 90 年代，信息技术高速发展，全球竞争日趋激烈，经济一体化程度大大提高，这些变化也触及管理学的一些根本问题，预示着有关管理理论体系也要来一场革命。在这一时期，现代管理理论的最新思潮就是企业再造理论和学习型组织。

企业再造的思想是美国人迈克·哈默和詹姆士·钱皮在 1994 年出版的一本著作《再造企业》中首先系统表述的。哈默与钱皮认为，自亚当·斯密以来的企业运营，都是建立在分工论的基础上的，这种效率低下的功能组织不能适应顾客主导、竞争激烈、变化迅速的现代企业经营环境。必须彻底摈弃大工业时代的企业模式，即将硬性拆开的组织架构，如市场开发、生产、营销、人事、财务、后勤等功能性部门，按照自然跨部门的作业流程重新组装回去，即从协作的角度出发，用整体思想重新塑造企业的所有流程，使企业模式与当今时代信息化、全球化相适应，才能大幅度地提高企业生产力。显然这种重新组装是对过去组织赖以运作的体系与程序的一种革命。

学习型组织是彼得·圣吉在《第五项修炼》中所倡导的一种新理论。该书的出版在全世界引起巨大反响。彼得·圣吉以全新的视野考察了影响组织危机最根本的症结所在，那就是由于组织及组织成员片面和局部的思考方式及由此所产生的行动所造成的。为此需要突破习惯的思考方式，排除个人及组织的学习障碍，重新塑造企业的价值观念、管理方式及方法。为此，彼得·圣吉提出了要建立学习型组织，并认为"第五项修炼"是建立学习型组织的技能。所谓修炼，对于组织而言，就是通过学习和训练，提高组织的内部结构、机能对社会、市场变化的适应能力。对个人而言，是指通过学习提高自身素质。

纵观现代管理理论各学派，虽各有所长，各有不同，但也不难寻求其共性。其共性可概括为：

（1）强调系统化：现代管理理论越来越强调运用系统思想和系统分析的方法来指导管理的

实践活动，解决和处理管理问题，防止片面性和受局部的影响。

（2）更加重视人的因素：管理的主要内容就是管人，以人为中心的管理是现代管理区别于传统管理的重要方面。现代管理理论越来越重视人的因素，重视对人的需要的研究与探索及"非正式组织"的作用，以保证组织成员为齐心协力地完成组织目标而自觉做出贡献。

（3）注重"效率"与"效果"的结合：现代管理理论的内容不只限于"效率"的提高，不只注重"如何正确地做事"，而是把"效率"和"效果"结合起来，关注经营的实际效力，注重"做正确的事"。要求组织从整个组织的角度来考虑组织整体效果及对社会的贡献。

（4）重视管理方法和手段的科学化与现代化：随着社会的发展、科学技术水平的迅速提高，现代管理理论更加发展了一些现代管理方法，如投资决策、线性规划、排队论、博弈论、统筹法、模拟法、系统分析等。在管理手段的研究和使用方面也有了突破性的进展，如办公设备的自动化，信息处理机的发明，电子计算机在市场研究、产品设计、生产组织、质量控制、物资管理、人力资源管理、财务管理等领域的应用。从而促进了管理水平的更大提高。

（5）强调不断创新：管理就意味着创新，就要保证在"惯性运行"的状态下，不满足于现状，利用一切可能的机会进行变革，从而使组织更加适应社会条件的变化。总之，现代管理理论是一个综合性的管理理论体系，它广泛吸收了社会科学和自然科学的最新成果，对组织进行多方面的有效管理，从而达到组织既定的目标和应负的责任。

3.5　管理理论的新发展

3.5.1　企业文化建设和企业再造理论

企业管理将从"硬环境"和"软环境"两方面重塑企业形象，即表现为企业文化建设和企业再造理论。

（1）企业文化建设从企业"软环境"方面重塑企业形象，注重管理的伦理道德、价值观和行为方式的变革，企业文化是以价值体系为主要内容的群体精神支柱、思维方式、行为约束等聚集的合力，它对物质生产起促进和导向作用，是企业的灵魂。现代企业的竞争是技术竞争，是质量竞争，但归根到底是人才的竞争，人才的竞争又取决于人的意识、观念和素质，这些差异形成不同的企业文化。通过对企业文化理论的研究，激发人们的事业心和责任感，激发职工的积极性和创造性，形成共同经营宗旨、共同价值观、共同道德行为取向，产生共同语言和集体荣誉感。在我国进行社会主义市场经济改革时期，企业文化理论应有效地引导企业及职工，符合社会主义市场经济改革发展要求，符合国家的法规和政策，把企业的发展目标与国家建设、市场需要紧密结合。

（2）企业再造理论强调从硬、实的方面构建企业管理新模式，其基本思想是对企业的业务流程做根本的重新思考和彻底的重新设计，以业务流程重组为重点，以求在质量、成本和业务处理周期等绩效指标上取得显著改善。企业再造工程在欧美企业受到高度重视，带来了显著经济效益，涌现大量成功范例，通过再造减少费用，提高顾客满意度。同时，企业再造理论考虑企业的总体经营战略，注重作业流程之间的联络作用，协调经营流程和管理流程关系。

有些管理学者提出流程管理（Manage Through Process，MTP）的新办法，对流程规划、设计、构造、调控所有环节系统管理，企业管理理论应将"硬环境"和"软环境"理论有机结合。

3.5.2　科学管理与人本管理

企业管理理论发展的另一趋势是科学管理与人本管理相结合。

（1）在国际上，正是科学管理支撑了美国企业的高效率，把经济送上快车道，日本汲取科学管理的精华，成为经济大国。提高生产效率是泰勒科学管理思想的出发点和归宿。泰勒认为："最佳的管理是一门实在的科学，建立在明确规定的法律、条件和原则基础上。"科学管理实际上是一种规范化、标准化的管理，用培训来教给工人完成任务的技能，用科学研究制定标准和规章制度规定下达的任务，用奖惩等激励机制保证任务的完成。规范化、制度化是企业大规模生产的基本要求，是任何先进管理思想得以实施的基础。可以说，没有管理的标准化、规范化，就没有管理的现代化。

（2）人本管理是指一切管理活动以人为根本出发点，调动人的积极性，做好人的工作，反对见物不见人，见钱不见人，重技术不重视人，靠权力不靠人，强调人的需求是多种多样的，尽量发挥人的自我实现精神，充分发挥人的主观能动性。未来的管理趋势必定以科学管理为基础，借鉴科学管理理论与人本管理有机结合，既不能"见人不见物"，又不能"见物不见人"，加强企业管理，提高生产效率。综上所述，第一代管理理论主要是：经济人和物本管理，即假设人的行为驱动力是追求个人利益最大化。泰勒的科学管理建立在"经济人"的人性假设基础上，遵循效率、技能原则，强调以事、物为中心，人成为机器附属。第二代管理理论注重"社会人"与"人本管理"。即人的行为动机不只是追求金钱而是源于人的全部要求，强调人与人之间友好相处，调动人的积极性，并提出行为科学理论，强调一切管理活动要以调动人的积极性为目的，做好人的根本工作。随着知识经济和信息经济的发展，人对自身创造能力的开发与挖掘日益关注为实现自我，提出了"能力人"和"能本管理"理论。人的因素：价值观、创造性、个人、才能等在生产经营活动中发挥着越来越重要的作用，形成以"不断激发人的能力"为主要内容的"能本管理"，加大人力资本投入力度，开发人力资源，重视人的价值，调动人的积极性、主动性和创造性，构建优秀企业文化，实行以"能力开发"为基础的"能本管理"，即重视对系统理论的研究，管理理论重视对现代组织结构的设计和研究，把对组织中人性、人的行为研究放在日益重要的地位。

本 章 小 结

管理思想来源于人类社会的管理实践。在长期的管理实践中，由于社会化生产发展的需要，管理思想逐渐成为系统的管理理论。

泰勒的科学管理理论的诞生标志着系统的管理理论的形成和发展。第一阶段为古典管理学派，3 位杰出的代表人物，即"科学管理理论之父"泰勒、"现代经营管理之父"法约尔、"组织理论之父"韦伯提出的管理理论，都为管理学的发展做出了重要贡献；第二阶段为梅奥在著名的霍桑实验的基础上创立了早期的行为科学——人际关系学说；第三阶段进入了现代管理理论的丛林，管理学家孔茨把它们归纳为 11 个管理理论学派；进入 20 世纪 90 年代，又出现了企业再造理论和学习型组织的新思潮。

复习思考题

1. 泰勒的"科学管理理论"的主要内容包括哪些方面？有哪些贡献和局限性？
2. 法约尔提出的管理的五项职能具体是哪五项？
3. 管理学家孔茨把现代管理理论归纳为哪 11 个管理理论学派？
4. 什么是企业再造理论及学习型组织？

阅 读 资 料

重视人的科学管理制度

泰勒制是西方社会早期的科学管理制度，泰勒的科学管理观念可概括为：人的潜力极大，在企业中人是比机器更重要的生产力。

泰勒从管理的角度出发，明确地提出人的劳动就是潜在的财富。他指出森林销毁、水土流失、能源浪费等使人触目惊心，而人们对于人力浪费却无动于衷。我国人口众多，人力浪费现象严重。石家庄塑料厂厂长张兴让曾抽样调查，发现每班人的平均有效劳动时间只有 2h 左右。如果合理使用人力，劳动生产率将提高 1～2 倍，社会总产值至少翻一番。

泰勒研究了熟练工的操作之后，发现即使是相当优秀的工人，在技术上实现自我完善也是相当困难的，必须重新接受训练，为此应投入大量的资本。通用汽车公司在印第安纳州新建的卡车厂投产之前，对每一名装配工、电工进行培训，总花费竟达数千万美元。

泰勒认为，一个厂房、设备虽差，但组织得很好的工厂，比另一个有最好的厂房和设备，但组织却很差的工厂会有更好的效果，良好的组织需花大量的力量重组。然而，上海一家化工厂从日本引进全套乙醛氧化醋酸的设备，由于组织效率太低，投产后十几年，转换系数一直比设计标准低 40% 左右。如果建立高效率组织，就等于新建一家工厂，但结果是常常宁肯再建新厂，却不愿花力量改造旧厂的组织。

（该阅读材料来源于彼得·德鲁克编著的《卓有成效的管理者》）

案 例 分 析

微软如何创建学习型组织

微软是如何创建学习型企业的？首先是有正确的"学习理念"。微软提出的理念是：学习是自我批评的学习，信息反馈的学习，交流共享的学习。为此，微软提出了 4 个原则：

第一，系统地从过去和当前的研究项目与产品中学习。为此开展了五大活动：

1）事后分析活动。它要求每个项目组、每个产品部门开发一个产品、完成一个项目都要写一份事后分析报告，着重揭露存在的问题，通过自我批评进行学习。

2）过程审计。在微软，审计人员在审计过程中，一再告诉被审计对象：我们的审计过程是一个技术交换的过程，是发现先进典型的过程，是学习的过程。

3）休假活动。每年一次，主要目的是交流信息、对付难题、提高技巧、学习文件。

4）小组间资源共享活动。微软鼓励不同部门的人员在非正式场合经常交流，部门内部和部门之间举行定期或不定期的午餐会，或者通过电子邮件进行互访交流。

"自食其果"活动。微软要求自己的员工首先使用自己开发的产品，通过这样来进行自我反思、自我批评，从而得到学习。

第二，通过数量化的信息反馈学习。

微软把产品的质量问题分为 4 个不同程度的要求：整个产品不能使用；一种特性不能运行，并无替代方案；一个产品不能应用，但是可以替代；表面的、微小的问题。微软规定要把产品的质量信息公布于众，使公司有关部门的员工从中知道问题的严重性，经过反思，找出问题的关键所在。

第三，以客户信息为依据进行学习，这是外部的信息反馈。

学习有两种：一种是通过内部获得的信息；另一种是从外部获得信息，并把客户信息作为重要的学习资源。微软每天获得 6000 个用户咨询电话的信息资源。为了鼓励用户提意见和咨询，产品售出 90 天内，电话费由微软付款。因此，它每天承受的长途电话费相当可观。微软之所以这样做，就是为了要发挥用户信息这个重要的学习资源。

还有最终用户满意度调查。微软每年花 50 万美元进行用户满意度调查，分别对用户对微软产品的 3 个满意度进行调查：微软产品的满意度；微软公司的满意度；售后服务的满意度。

微软还开展评选"忠诚客户"活动，条件是：对 3 个满意度都满意；保证以后都买微软的产品；向别人推荐微软的产品。微软为什么会成功？就是因为它想尽办法获得外部学习资源，这是微软的秘密武器。

第四，促进各产品组之间的联系，通过交流共享学习成果。

微软的重要理念是通过交流学习实现资源共享。微软公司为了交流共享，采取了三个措施。①成立共同操作、沟通系统。微软是个庞大的系统，需要高度的沟通。②开展相互交流活动。③开展"东走西瞧"活动。要求员工工作时间到各产品开发组之间多走一走，看一看，起到沟通、交流、相互学习的作用。

同样，美国苹果计算机公司的办公楼是桶形的，中间是草坪，上面摆着桌子和椅子，员工工作时间可以通过电话相约一起去喝咖啡，聊聊思路，交流沟通，资源共享，达到相互学习的目的。

❓ 思考与分析

1. 通过以上案例，你对学习型组织有什么样的新的认识？
2. 微软的学习型组织对你有什么启示？

实践练习

深入一家企业，了解企业家的管理思想及经营理念。

第4章 计 划

学习目标
- 了解计划的类型、内容和要求。
- 掌握计划的概念及制订计划的程序、原则和方法。
- 了解目标管理的性质和特点。
- 熟悉目标管理的概念、步骤、方法和要求。

导入案例

李工等 5 位同学在大学城里顺利地租到了一间铺面房,共同集资的 10 万元也全部到账,创业公司获得了营业执照,并办理了税务登记,兼职学生也招聘到位,公司门店销售和网上销售终于开张了。他们把公司正式命名为"伍记商号",销售门店取名为"学创超市",网店取名为"廉货满仓"。开业伊始采取了许多促销措施,生意异常火爆。由于没有预料到生意这么好,导致很多商品断货,又不能及时补齐货品,失去了不少机会,也引起了买主的不满。"伍记商号"的许多经营问题由于没有周密的计划,因此经营非常混乱,5 位同学疲于应付,工作非常辛苦。另外,由于没有明确的成本控制和利润获取目标,一味地低价销售,致使头一个月的经营出现亏损状况。在其他商店也纷纷降价促销的情况下,"伍记商号"的营业额迅速下降,使其面临第一次经营危机。

通过"伍记商号"的困境,不难看出计划对于公司生存的重要性。

4.1 计划的类型及制订

4.1.1 计划的概念

计划是指为实现既定的决策目标而对各项具体管理活动及其所需人力、财力、物力做出的设计和谋划。计划有广义与狭义之分。广义的计划指制订计划、执行计划和检查计划的执行情况等整个计划工作的全过程。狭义的计划指制订计划,即通过一定的科学方法,为决策目标的实现做出具体的安排。这里所讲的计划主要是狭义的计划,也就是通过计划的编制,合理地安排组织内的一切具体管理活动,有效地利用人力、物力和财力资源,以达到决策目标的实现。

计划是管理职能中一项重要的功能,它与决策的关系十分密切。通常认为,决策是计划的灵魂，计划是决策的具体化和落实，计划是决策实施的有力保证。计划作为一种管理功能，具有如下特点：

1. 计划具有目的性

任何组织和个人制定计划都是为了有效地达到某种目的。计划的目的不是为了计划而计划，而是为了实现组织的目标。

2. 计划具有普遍性

计划的普遍性包括两方面的含义：一方面，计划是各级管理人员都应履行的一项工作职能，不论是处于哪一层次的管理者和哪个部门的管理者，都需要制订计划。尽管各级管理人员在组织中的地位、职责范围不同，其计划的影响和重要性也不相同。但是所有管理人员都要做计划工作，这是普遍的。另一方面，计划渗透到各项管理工作之中。在管理活动中，不管是组织工作、领导工作，还是控制工作，都要根据已制定的决策来安排具体的工作计划。计划确定了以后，如何贯彻和执行计划，可以说直接关系到管理工作的绩效。

3. 计划具有适应性

计划作为决策的展开与具体化，应该尽可能地保持稳定。这样才有助于计划执行者卓有成效地开展工作，保证决策目标的实现。但是，计划本身并不是一成不变的。由于影响客观事物发展变化的因素非常复杂，而且具有不确定的性质，也使计划常常面临着发展变化的多种可能性。因此，在制订计划时一般不能满打满算，要留有充分的余地，使计划能够灵活地适应变化着的客观环境。另外，即使在计划期内，随着与计划目标有关的一些因素的发展变化，也需要不失时机地对计划进行修订和调整，使计划始终保持适应性。

4. 计划具有经济性

计划的经济性是指计划要讲究经济效益，计划的经济效益一般用计划的效率来衡量。计划的效率是指实现目标所获得的利益与执行计划过程中所有消耗之和的比例。也就是制订和执行计划时所有的产出与所有的投入之比。计划的经济性要求计划能够保证以最少的成本投入获得最大的收益产出。一个科学的计划常常可以带来巨大的经济效益和社会效益。相反，一个错误的计划也往往会造成巨大的损失。因此，在制订计划时，那种既不考虑"投入"，又不考虑"产出"的做法是完全错误的。

4.1.2 计划的任务

计划的基本任务是根据社会环境以及组织的自身状况，确定组织在一定时期内的奋斗目标，并明确实现特定奋斗目标的形式、方法和途径，以合理发挥组织中人力、物力和财力的最佳效能。其具体任务可以概括为以下 6 个方面。

（1）做什么（What to do）：明确组织在一定时期的中心任务和工作重点。例如，企业在一定时期内的生产任务是什么，包括生产什么，生产多少；学校在一定时期内的育人任务是什么，包括培养什么类型和规格的人才，培养多少。

（2）为什么做（Why to do it）：明确计划工作的目的、宗旨和意义。了解计划的目的、宗旨和意义，会使计划工作人员自觉地对待计划工作，并创造性地完成计划工作。

（3）何时做（When to do it）：规定计划中各项工作开始和完成的进度与时间分配，以便对行动过程进行有效的控制。

（4）何地做（Where to do it）：规定计划的实施地点或场所，了解计划实施的环境条件和制约因素，以便合理安排计划实施的空间和布局。

（5）谁去做（Who to do it）：规定计划的实施者，即规定各项任务分别由哪些部门、哪些人负责和实施。

（6）怎么做（How to do it）：规定实施计划的途径、方法、措施，以及相应的政策、法规和标准等。对各种资源进行合理分配和集中使用，对各部门进行组织协调，综合平衡。

4.1.3　计划的内容

计划的内容一般包括 4 个要素。

1. 目标

没有目标的计划是盲目的。计划的目标与决策的目标不同，决策的目标是管理活动的整体目标，规定着管理活动的发展方向，预示着管理活动所取得的最终成果。计划的目标是管理活动的分支目标，是计划的制订者依据管理系统内外的客观情况，将整体目标层层分解后所形成的。分支目标从属于整体目标，是整体目标实施的前提、措施和步骤。分支目标实施的效果应该能够导致整体目标的实现。因此，在制订计划前，要认真分析、研究工作现状，分解整体目标，根据整体目标的要求确定具体的工作目的，确定在一定的时间内所要取得的成果，所要采取的方式、方法和步骤。计划的目标要尽量明确、具体，以便管理者进行度量和控制。

2. 措施

计划的目标确定了以后，采取什么手段达到既定目标是编制计划的重要内容。措施就是指管理活动的参与者凭借一定的工具和手段，以一定的方式对管理对象发生的作用。措施是否得当直接关系到计划的实施效果。

3. 步骤

计划的目标、措施确定了以后，还要对实施行动的程序和时间做出安排。程序是指完成工作任务的先后次序；时间是指实施行动的起止时间和每一阶段的时间划分。工作任务有轻重缓急之分，完成任务也有个先后次序。完成任务的次序与完成任务的时间紧密相连，一般在规定了完成计划的总时限以后，还必须有每一阶段的时间要求，以便于管理人员知道在一定的时间内，在一定的条件下，应该把工作做到什么程度，以争取主动，协调进行。由于计划的实施牵涉到不同的层级、不同的部门、不同的人员，在步骤中还要包括对参与计划实施的部门、人员进行协调的内容，以求各部门之间相互配合、前后衔接，最大限度地发挥组织的结构功能。

4. 约束条件

计划的约束条件包括两方面的内容：一方面是约束组织成员的行为，提出在一定时间内完成一定工作任务的具体规定；另一方面是一些惩罚性措施。约束条件里提出的组织成员在一定时间内完成工作任务的规定是实施计划的最低要求，如果这些要求实现不了就意味着计划的落空。因此，为了保证计划目标的实现还必须有一些惩罚性措施。惩罚性措施包括行政处罚、经济处罚等。除此之外，为了防止未来情况发生变化，在约束条件中还提出了对各种可能情况出现时进行斟酌取舍和处置的规范性标准，用以保障计划切实付诸实施。

4.1.4　计划的类型

计划的种类是各种各样的，可以按照不同的标准进行划分。

1. 高层计划、中层计划、低层计划

它是按照制订计划的组织在管理系统中所处的层级地位来划分的。

1）高层计划是由高层领导机构制订并下达到整个组织执行和负责检查的计划。高层计划一般是总体性的，是对整个组织的全局在较长一段时间内所要达到的目标而做出的关于未来行动的总体设想和谋划，它构成整个组织的战略构思和长时期的行动纲领。这类计划一般具有构思宏大、眼光深远、认识超前等特点。

2）中层计划是中层管理机构制订、下达或颁布到有关基层执行并负责检查的计划。这类计划着眼于组织内部各个组成部分的定位和相互关系的确定，规定着基层组织和组织内部各部门在一定时期内的工作任务。

3）低层计划是基层执行机构制订、颁布和负责检查的计划。低层计划一般是执行性计划，是对管理系统局部在近期所要达到的现实目标所做的具体设计和谋划，它构成组织成员具体行动的说明书。

2. 长期计划、中期计划、短期计划

它是按照计划规划时间的长短来划分的。

1）长期计划的期限一般在 10 年以上，是组织在较长时间内的发展目标和方向。它属于纲领性和轮廓性的计划。长期计划一般以综合性指标和重大项目为主。

2）中期计划的期限一般为 5 年左右，中期计划的内容比长期计划更为详细和具体。它既赋予长期计划具体的内容，又为短期计划的编制提供了基本框架，具有衔接长期计划和短期计划的作用。

3）短期计划的期限一般在 1 年左右，以年度计划为主要形式。它是在中期计划的指导下，具体规划、组织本年度的工作任务和措施的计划。计划的内容比较详细和具体，从而为检查计划的执行情况提供了依据，保证了中、长期计划的落实。

3. 指令性计划、指导性计划

它是按照计划对执行者的约束力来划分的。

1）指令性计划是由上级部门下达的具有行政约束力的计划。它具有强制性、权威性、行政性和间接市场性的特点。指令性计划一经下达，计划执行单位必须坚决遵照执行，并尽一切努力保证完成计划。同时上级部门对于完成指令性计划所需要的人力、物资、资金等也要给予充分的保证，为完成指令性计划创造必要的条件。由于下级部门对指令性计划没有选择的余地，市场机制对计划的影响主要是通过行政权威发生作用的。因此，指令性计划的范围不能过宽。

2）指导性计划是由上级主管部门下达的起导向作用的计划。它具有参考性、灵活性和调节性的特点。指导性计划下达以后，各单位可以根据本单位的实际情况，决定可否按指导性计

划工作。这种计划不是采取行政命令的方式强迫下级单位执行，而是一种弹性的控制方法。为了促使计划执行部门按照指导性计划进行工作，上级部门通过采用价格、税收、金融信贷等经济杠杆来进行调节，对完成指导性计划任务的给予某种优惠待遇。此外，上级计划制定部门还可以通过其他诱导方式鼓励下级部门执行指导性计划。

在市场经济条件下，国家社会经济的发展既离不开指令性计划，也离不开指导性计划。两种计划形式在不同的范围发挥不同的作用。一般而言，在宏观经济管理中，计划起战略性、调节性、政策性作用，可以多运用指导性计划的形式。在企业微观经济管理中，计划起指挥性、强制性的作用，可以多运用指令性计划的形式。

4. 综合计划、局部计划、项目计划

它是按照计划的对象来划分的。

1）综合计划是指具有多个目标和多方面内容的计划。综合计划涉及的对象比较广泛，关联到整个组织和组织中的许多方面。在编制综合计划时，要进行全方位，多角度思考，分清主要目标和次要目标的关系，分清各项工作任务的轻重缓急，为局部计划、项目计划的编制提供标准和依据。

计划的概述、内容和类型

2）局部计划是指限于指定范围内的计划。编制局部计划首先要研究综合计划的内容，根据综合计划对本部门、本领域的要求，确定局部计划的目标和内容。由于综合计划中包括多个局部计划，各局部计划还要协调好相互之间的关系。

3）项目计划是为完成某一特定任务而制定的计划。项目计划的内容专业性较强、目标比较明确。作为局部计划的一个组成部分，项目计划是局部计划的进一步分解和落实。

4.1.5 计划的制订

1. 制订计划的原则

为了使计划切实可行，符合客观事物的发展规律，以较少的资源投入取得最大的社会经济效益，保障决策目标的实现，在编制计划时必须遵循以下原则。

（1）统筹原则：统筹原则是指在制订计划时要全面考虑计划对象系统中各个构成部分及其相互关系，考虑计划对象与相关系统的关系，按照它们之间的必然联系，进行统一筹划。

（2）重点原则：重点原则是指在统一筹划、全面把握计划各个方面的同时，要分清计划内容的主次和轻重缓急，抓住计划的关键性问题、关键要素以及计划执行中的关键环节。

（3）弹性原则：弹性原则是指计划能够根据客观环境的发展变化做出相应的调整和变动。任何计划都离不开一定的客观环境，在计划执行的过程中，难免会出现某些人们事先预想不到或无法控制的事件。为此，计划的制订要具有弹性，使计划具有对客观环境发展变化的应变能力和适应性质。

（4）连续性原则：连续性原则是指为完成某一决策目标而编制的各项计划，当其有依次递进关系时，彼此之间要前后衔接、相互配套。

2. 制定计划的要求

为了保证计划的科学性和可行性，在制定计划时应注意以下问题。

（1）加强调查研究：要制订科学合理、切实可行的计划，就必须使计划符合客观事物发展变化的规律，能够与组织内外的客观情况相适应。而要做到这一点，就必须加强调查研究。对计划对象中的各个有关方面进行现状和历史的调查，了解计划对象的外部环境，全面积累数据，充分掌握资料。在调查中，要切忌带着"有色"眼镜和固有成见去进行，尽可能地掌握第一手信息资料，注意资料的全面性和真实性，防止信息资料支离破碎。通过调查研究，加深对计划对象及其客观环境的深刻了解，以便在编制计划时能够做到胸中有数，使计划更加符合实际。

（2）进行科学预测：客观环境是不断发展变化的，为了防止客观环境的变化导致计划落空或受阻，使计划符合未来客观环境的变化，在制定计划时要对未来的发展趋势进行预测。预测一般在调查研究的基础上进行。可邀请有关专家参加，请他们根据调查研究所获得的信息资料，采用科学的方法来进行。预测的内容要尽可能广泛，既可对未来发展趋势进行预测，也可对阶段性的发展变化进行预测；还可以对具体项目或某一要素进行预测。对一些大型计划既要做长期预测，又要做中期预测和短期预测。由于未来存在许多不可确定性因素，预测是计划制订的依据和前提。甚至在某种程度上可以说，预测水平的高低关系到计划实施的成效。

（3）吸收专家、群众参与制订计划：计划的内容丰富庞杂，计划对象所处的客观环境复杂多变，因此，编制计划需要具有多学科的知识、丰富的工作经验、创造性思维和对客观事物发展变化趋势的预测和把握。显然由少数人组成的计划编制集体，其阅历、学识和智慧与他们所承担的工作任务之间存在着一定的差距，难以保证制定出科学合理、切实可行的计划来。为此，在制订计划时要坚持走群众路线，实行领导、专家、群众三结合的方法，集思广益，运用组织集体的智慧来制订计划。在制订计划时，要向群众讲形势、交任务、摆问题、指关键，放手发动群众找差距、挖潜力、订措施，积极吸收专家、群众参与计划的拟订。在形成计划草案以后，要广泛征求专家的意见，并交由群众讨论。然后才形成正式的计划，付诸实施。

（4）计划要勇于创新：现代社会日新月异，科学技术飞速发展，人们的思想也在不断地发展变化之中。这就要求计划的制订者应该具有创新精神，根据客观环境的发展变化，不断制订出具有开创性的计划来。可以说，因循守旧，按部就班是制订计划的大忌。计划要符合社会发展的需要，跟上客观环境的发展变化，并具有超前性。计划的创新包括两方面的内容：①计划制订者的思想创新，不囿于过时的旧思想、旧观念的束缚和制约，运用创造性思维，从新的角度来思考问题、制订计划；②制订计划的方式、方法创新，运用新的方法和手段来设计计划、分析评估计划，保证计划的先进性和科学性。

3. 制订计划的程序

科学地制订计划要按照一定的程序，制订计划的程序是否科学、合理，可以说关系到计划的正确程度。根据计划内容各部分之间的内在联系，制订计划的程序大致如下：

1）分解整体目标，确立分支目标。

2）确定实现分支目标的机构和人员。

3）预测分析组织实现目标的资源条件和客观环境。

4）拟订具体行动方案。

5）制订工作规范和行为准则。

4.2 组织目标与目标管理

4.2.1 组织目标的概念

组织目标是完成使命和组织宗旨的载体,是随着环境、时间以及条件变化不断调整的一张"列车时刻表",是组织争取达到的一种未来状态。它是开展各项组织活动的依据和动力。每一个社会组织,都有自己预期的目的或结果,它代表着一个组织的方向和未来。对组织来说,宗旨是共同目标;对组织成员来说,共同目标是组织阶段需要到达的目的地。

组织目标是指一个组织未来一段时间内要实现的目的,它是管理者和组织中一切成员的行动指南,是组织决策、效率评价、协调和考核的基本依据。任何一个组织都是为一定的目标而组织起来的,目标是组织的最重要条件。无论其成员各自的目标有何不同,但一定要有一个为其成员所接受的共同目标。

组织目标就是组织的宗旨或纲领,它说明建立这个组织的目的性。不同组织有不同的目标。组织目标是识别组织的性质、类别和职能的基本标志。任何组织都把确定组织目标作为最重要的事。组织目标对组织的全部活动起指导和制约作用。组织目标具有差异性、多元供、层次性和时间性。组织目标的确定大致可分三步:内外部环境的分析,总体目标的确定、总体目标的分解和协调。

组织目标为组织的前进指明了方向,从而也为组织的活动确定了发展路线。确定目标是组织的战略、计划和其他各项工作安排的基础,只有把笼统的目的化为具体的目标,组织实现预期的效益才有比较大的希望。对管理者来说,目标就好比路标,它指明了组织努力的方向,确定了组织应在哪些领域取得成就的标准,管理者在管理实践中要想得到满意的效益,就不能停留在目的性阶段,而应上升到自觉追求目标的阶段。

组织必须有一个明确的、贯穿于组织的各项活动的统一目标,而该统一目标通常有若干子目标支持,构成一个目标体系,组织的这种目标体系有着层次的结构。例如,一家企业的总体目标要包括:保持一定的利润率和投资回收率;保持开发专利产品的重点研究;使产品占有国外市场;保证高档产品的竞争价格;达到本行业中的竞争优势地位等。在组织的总目标之下常常有好几个层次的分目标,构成分层目标的体系。各个层次的指标相互联系、相互制约、共同反映组织的整体特征。例如,对于组织的目标可以层层分解。总目标可以分解为一级目标、二级目标等。相应地,指标在反映组织状态的特征方面也是不等同的,而是有主有次的。

4.2.2 组织目标的确定

现代管理是从确定目标开始的,而确定目标则是把主客观条件统一起来的决策或计划过程,是把主观需要、主观条件与客观环境结合起来形成组织努力方向的过程。因此,确定目标主要应考虑上级的要求、主观条件和客观环境 3 个方面的因素。

1. 组织目标遵循的原则

首先,要把关键性目标与目标的全面性结合起来。其次,要把灵活性与统一性结合起来。最后,要把目标的可行性与挑战性结合起来。

2. 确定目标的步骤

第一，全面搜集情况，掌握内外信息；第二，提出目标方案；第三，评价目标方案。

在现代管理中，组织体系巨型化和组织运行方式的有计划性，决定了管理实践中更为常见的是目标展开的过程，即组织目标从上到下层层分解落实的过程。

3. 组织目标的确定应符合 **SMART** 要求

S（Specific）：组织所订立的目标必须是清晰明了的，应该是详细的，要让员工清楚地知道他们共同奋斗的目标是什么。

M（Measurable）：组织所订立的目标必须能有一个具体的标准去衡量它的完成情况。比如营业额、资金的流向、客户的反馈等。

A（Attainable）：组织所订立的目标必须是一个能够通过努力达到的目标。目标太简单了，员工的工作没有激情；目标太难实现，会让员工对组织产生失望，甚至是绝望。

R（Realistic）：组织必须根据员工的实际能力和当时的实际情况制定目标，不能让人感觉目标是虚无缥缈的。

T（Time-bound）：组织的目标必须具有时效性，必须能够根据周围情况的变化而进行调整。

4.2.3　目标管理

目标管理是一个全面的管理系统，它用系统的方法，使许多关键的管理活动结合起来，将组织的整体目标转换为组织单位和成员的目标，通过层层落实和采取保证措施，有效地和高效率地实现它们。

目标管理作为一种新型的管理制度，是把"以目标实现为前提的管理"转化成以目标为控制手段的管理。或者说，目标管理是一种通过使组织的成员亲自参加工作目标的制定来实现"自我控制"，并努力完成工作目标的管理制度。这种管理制度由于有了明确的目标作为对组织成员工作成果的考核标准，从而使对组织成员的评价和奖励做到更客观、更合理，因而可以大大激发他们去为完成组织目标而努力。

具体地说，目标管理是依据外部环境和内部条件的综合平衡，确定组织在一定时期内预期达到的成果，制定出目标，并为实现该目标而进行的组织、激励、控制和检查工作的管理方法。

1. 目标管理的特点

目标管理具有这样几个方面的特点：

（1）目标管理是参与管理的一种形式：目标管理通过目标制定与分解的过程，把组织内全体人员动员起来参加管理活动，这样既有利于使全体人员明确组织的共同目标，加强整体观念；又有利于明确各部门、各单位为实现共同目标所承担的任务以及在组织系统中所处的地位和作用。

（2）目标管理强调组织成员的"自我控制"：现代管理有这样一种发展趋势：监督性的成分越来越少，但控制目标实现的能力越来越强。这是由于自我管理的地位越来越重要带来的。目标管理的基本精神就是以自我管理为中心。因为组织成员自己就是目标的制定者，对他们来说，目标是明确的，责任是明确的，奖罚标准同样也是明确的，每个人都可以据此评价自己的工作。因而每个人都可以用目标指导自己的行动，实现自我管理。所以，目标管理用"自我控制的管理"代替了"压制性的管理"，从而推动组织成员尽自己最大的力量把工作做好。

（3）目标管理是一种系统、整体的管理方法：目标管理通过完整的目标体系来指导和安排工作，有利于明确和保障工作重点，同时又能够统筹兼顾，防止各部门、各单位甚至各个组织成员各行其是现象的发生，从而达到整体协调，提高管理的目的。

（4）目标管理是一种重视成果的管理方法：获取尽可能好的成果，是人们从事各种管理活动的共同愿望。但传统的管理方法，评价组织成员的表现，往往容易根据管理人员的印象、本人的思想和对某些问题的态度等定性因素来评价。而目标管理所考核的则是成果，所以目标管理又叫成果管理。它由于有了一套完善的目标考核体系，从而能够按组织成员的实际贡献大小如实地评价一个人。

2. 目标管理的方法

目标管理的过程因组织活动的性质不同而不同，但一般说来包含 3 个步骤。

（1）建立一套完整的目标体系：建立目标体系也是目标的制定过程。实行目标管理，首先要建立一套完整的目标体系。目标的制定过程已在前面叙述过，在此不再阐述。

（2）组织目标的实施：一套完整的目标体系一旦建立起来，组织的主管人员就应放手把权力交给下级成员，以便自己有更多的时间去抓重点的、综合性的管理工作。在目标管理中，完成目标主要依靠执行者的自我控制。如果在明确了目标之后，作为上级主管人员还像从前那样事必躬亲，便违背了目标管理的主旨，不能获得目标管理的效果。上级的管理主要表现在指导、协助、提出问题、提供情报以及创造良好的工作环境等方面。所以，目标实施过程的关键在于：明确各级和各部门管理的协调任务和控制要求，以便于自我控制和自我调节；明确目标管理的组织系统，加强对目标活动各环节的指导和领导作用；将本系统的财力、物力、人力、时间加以集中和合理使用，为目标管理活动的正常开展创造条件；建立信息反馈系统，完善必不可少的统计工作，争取管理的主动权；完善必要的规章制度，形成日常工作靠规章制度，重点工作靠目标管理的工作模式。

（3）进行目标考核：目标考核是指对目标完成情况的考核，即对各级目标的完成情况，要事先规定出期限，定期进行检查。目标考核的对象是成果，因为成果是评价工作好坏与优劣的唯一标志，它不是以付出努力的多少作为判断标准，而是根据目标对最终结果进行考核和评价，并根据考核和评价进行奖罚。同时，在考核和评价的基础上，使目标管理进入下一轮循环过程。需要指出的是，在目标考核的过程中，尤其要注意遵守考核的标准、过程、结果公开的原则，以求产生先进、鼓励先进、鞭策落后、帮助落后的效果。对考核结果如有意见，应允许申诉，并认真加以处理，以增进团结、增进凝聚力。

3. 目标管理的要求

目标管理并不是尽善尽美的，它也有一定的局限性，因此，实施目标管理要求主管人员特别要注意以下几点。

1）目标管理看起来简单，但要把它有效地付诸实施，则需要各级主管人员对它有详尽的了解和认识。这就需要对目标管理的整个体系做耐心的解释工作，说明目标管理是什么，它怎样发挥作用，为什么要这样做，它在评价管理工作成效时起些什么作用，以及参与目标管理的人能得到什么好处等。

2）目标管理与其他各种决策和计划工作一样，如果那些拟订目标的各级主管人员得不到必要的指导方针，不了解决策和计划工作的前提条件和组织的基本战略和政策，他们就无法制定出正确的目标，也就无法发挥目标管理的作用。

3）目标有时可能是难以确定的，特别是对于目标的优先主次难以确定，这就要求主管人员必须认真理解组织的宗旨、使命，认识影响组织发展的各种因素，并依据科学的程序来确定目标。在目标的实施过程中，也应随时对目标做出评价，一旦发现目标与组织的宗旨和使命之间有偏差，就迅速地进行调整。

4）与组织的宗旨和使命相比，目标一般是短期的，几乎在所有实行目标管理的组织中，所确定的目标都是短期的目标。这是由目标管理自身的特点所决定的。因为，越是短期的目标越便于实施和考核，长期目标是无法体现出目标管理的优越性的。这样就可能导致目标管理只注重短期效应。因此，主管人员要特别注意防止目标管理变成一种短期行为，必须时时把握从长期目标的角度去制定目标管理的目标这一方针。

5）目标管理要取得成效，就必须保持其明确性和稳定性，如果目标经常改变，就会使目标失去意义。但是，目标总是以尚未实现的未来出现的，而未来存在着许多不确定因素。这就要求在管理中必须不断地根据新的认识和发现对目标进行修正。所以，在目标管理中，要注意把握目标的明确性、稳定性和灵活性之间的关系，要使目标既有明确性、稳定性，又具有一定的灵活性。

总之，运用目标管理是当前管理活动中的一种新的趋势，现存的目标管理模式都具有一定的局限性。在现阶段，管理者应当尽可能地使这一方法与其他管理方法结合起来，以求各种管理方法在管理活动中相互补充。

4.3　计划方法

计划工作的效率高低和质量的好坏在很大程度上取决于所采用的计划方法。现代企业面对更加复杂和动荡的外部环境，要保证企业能够稳定、持续、高速地发展，就要更加准确地预测环境的变化，来制订可靠的计划指标，同时要做好综合平衡，即使供应、生产和销售平衡，人力、物力和财力平衡，生产的各环节、各部门之间平衡，以保证连续、稳定、均衡地进行生产。此外，还要考虑当前利益与长远利益的一致性，既能确保眼前的繁荣，又顾及将来的发展。要做好这些工作，首要的一步就是要有切实可行的计划。计划方法为制订这种切实可行的计划提供了手段。在计划的质量方面，计划方法可以确定各种复杂的经济关系，提高综合平衡的准确性，能够在众多的方案中选择最优方案，还能够进行因果分析，科学地进行预测；在效率方面，由于采用了现代数学工具并以计算机技术作为基础，大大加快了计划工作的速度，这就使得管理者从繁杂的计划工作中解脱出来，能够集中精力考虑更重要的问题。下面介绍其中几种主要的方法。

1. 定额法

定额法是运用经济、统计资料和技术手段测定完成一定任务的资源消耗标准，然后根据这一标准来制订计划的方法。定额法也称定额换算法。采用定额法首先要确定一定的资源消耗可以完成多少工作任务，从而得到一个标准，即定额。这一标准既可以根据有关部门的规定来确定，又可以根据在正常情况下，实际已经达到的工作量来确定。然后将这一标准作为计划指标来制订整个计划。例如，某企业准备编制生产计划，需要先了解上年度每个职工、各个车间所完成的工作量的情况，再将此作为定额标准来编制企业的生产计划。定额法通常用于核算人力、物力、财力的需要量和设备、资源的利用率。

2. 比较法

比较法是对同类计划问题在不同时间、不同空间所呈现的不同结果进行比较分析，以便总结经验教训，掌握客观规律，指导现今计划制定的方法。这种方法常被用于进行计划分析和论证。制订计划既要依据现状，又要借鉴历史，"以史为鉴可以明得失"。不同国家、不同地区在不同时期制定计划所取得的成功经验与教训，可以成为今天编制计划的重要参考。比较法的运用范围比较广泛，既可以将国家与国家、地方与地方、单位与单位、专业与专业、项目与项目进行比较，又可以将计划目标、政策措施、实现方案、行动步骤进行比较。不但要比较优劣得失，还要比较影响优劣得失的主客观条件。通过比较分析，可以吸收一些成功的经验，避免走弯路，取得事半功倍的效果。

3. 整体综合法

整体综合法是在系统分析的基础上，对计划的各个构成部分、各个主要因素进行全面平衡，以求系统整体优化的一种方法。整体综合法把任何一项计划都看成是一个整体，它不追求局部和单项指标的最优化，而是追求整体功能的最佳发挥。为了使整体功能得到最佳发挥就要协调好计划各部分、各要素之间的关系。因此，整体综合法的关键是按照统筹兼顾的原则，采用定性或定量分析的方法，科学确定计划各部分、各要素的指标，使其前后一致、左右平衡、结构完整。运用整体综合法，一定要经过严密的逻辑思维，平衡好各方面的关系，一些能够量化的指标要尽量量化，如建立便于计算的计划图解模型或数学模型、经济计量模型等。

4. 滚动计划法

滚动计划法是一种将短期计划、中期计划和长期计划有机地结合起来，根据近期计划的执行情况和环境变化情况，定期修订未来计划并逐期向前推移的方法。由于在计划工作中很难准确地预测未来发展的各种影响因素的变化，而且计划期越长，这种不确定性就越大，因此，若硬性地按几年前制定的计划实施，可能会导致重大的损失。滚动计划法则可避免这种不确定性可能带来的不良后果。

计划的方法

滚动计划法的具体做法是：在计划制订时，同时制订未来若干期的计划，但计划内容采用近细远粗的办法，即近期计划尽可能地详尽，远期计划的内容则较粗。在计划期的第一阶段结束时，根据该阶段计划的执行情况和内外部环境的变化情况，对原计划进行修订，并将整个计划向前滚动一个阶段，以后根据同样的原则逐期滚动。

滚动计划法适用于任何类型的计划，其优点是：

1）使计划更加切合实际。由于滚动计划相对缩短了计划时期，加大了对未来估计的准确性，从而提高了计划的质量。

2）使长期计划、中期计划和短期计划相互衔接，保证能根据环境的变化及时地进行调节，并使各期计划基本保持一致。

3）大大增强了计划的弹性，从而提高了组织的应变能力。同时把计划的调整、衔接工作变成了有计划的行动，减少了事后协调工作，将部分事后控制变成了事前的控制。

滚动计划法的缺点是编制工作量较大。

5. 网络计划法

网络计划技术是 20 世纪 60 年代在美国产生和发展起来的。这种方法包括各种以网络为基础制订计划的方法，如关键路径法、计划评审技术、组合网络法等。1956 年，美国的一些工程师和数学家组成了一个专门小组首先开始了这方面的研究。1958 年，美国海军武器计划处采用了计划评审技术，使北极星导弹工程的工期由原计划的 10 年缩短为 8 年。1961 年，美国国防部和国家航空署规定，凡承制军用品必须用计划评审技术制订计划上报。从那时起，网络计划技术就开始在组织管理活动中被广泛地应用。

（1）网络图的概念与原理：网络计划技术的原理，是把一项工作或项目分成各种作业，然后根据作业顺序进行排列，通过网络图对整个工作或项目进行统筹规划和控制，以便用最少的人力、物力、财力资源，用最快的速度完成工作。

网络图是网络计划技术的基础。一项计划总是由许多作业（或称工作、工序、活动）组成的，根据计划中各个作业之间的相互依存关系，和这些工作在时间上的衔接关系，用箭线和圆圈来表示它们的先后顺序和并行关系，画出一个由各项工作相互联系并注明所需时间的箭线图解模型，这个模型就称为网络图。

（2）网络图的组成：网络图是用来表示网络计划的，它是由事项、作业和路线三要素所组成的。

1）事项（或称结点）。事项是表示作业的开工和完工，是相邻作业在时间上的分界点，也是两项作业的衔接点。在网络图中用圆圈"○"来表示事项，它不占用时间和资源，只表示某项作业开始或结束的一种标志符号。网络图开始的事项称始点事项，结束事项称终点事项。中间事项既是前一活动的结束，又是后一事项的开始。

2）作业（或称工序、活动）。作业是一项有具体活动的过程，是网络图中一个实质性的组成部分。它需要投入一定的人力、物力和财力，并经过一定时间后才能完成的任务、工作、工序等活动，在网络图中用实线箭头"→"表示，还有一种作业被称为虚作业，它是虚设的，既不消耗资源也不占用时间，但通过这一虚设的作业可以表明作业之间相互依存的关系，在网络图中用虚线箭头"⇢"表示。

3）路线（或称线路）。在网络图中，路线是用来说明计划活动从开始到结束的若干特征的，即用来描述计划活动中各项作业途径的路线。从原始事项到结束事项之间有很多条路线，其长度用经过该路线上各项作业持续时间的总和表示。工期最长的路线称为关键路线，位于关键路线上的作业称为关键作业或关键工序。

（3）网络图的绘制

1）绘制的基本原则。网络图的绘制一定要准确地反映所描述的计划活动的实际情况，这样的网络图其分析结果才会有实用价值。因此，网络图的绘制要遵守以下的基本原则：

①一张网络图中只有一个始点和一个终点，如图 4 - 1 所示。

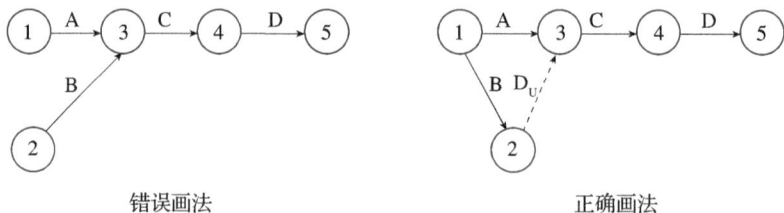

图4-1　只有一个始、终点的网络图

②网络图中不许出现回路，如图4-2所示。

③相邻两事项之间只能有一个作业。如果在相邻两事项之间有多项平行作业，则除一项作业外，其余作业用虚作业表示。如图4-3所示。

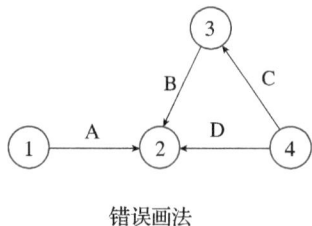

正确画法

图4-2　网络图不应有回路　　　　图4-3　虚作业的使用

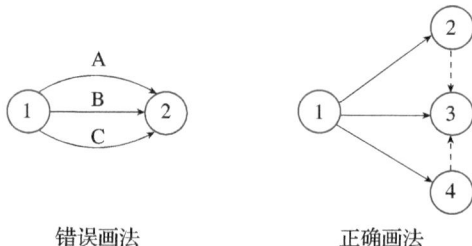

④箭线的首尾必须有结点，不能从一条箭线中间引出另一条箭线。如图4-4所示。

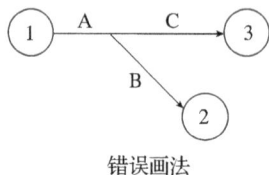

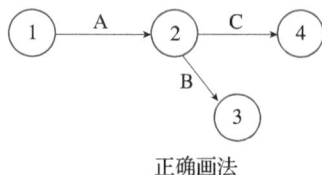

图4-4　箭线的首尾必须有结点

⑤网络图中的每一项作业都应有自己的编号，号码不能重复，且结点编号应使得箭尾编号小于箭头编号，数字采用单数或连续都可以。

⑥网络图中每项作业只允许用一条箭线表示，在一张网络图中同一项作业不允许表示两次。

2）网络图的绘制。绘制网络图之前，要做好一系列准备工作。首先，要将计划项目进行分解，明确各项活动的顺序和相互关系，列出全部活动明细表；其次，要明确各项活动所需的时间；最后，根据绘制网络图的规则，绘制网络草图。绘制的方法一般有两种：

①顺推法。当确定了每项活动的紧后活动时，则可从起点事项开始，为每一活动确定其直接的后继活动，直到项目的终点事项为止。

例4-1：已知某项计划项目可分解成8项活动，其活动名称及相互关系见表4-1所示。

表 4-1　某计划项目及优先关系表

作业代号	A	B	C	D	E	F	G	H
紧后作业	C、D、E	E	F、G	H	H	H	…	…
作业时间	4	5	9	12	8	3	7	5

按表 4-1 用顺推法绘制网络图，如图 4-5 所示。

②逆推法。当确定了每项活动的先行（紧前活动）活动时，则可从终点事项开始，为每一活动确定其直接的先行活动，直到项目的起点事项为止。

同顺推法的例子相同，其活动名称及相互关系如表 4-2。

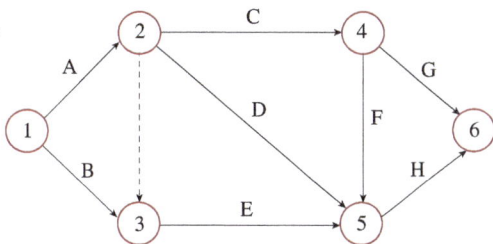

图 4-5　用顺推法绘制网络图

表 4-2　某计划项目及优先关系表

作业代号	A	B	C	D	E	F	G	H
紧前作业	—	—	A	A	A、B	C	C	D、E、F

按表 4-2 用逆推法绘制网络图，最终得到的网络图与图 4-6 完全相同。

（4）网络图的时间计算：编制网络计划，必须计算网络时间，掌握各项作业的时间参数，并确定关键路线，以便对各项作业的进度及关键路线进行控制，确保工程项目按计划进度完成。网络图时间计算包括：计算各项作业的最早开始与结束时间，最迟开始与结束时间，计算时差和确定关键路线等。

1）最早开始与结束时间的计算（用□内的数字表示）。最早开始时间从左向右计算，开始结点的时间从 0 算起，某工序的最早开始时间为箭尾结点的最早时间，其最早结束时间为：该工序的最早开始时间与本工序的作业时间之和。箭头结点的最早时间，如果进入该结点的箭线只有一条，则该结点的最早时间为这条箭线的最早结束时间；如果进入该结点的箭线有两条以上时，则取进入该结点的箭线中最早结束时间最大的作为结点时间。仍以上例 4-1 为例，时间计算如图 4-6 所示。

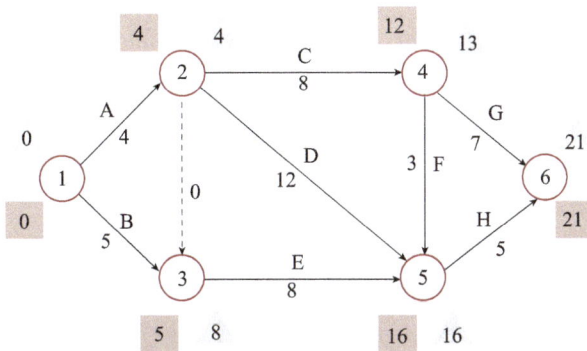

图 4-6　网络图时间计算及关键路线

2）最迟开始与结束时间的计算（用△内的数表示）。最迟开始时间从右向左倒推计算，终点结点的时间以终点结点最早结束时间为基础，某工序的最迟结束时间为箭头结点的最迟时间，其最迟开始时间为：该工序的最迟结束时间——本工序的作业时间。箭尾结点的最迟时间，如果从该结点出的箭线只有一条，则该结点的最迟时间为这条箭线的最迟开始时间；如果从该结点出的箭线有两条以上时，则取从该结点出的箭线中最迟开始时间最小的作为结点时间。

3）时差及关键路线。时差是指在不影响任务完工时间的条件下，某项作业从最早开始时间到最迟开始时间，或从最早结束时间到最迟结束时间，中间可以推迟的最大机动时间。时差越大，机动时间越多，潜力就越大。

在网络图中，时差为零的作业称为关键作业。把关键作业连接起来的路线称为关键路线（见图中粗实线部分）。关键路线的延续时间是网络图中所有路线延续时间的最长者，即计划项目的工期，欲缩短工期，必须缩短关键路线的延续时间。可以对关键路线上的作业采取措施，还可以从非关键路线的作业中抽调人力、物力补充到关键路线的作业上去，以缩短工期。

6. 投入产出法

投入产出法是对物质生产部门之间或产品之间的数量依存关系进行科学分析，并对再生产进行综合平衡的一种方法，它以最终产品为经济活动的目标，从整个经济系统出发确定达到平衡的条件。它的基本原理是：任何系统的经济活动都包括投入和产出两大部分，投入是指在生产活动中的消耗，即社会在组织物质生产时对各种原料、燃料、动力、辅助材料、机器设备以及活劳动等的生产性消耗；产出是指生产活动的结果，生产出来的产品数量及其分配去向。在生产活动中投入与产出之间具有一定的数量关系，投入产出法就是利用这种数量关系形成投入产出表，建立投入产出数学模型，根据投入产出表对投入与产出的关系进行科学分析，研究各种经济活动的投入与产出之间的效率依存关系，特别是研究和分析国民经济各个部门或各种产品的生产与消耗之间的数量依存关系，再用分析的结果来编制计划并进行综合平衡的经济数学方法。

对投入产出表进行分析，可以确定整个国民经济或部门、企业经济发展中的各种比例关系，并且能够为制定合理的价格服务。此外，这种分析可以预测某项政策实施后所产生的效果；能够从整个系统的角度编制长期或中期计划，而且易于搞好综合平衡，还可以用此种办法计算出某个在建项目对整个系统的影响。总之，投入产出法是一种实用的、科学的计划方法。

7. 计量经济学方法

计量经济学方法是运用现代数学和各种统计方法来描述和分析各种经济关系的方法，它以经济学中关于各种经济关系的学说为依据，运用数理统计方法，根据实际统计资料，对经济关系进行计量，然后将计量的结果和实际情况加以对照，这种方法对于管理者调节经济活动，加强市场预测，以及合理地安排生产计划和改善经营管理等都具有很大的实用价值。

用计量经济学方法解决实际问题的步骤如下：

（1）因素分析：按照问题的实际情况分析影响它的因素种类、因素之间的相互关系以及各因素对问题的影响程度。

（2）建立模型：根据分析的结果，把影响问题的主要因素列为自变量，把所有次要因素用一个随机误差项表示，而把问题本身作为因变量，建立起含有一些未知参数的数学模型。

（3）参数估计：用计量经济方法，利用统计资料确定参数，进而计算相关系数，以检查自变量对因变量的影响程度；此外还要对参数进行理论检验和统计检验，如果这两项结果不好则要分析原因，修改模型，重复此步骤，直至模型满意为止。

（4）实际应用：计量经济学模型主要有三种用途：①经济预测，即预测因变量在将来的数值。②评价方案，即对计划工作或决策工作中的各种方案进行评价，以选择出最优方案。③结构分析，即利用模型对经济系统进行更深入的分析。这三方面都可用于计划工作，从而使计划更加完善和科学。

延伸学习：
什么叫 ERP

本 章 小 结

　　所谓计划，是指为实现已定的决策目标而对各项具体管理活动及其所需人力、财力、物力做出的设计和谋划。计划有广义与狭义之分，广义的计划指制订计划、执行计划和检查计划的执行情况等整个计划工作的全过程。狭义的计划指制订计划，即通过一定的科学方法，为决策目标的实现做出具体地安排。计划的内容一般包括 4 个要素：目标、措施、步骤、约束条件。计划按不同的标准可分为高层计划、中层计划、低层计划，长期计划、中期计划、短期计划，指令性计划、指导性计划，综合计划、局部计划、项目计划。计划的编制应遵循统筹原则、重点原则、弹性原则和连续性原则。

　　组织目标的设定应符合"SMART"要求。目标管理是一种通过使组织的成员亲自参加工作目标的制订来实现"自我控制"，并努力完成工作目标的管理制度。具体地说，目标管理是依据外部环境和内部条件的综合平衡，确定组织在一定时期内预期达到的成果，明确目标，并为实现该目标而进行的组织、激励、控制和检查工作的管理方法。目标管理的步骤包括：①建立一套完整的目标体系；②组织目标的实施；③进行目标考核。制订计划的方法主要有定额法、比较法、整体综合法、滚动计划法、网络计划法等。

复习思考题

1. 简述计划工作的含义、特点。
2. 计划有哪些要素、内容和种类？
3. 简述目标管理的概念。
4. 目标管理的特点有哪些？
5. 目标管理的方法要求是什么？
6. 制订计划的原则、程序、要求是什么？
7. 现代计划方法主要有哪些？
8. 滚动计划法有哪些优缺点？
9. 某厂规划一项技术改造项目，其工程作业顺序及天数见表 4-3：

表 4-3　某工程作业顺序及天数表

作业代号	A	B	C	D	E	F	G	H	I
紧后作业	G、H	D、E、F	H、I	G、H	H	H、I	…	…	…
作业时间	6	7	4	5	9	2	7	8	4

　　要求：（1）绘制网络图；

　　　　　（2）在图上计算出各工序和结点的时间；

　　　　　（3）确定关键路线和总工期。

阅读资料

第一次登月

"休斯敦，川奎特基地，'鹰号'已经着陆了。"这句话永远铭刻在全世界所有在 1969 年 7 月 20 日观看第一次人类登月的人们的记忆里。这一成功盛举背后的场面是令人难以置信的。因为看起来十分理想的顺利飞行，实际上，按照计划几乎面临着一场巨大的灾难。

把 3 个宇航员送入太空，其中两个驾驶太空飞船，然后着陆在月球上，这需要非常详细而周密的计划。从能量巨大的 Slaturn V 火箭倒计时和起飞，到太空飞船的精密操作，对每个细节都做周密的计划，技术专家和飞行控制人员都是这样考虑的。当尼尔·阿姆斯特朗和巴兹·阿尔顿开始驾驶小型极易损坏的"鹰号"太空飞船向月球表面降落的时候出了差错。突然警报响了——一个"1202"报警声音。在指挥中心从地球上监控"鹰号"下降的一个人回忆说，"我不太清楚'1202'到底是什么"。离月球表面着陆只剩下 8 分钟的时候，除了史蒂夫·比尔斯，一个 26 岁的技术专家，指挥中心没有一个人知道"1202"意味着什么。整个太空项目组只能等待，看比尔斯是否会放弃月球着陆。比尔斯最后决定，问题是由于飞船上的计算机信息太多不能处理而引起的，只要计算机不完全关闭，他们就能成功地在月球上着陆。尽管警报响了，指挥中心还是按计划向"鹰号"发出了继续着陆的信号。

当"鹰号"离月球表面只有 5000ft（1ft = 0.3048m），且以 100ft/s 的速度飞向月球时，另一个问题发生了。指挥中心的计算机引导飞船进入着陆区，但是当尼尔·阿姆斯特朗从飞船窗口看月球表面的时候，他没有看到任何事先研究月球表面时所能认出的东西。计算机制导系统正引导他们进入一个岩石地带——与事先计划的完全不同。着陆在像大众汽车那么大的岩石上，精密的月球着陆器将会粉身碎骨。在离月球表面 350ft 时，尼尔·阿姆斯特朗没有与休斯敦指挥部说一句话，就直接手动操纵飞船寻找着陆地点。指挥中心的工程师和技术人员只是坐着而不能给以任何帮助。当阿姆斯特朗离月球越来越近时，他能看到的还是岩石。

同时，在休斯敦，计算机显示"鹰号"着陆油箱里的燃料已经很少了。那天指挥中心的一个成员回忆说："从那时起，我们什么忙也帮不上。我们能做的只是告诉他们还剩下多少燃料。"指挥中心的决定是如果"鹰号"不能在 60s 之内着陆，登月行动即告失败。25s，20s，阿姆斯特朗离月球表面只有 100ft 了，这时他找到了一个着陆地点，如果他能及时降落到那里的话似乎是安全的。那时，指挥中心异常寂静，什么声音都听不到。紧接着，通信系统中传来尼尔·阿姆斯特朗平静、镇定、冷静的声音："休斯敦，川奎特基地，'鹰号'已经着陆了。"

案例证明，即使在太空行动中，最聪明的管理者和技术人员已经做了最出色的计划，也不能总是按照计划行事。

（该阅读材料来源于单再成、王绍飞主编的《管理学基础与实务》）

案例分析

玛格丽特·奎因（Margaret Quinn）是东方电力公司总经理。这家公司是美国东部的大型电力公用事业之一。这位总经理长期以来一直相信，有效地编制公司计划，对成功来说是绝对必要的。她花了 10 多年的时间，一直想方设法地编制公司的计划方案，但是成效甚微。在这段时间里，她先后指派3位副总经理掌管编制计划，虽然每位副总经理似乎都在努力工作，但是她注意到，个别部门管理人员继续各行其是，他们就发生的问题做出决策，对并"救火"工作的有效进行而自鸣得意。

然而公司仍在漂泊不定中，而部门管理人员各自决策，相互之间总是不一致。主管调整事务的高级管理人员经常申请州委员会准许把电费提高，但无较大进展，因为委员会觉得，费用虽然能上涨，但是不合理。公共关系的领导不断地向公众呼吁，要理解电力公用事业，但是各社区的用电户认为，电业赚的钱够多了，因此公司应该解决它自身的问题，而不应提高电费。负责电力供应的副总经理受到很多社区的压力，要他扩大电路投入，把所有输电线路埋入地下，避免出现不雅观的电线杆和线路；同时要向顾客提供更好的服务。他们觉得顾客是第一位的，而费用则是第二位的。

应奎因女士的要求，一位咨询顾问来公司检查情况，他发现公司并没有真正地把计划做好，编制计划的副总经理和他的职员正在努力地进行研究和作预测，并把研究、预测的情况提交给总经理，仅此而已。所有部门的管理人员把这些工作看成是与他们的日常业务没有太大关系的文字数据工作，因此他们对此兴趣不大。

❓ 思考与分析

1. 如果你是那位顾问，你建议采取什么样的步骤以使公司有效地制定计划？
2. 你认为公司的计划期限应该多长？
3. 你会向总经理提出怎样的建议以使你推荐的事情付诸实施？

实 践 练 习

学生自愿建立项目策划小组（每组6~8人），策划内容可以由教师统一指定，还可以根据第11章的综合实训演练来定，也可以由学生自选，由此编制一份活动计划书。

第 5 章 组 织

学习目标
- 掌握组织的含义及组织工作的特点。
- 理解组织结构设计的基本原则，掌握组织的层次划分、部门划分、职权划分和人员配备。
- 掌握组织结构的基本类型及特点。
- 理解组织变革的程序和途径。

导入案例

有 7 个人住在一起，每天共喝一桶粥，显然粥每天都不够。一开始，他们抓阄决定谁来分粥，每天轮一个。于是，一周下来，他们只有一天是饱的，就是自己分粥的那一天。后来他们开始推选出一个道德高尚的人出来分粥。强权就会产生腐败，大家开始挖空心思去讨好他，贿赂他，搞得整个小团体乌烟瘴气。然后大家开始组成 3 人的分粥委员会及 4 人的评选委员会，互相攻击扯皮起来，粥吃到嘴里全是凉的。最后想出来一个方法：轮流分粥，但分粥的人要等其他人都挑完后拿剩下的最后一碗。为了不让自己吃到最少的，每人都尽量分得平均，就算不平，也只能认了。大家快快乐乐，和和气气，日子越过越好。

管理的真谛在"理"不在"管"。管理者的主要职责就是建立一个像"轮流分粥，分者后取"那样合理的游戏规则，让每个员工按照游戏规则自我管理。游戏规则要兼顾公司利益和个人利益，并且要让个人利益与公司整体利益统一起来。责任、权力和利益是管理平台的 3 根支柱，缺一不可。缺乏责任，公司就会产生腐败，进而衰退；缺乏权力，管理者的执行就变成废纸；缺乏利益，员工的积极性就会下降，会消极怠工。只有管理者把"责、权、利"的平台搭建好，员工才能"八仙过海，各显其能"。

组织工作是管理的基本职能之一，组织工作的实质就是研究如何合理有效地进行分工。在计划工作确定了组织的具体目标，并对实现目标的途径做了大致的安排之后，为了使人们能够更加有效地工作，还必须设计和维持一种组织结构，包括组织机构、职务系统和相互关系。也就是说，组织工作要把为达到组织目标而必须从事的各项工作或活动进行分类组合，划分出若干部门，根据管理幅度的要求，划分出若干管理层次，把监督每一类工作或活动所必需的职权授予各层次、各部门的主管人员，并规定上下左右的协调关系。此外，还需要根据组织内外诸要素的变化，不断地对组织结构做出调整和变革。

5.1　组织概述

5.1.1　组织的含义和作用

1. 一般意义上的组织

美国管理学家切斯特·巴纳德认为，由于生理的、心理的、物质的、社会的限制，人们为了达到个人和共同的目标，就必须合作，于是形成群体，即组织。一般意义上的组织是具体机构的代名词，泛指各种各样的社会组织和事业单位，如企业、机关、学校、医院、军队等，它们是为了一定的目标，通过分工与合作所构成的人的集合。

2. 管理学定义的组织

管理学中的组织含义有静态与动态之分，其静态意义是指一个系统形成的一种体现分工和协作关系的框架，即组织结构；其动态意义是指管理者所开展的组织行为、组织活动过程。正是从动态的意义上，我们把组织作为管理的一项重要职能，其重要内容是进行组织结构的设计与再设计。我们一般称设立组织结构为"组织设计"，变革组织结构为"组织再设计"；而前者通常称为"组织设计"，后者通常称为"组织变革"。

3. 组织的地位和作用

组织在一切管理活动中居于中心地位，是行使其他各项管理职能的依托。组织的作用具体体现在：

1）设置职位或工作岗位，确定责权范围，使每个成员各司其职，努力做好本职工作。

2）明确成员间、工作单位（部门）间的隶属关系和协作关系，从而形成集体的协作力。

3）调配人力、物力、财力，在时间上和空间上，实现工作、人员、物料等的有效结合，合理组织生产力。

4）建立管理机构和指挥系统，有效地行使各项管理职能。

5.1.2　非正式组织

1. 概念

我们前面提到的组织都是指正式组织。所谓正式组织，是指有明确的目标、任务、结构、职能以及由此决定的成员间的责权关系，它对个人具有某种程度的强制性。伴随着正式组织的运转不可避免地要形成非正式组织。正式组织中的某些小群体成员，由于彼此"合得来"，大家觉得没有不自然的拘束，于是乐在其中；或者工作性质相近、社会地位相当、对一些具体问题的看法基本一致；或者在年龄、性格、能力、工作地点、志趣、嗜好、利害关系等的基础上，形成了一些被其成员所共同接受并遵守的行为规则，从而使原来松散、随机形成的群体渐渐成为趋向固定的非正式组织。非正式组织的范围很广，诸如交通车的乘客、第6楼的伙伴、星期五晚上的桥牌队员，及咖啡室的经常座上客等，都可包括在内。

2. 非正式组织的特征

1）非正式组织的建立以人们之间具有共同的思想，相互喜爱、相互依赖为基础，有较强的凝聚力。

2）由于非正式组织是自发形成的，所以在很大程度上具有不稳定性。

3）非正式组织最主要的作用是满足个人不同的需要，具有明确的目的性。

4）非正式组织一经形成，会产生各种行为规范，形成群体价值观，约束个人的行为。这种规范可能与正式组织目标一致，也可能不一致，甚至发生抵触。

5）非正式组织强调领袖人物的作用。非正式组织的领袖，团体没有授予他们任何权力，但他们往往是组织成员的核心。他们只是凭借自己所具有的力量，如知识渊博、经验丰富、技术超群等，来实施对别人的影响，成为组织的权威人物。一般他们具有比正式组织的管理者更高、更强的感召力。

3. 非正式组织对管理的意义

（1）非正式组织在管理上值得注意的问题有4个：

1）抵制变革。非正式组织往往变成一种力量，刺激人们产生抵制革新的心理。

2）操纵成员。非正式组织的领袖人物常利用其地位，对非正式组织内的成员施加压力，抵制管理当局的政策和目标。

3）阻碍努力。工作人员在工作中特别尽力，会受到非正式组织中其他成员的抵制，使人不敢过分努力。

4）滋生谣言。谣言在非正式组织中极易牵强附会、以讹传讹。

（2）非正式组织虽有消极的影响，但管理者若能注意其存在并加以适当地运用，亦可产生积极影响：

1）加强沟通。可以提供职工在正式组织中很难得到的社会需求的满足，促进沟通，从而创造一种更加和谐、融洽的人际关系，提高员工的合作精神。

2）协助管理。正式组织若能得到非正式组织的支持，则可提高工作效率而促进任务的完成。

3）纠正管理。非正式组织可促使管理者对某些问题做合理的处置，发挥制衡的作用。

现代管理发展的趋势越来越重视非正式组织对实现组织目标的意义。在各种现代社会组织中，非正式组织的作用已非常显著。如现代企业中盛行的 TQC 小组（全面质量管理小组）就是非正式组织的一种具体形式。TQC 小组由 6～8 名来自组织内的生产工人、管理人员、技术人员等自愿组成，研究和解决在工作中发现的问题，向管理部门提出建议。国际收割机公司太阳能涡轮机部门在一个装配车间的质量管理小组找到了一种简化涡轮机压力盘生产的方法，结果减少了几道生产工序，一年节约了 8700 美元；美洲航空公司在塔尔萨的保养和工程中心的 TQC 小组，只是提出采用较高效率的新工具取代旧的手磨床，一年就节约了 10 万美元。据一项对美国《财富》500 强的调查发现，其中 96.7% 的企业都有质量管理小组在活动。

5.2 组织结构的设计

5.2.1 组织结构的含义和内容

1. 组织结构

组织结构即分工协作，通过职务、职责、职权及相互关系构成的结构体系。组织结构的本质是组织成员间的分工协作关系。组织结构的内涵是人们的职、责、权的关系，因此，组织结构可构的含义。组织结构是组织内的全体成员为实现组织目标，在管理工作中进行的权责结构。

2. 组织结构的内容

（1）职能结构：完成组织目标所需的各项业务及其比例和关系。如一个企业有经营、生产、技术、后勤、管理等不同的业务职能，企业各项工作任务都为实现企业的总体目标服务，但各部分的权责关系却不同。

（2）层次结构：管理层次的构成，又称组织的纵向结构。如公司机构的纵向层次大致可分为股东大会、董事会、总经理、各职能部门等，而各部门又下设基层部门，基层部门下边又设立班组，这样就形成了一个自上而下的纵向组织结构层次。

（3）部门结构：各管理或业务部门的构成，又称组织的横向结构。如企业设置生产部、技术部、财务部、人事部、营销部等职能部门。

（4）职权结构：各层次、各部门在权力和责任方面的分工，各职能层次、部门之间的协作关系、监督与被监督的关系。如公司中股东大会是全体股东组成的公司最高权力机关，董事会是由股东大会选举产生的、行使公司经营管理权的执行机关，经理是公司的辅助业务执行机关和日常管理工作的负责人，监事会是对公司生产经营业务活动进行监督和检查的常设机构。

组织结构设计处于组织工作的中心环节。组织结构设计就是把为实现组织目标而需完成的工作划分为若干性质不同的业务工作，然后把这些工作组合成若干部门，并确定各部门的职责与职权。组织结构设计的结果体现在组织手册中。组织手册中包括组织系统图和职位说明书，它表示各部门、各职位的职责与职权，以及各部门、主要职责之间的相互关系。

组织系统图又称为组织树，它用图形的方式表示组织内各机构、岗位、上下左右的相互关系。其垂直形态表示职权关系，水平形态表示分工或部门化。

职位说明书是用文字说明各工作名称，主要职能、职责及相应的职权，通常也称为岗位标准或工作标准。

5.2.2　组织结构设计的步骤与原则

1. 组织结构设计的步骤

组织结构设计的任务是：要求能简单而明确地指出各岗位的工作内容、职责与权力以及与组织中其他部门和岗位的关系，要求明确担任该岗位工作者必须具备的基本素质、技术知识、工作经验、处理问题的能力等条件。因此，组织结构设计的步骤一般可以分为以下 4 步：

（1）岗位的形成。通过对组织目标的分析，明确组织任务，并且通过对任务的分解和综合，形成完成任务所需的最小的组织单位，即岗位。明确每个岗位的任务范围、岗位承担者的责职权利以及应具备的素质要求等。所以，设计一个全新的组织结构需要从下而上进行。

（2）部门划分。根据各个岗位所从事的工作内容的性质以及岗位之间的相互关系，依照一定的原则，可以将各个岗位组合成被称为"部门"的管理单位。组织活动的特点、环境和条件不同，划分部门所依据的标准也是不一样的。对同一组织来说，在不同时期的背景中，划分部门的标准也可能会不断调整。

（3）机构设计和组织形式。每个组织都需要一个组织结构，它是在岗位形成和部门设计的基础上，根据组织内外能够获取的人力资源，对初步设计的部门和岗位进行调整，并平衡各部门、各岗位的工作量，以使组织机构合理。一个组织的结构可以采用不同的形式清楚地加以表达，这些组织形式可以按模式进行选择。

（4）文件。文件是采用合适的表达方法对机构组织所做的书面表达。文件的主要类型有：组织机构图、岗位责任书、岗位人员分配图和显示岗位和部门在完成总任务方面所占份额的职能图。

2. 组织设计的原则

组织所处的环境、采用的技术、制定的战略、发展的规模不同，所需的职务和部门及其相互关系也不同，但任何组织在进行机构和结构的设计时，都需遵守一些共同的原则。组织设计应该遵循的原则，可归纳为以下5点：

（1）系统整体原则。系统整体原则是组织的本质决定的。组织作为一个开放系统，随着科学技术和商品经济的迅速发展，与外界联系越来越广泛、频繁。因此要按系统开放原则，深入研究政治环境、经济环境、资源环境、社会环境、技术环境等对企业的影响，设计出开放型的组织系统，提高对环境的适应能力和应变能力。

有组织的集体之所以比个人力量大，是因为个体经过相互联系而结合成为一个整体。因此，运用系统原理来研究要素之间的联系，确保组织整体目标实现，是组织设计时必须遵循的基本原则。这一原则主要体现在以下几个方面：

1）结构完整。组织如同一部机器，只有结构完整才能产生必要的功能。

2）要素齐全。管理组织没有要素或要素不全不能构成系统，但并不是越多越好。组织系统一般包括以下要素：①人员。这是首要的起主导作用的要素。②岗位和职务。即明确系统中每一个人所处的位置以及相应的职务，形成不同层次的职务结构。③权力和责任。即规定每一岗位和职务所拥有的权力和承担的责任，以达到指挥、协调和控制的目的。防止由于机构重叠、职责不明和副职过多而降低管理效能。④信息。组织系统内的联系主要靠信息联系，能否保持信息畅通无阻是组织设计时应考虑的重要因素。以上这些要素，彼此是紧密联系、相互影响的。组织设计时要统筹考虑，做到事事有人管，人人有事干。

3）确保目标。目标是一切管理活动的出发点和落脚点。应按目标要求进行组织设计，即根据目标建立或调整组织结构，按各部门各岗位职务的职能要求确定管理人员的工作量及其应具备的素质，然后选择符合前述要求的人员。这样就把企业目标与每一个职工联成整体网络，能较好地防止因人设事、人浮于事和不称职现象。上述过程还说明，满足目标需求的人员数量是一个变数，它与工作量大小和人员素质有关，同样的工作量，素质提高了，人员应及时精减；反之则需增加。

（2）统一指挥原则。统一指挥原则是组织管理的一个基本原则。它虽然源于军事组织，但对现代管理组织也有普遍的指导意义。统一指挥原则是建立在明确的权力系统上的。权力系统依靠上下级之间的联系所形成的指挥链而形成。指挥链是指令信息和信息反馈的传递通道。为确保统一指挥，应当注意以下几点：

1）指挥链不能中断。管理组织的指挥链如同人的血液循环系统，靠它来统一全体人员的思想和行动，为实现共同的管理目标而努力。中断了指挥链，就会造成指令无法贯彻，信息无法反馈，整个组织陷于瘫痪无政府状态。

2）切忌多头领导。组织设计时必须考虑总体协调，以保证统一指挥，即命令的统一性与有效性。多头领导必然政出多门，容易出现矛盾，使下级疲于应付甚至无所适从，严重影响工作效率。

3）不能越级指挥。为了保证指挥链的完整，在通常情况下，上级对下级的指挥应逐级进行。组织设计时，要明确各层机构不同人员的职责权限。各级做各级该做的事，这样才能有效地发挥组织效应。越级指挥的后果必然是：一方面浪费了领导者的时间与精力，另一方面又会挫伤下属的积极性和责任感。当然，也应当明确：上级对下级不越级指挥，但可以越级检查工作；下级对上级，不越级请示，但可以越级反映情况。

（3）权责对应原则　权责对应原则也是组织管理的一项极为重要的原则。但实际上在组织中，权责分离的现象是屡见不鲜的，如有权无责、有责无权。权大责小、责大权小等。理论研究和实践经验都证明，权责不对应对管理组织的效能损害极大。有权无责（或权大责小）容易产生瞎指挥、滥用权力的官僚主义；有责无权（或责大权小）会严重挫伤工作人员的积极性。两者都会使组织失去活力。权责对应主要靠科学的组织设计，要深入研究管理体制和组织结构，建立起一套完整的岗位职务和相应的组织法规体系。在组织运行过程中，要解决好授权问题，在布置任务时，应当把责任权力以及上面能提供的条件一并说清，防止责权分离而破坏系统的效能。

（4）有效管理幅度原则　组织设计时必须着重考虑组织运行中的有效性，即管理层次与管理幅度的问题。管理层次是指管理系统划分为多少等级。管理幅度是指一名上级主管人员直接管理的下级人数。管理层次决定组织的纵向结构，管理幅度则体现了组织的横向结构。显然，两者呈反比关系。管理幅度是一个比较复杂的问题，影响因素很多，弹性很大。它与主管者个人的性格气质、学识才能、体质精力、管理作风、授权程度以及被管理者的素质密切相关。此外，还与职能难易程度、工作地点远近、工作相似程度，以及新技术应用情况等客观因素有关。因而，管理幅度要根据具体情况而定。管理组织按其层次和幅度的关系，可分为管理层次多、幅度小的高型结构和管理层次少、幅度大的扁平结构，这两种结构各有利弊。高型结构，其优点是管理严密，分工明确，上下级容易协调；其缺点是层次一多，管理费用增加，信息沟通时间就会延长，不利于发挥下属人员的创造性。扁平结构则相反，由于层次少、幅度大，其优点是管理费用较低，信息交流速度快，有利于发挥下级的主动性；其缺点为难以严密监督下级工作和上下级、同级协调工作量增多。在决定采用哪种结构时，应分析以下因素：

1）工作任务的相似程度。工作任务越相似，管理幅度越可能加大，即宜采用扁平结构，减少管理层次。反之，则宜采用高型结构。

2）工作地点远近。管理系统各工作地点较接近，可以加大管理幅度，采用扁平结构。反之，则采用高型结构。

3）下属人员水平。人员整体素质较差，思想水平较低，工作缺乏经验，应缩小管理幅度，加强对下属的直接指导，采用高型结构。若下属工作自觉性高，能力强，可采用扁平结构。

4）工作任务需要协调的程度。管理系统各部门的协调难度大，应减少管理幅度，采用高型结构。反之，则可用扁平结构。

5）信息沟通。信息沟通良好宜采用扁平结构，随着信息技术的发展，可以大大减少管理层次。

（5）因事设职与因人设职相结合的原则　组织设计的根本目的是为了保证组织目标的实现，使目标活动的每项内容都落实到具体的岗位和部门，即"事事有人做"，而非"人人有事做"。因此，组织设计中，逻辑性地要求首先考虑工作的特点和需要，要求因事设职，因职用人，而非相反。但这并不意味着组织设计中可以忽视人的因素、忽视人的特点和人的能力。组织设计过程中必须重视人的因素，这是多方面的要求：

1）组织设计往往并不是为全新的、迄今为止还不存在的组织设计职务和机构。在那种情况下，我们也许可以不考虑人的特点。但是，在通常情况下，我们遇到的实际上是组织的再设计问题。随着环境、任务等某个或某些影响因素的变化，重新设计或调整组织的机构与结构，这时就不能不考虑到现有组织中现有成员的特点，组织设计的目的就不仅是要保证"事事有人做"，而且要保证"有能力的人有机会去做他们真正胜任的工作"。

2）组织中各部门各岗位的工作最终是要人去完成的，即使是一个全新的组织，也并不总是能在社会上招聘到每个职务所需的理想人员的。如同产品的设计，不仅要考虑到产品本身的结构合理，还要考虑到所能运用的材料的质地、性能和强度的限制一样，组织机构和结构的设计，也不能不考虑到组织内外现有人力资源的特点。

3）任何组织，首先是人的集合，而不是事和物的集合。人之所以参加组织，不仅有满足某种客观需要的要求，而且希望通过工作来提高能力、展现才华、实现自我的价值。现代社会中的任何组织，通过其活动向社会提供的不仅是某种特定的产品或服务，而且是具有一定素质的人。可以说，向社会培养各种合格有用的人才是所有社会组织不可推卸的社会责任。为此，组织的设计也必须有利于人的能力的提高，必须有利于人的发展，必须考虑到人的因素。

5.2.3　管理幅度与组织层次

组织结构设计的内容之一是划分组织层次，解决组织的纵向结构问题。

1. 管理幅度与组织层次的关系

（1）管理幅度：组织的最高主管因受到时间和精力的限制，需委托一定数量的人分担其管理工作。委托的结果是减少了他必须直接从事的业务工作量，但增加了他协调受托人之间关系的工作量。因此，任何主管能够直接有效地指挥和监督下属的数量总是有限的。这个有限的直接领导的下属数量就是管理幅度。

（2）组织层次：由于同样的原因，最高主管的受托人也需将受托担任的部分管理工作再委托给另一些人来协助执行，并依此类推下去，直至受托人能直接安排和协调组织成员的具体业务活动。由此形成组织中最高主管到具体工作人员之间的不同管理层次，这就是组织层次。

（3）管理幅度与组织层次的关系：显然，一个组织管理层次的多少，受到组织规模和管理幅度的影响。在管理幅度给定的条件下，管理层次与组织的规模大小成正比，组织规模越大，包括的成员数越多，需要的管理层次就越多；在组织规模既定的前提下，管理层次与管理幅度成反比，每个主管所能直接控制的下属人员数越多，所需的管理层次就越少，相反，管理幅度减小，则管理层次增加。其中，起主导作用的是管理幅度，即管理幅度决定组织层次，这是由管理幅度的有限性决定的。同时，组织层次对管理幅度也存在一定的制约作用，这是因为组织层次具有较高的稳定性，这就要求管理幅度在一定程度上应服从既定的组织层次。

2. 管理幅度的确定

由于有效管理幅度是决定组织层次的基本因素，因此，在划分组织层次，解决组织的纵向结构问题时，需要首先根据组织的具体条件，正确确定管理幅度，然后，再考虑组织层次的其他因素，提出组织层次的设计方案。

组织中管理人员监督管辖其直接下属的人数越适当，就越能够保证组织的有效运行。管理学的学者们研究发现，对高层管理人员来说，管理幅度一般为 4~8 人，而对较低层的管理人员来说，则为 8~15 人。英国著名的管理学家林德尔·厄威克认为，"对所有的上级管理人员来说，理想的下属人数是 4 人"，而"在组织的最低层次，下属人员的责任是要完成任务，而不是管理他人，这时人数可以是 8~12 人"。但在实际工作中，一个主管人员能够直接有效地监督、管理其直接下属的人数多少，即管理幅度是多少，没有最好的、普遍适用的方案，因为管理幅度不是一个常数，它有很大的弹性。因此，我们更重要的不是研究数字，而是要全面了解影响管理幅度的因素。

影响管理幅度的因素：有效管理幅度主要受管理者与被管理者的工作能力、工作内容和性质、工作条件与工作环境等诸多因素的影响。

(1) 工作能力。主管人员的综合能力、理解能力和表达能力强，则可以迅速地把握问题的关键，就下属的请示提出恰当的指导建议，并使下属明确地理解，从而可以缩短与每一位下属在接触过程中占用的时间。同样，如果其下属具备符合要求的能力，受过良好的系统培训，则可以在很多问题上根据自己的符合组织要求的主见去解决，从而可以减少向上级请示、占用上级时间的频率。这样，管理幅度可适当宽些。

(2) 工作内容和性质。

①主管所处的管理层次。主管的工作在于决策和用人，处在管理系统中的不同层次，决策和用人的比重各不相同。越接近组织的高层，主管人员的决策职能就越重要，其决策的工作量就越大，用于指导、协调下属的时间就越少，所以其管理幅度要比中层和基层管理人员小。

②下属工作的相似性。下属从事的工作内容和性质相近，则对每个人的指导和建议也大体相同，这样同一主管在对较多下属的指挥和监督时是不会有什么困难的。

③计划的完善程度。下属如果单纯地执行计划，且计划本身制定得详尽、周到，下属对计划的目的和要求明确，那么，主管对下属指导所需的时间就不多；相反，如果下属不仅要执行计划，而且还要将计划进一步分解，或计划本身不完善，那么，对下属指导、解释的工作量就会相应增加，从而减小有效的管理幅度。

④非管理事务的多少。主管作为组织不同层次的代表，往往必须占用相当多的时间去进行一些非管理事务，这种现象对管理幅度也会产生消极的影响。

(3) 工作条件。

①助手的配备情况。如果有关下属的所有问题，不分轻重缓急，都要主管亲自去处理，那么，必然要花费他大量的时间，他能直接领导的下属数量会受到限制。如果给主管配备了必要的助手，由助手去和下属进行一般性的联络，并直接处理一些明显的次要问题，则可以大大减少主管的工作量，增加其管理幅度。

②信息手段的配备情况。掌握信息是进行管理的前提。利用先进的技术去收集、处理、传输信息，不仅可以帮助主管更早、更全面地了解下属的工作情况，从而可以及时地提出忠告和建议，而且可以使下属更多地了解与自己工作有关的信息，从而更能自如、自主地处理分内的事务。这显然可以扩大主管的管理幅度。

③工作地点的相似性。不同下属的工作岗位在地理位置上的分散，会增加下属与主管以及下属之间的沟通困难，从而会影响主管直属部下的数量。

（4）工作环境。组织环境稳定与否，会在很大程度上影响组织活动的内容和政策的调整频率与幅度。环境变化越快、变化程度越大，组织中遇到的新问题就越多，下属向上级的请示就越有必要、越经常；而此时上级能用于指导下属工作的时间和精力就越少，因为他必须花更多的时间去关注环境的变化，考虑应变的措施。因此，环境越不稳定，各层次主管人员的管理幅度就越受到限制。

上述影响管理幅度的主要因素表明，必须根据组织自身的特点来确定适当的管理幅度和相应的管理层次。

3. 组织层次设计

（1）层次产生的原因：随着生产的发展、科技的进步和经济的增长，组织的规模越来越大，管理者与被管理者的关系随之复杂化。为了处理这些错综复杂的关系，管理者需要花费大量的时间与精力。而每个管理者的能力、精力与时间都是有限的，主管人员为有效地领导下属，必须考虑能有效地管理直接下属的人数问题。当直接管理的下属人数超过某个限度时，就必须增加一个管理层次，通过委派工作给下一级主管人员而减轻上层主管人员的负担。如此下去，就形成了有层次的组织结构。

（2）层次的划分：组织中管理层次的多少，应根据组织的任务量与组织规模的大小而定。一般地，管理层次分为上、中、下三层，每个层次都应有明确的分工。上层也称最高经营管理层或战略决策层，其主要职能是从整体利益出发，对组织实行统一指挥和综合管理，并制定组织目标和大政方针。中层也称为经营管理层，其主要职能是为达到组织总的目标，为各职能部门制定具体的管理目标，拟定和选择计划的实施方案、步骤和程序，评价生产经营成果和制定纠正偏离目标的措施等。下层也称为执行管理层或操作层，其主要职能是按照规定的计划和程序，协调基层组织的各项工作和实施计划。各管理层的职能可用"安东尼结构"来加以说明（见表5-1）。这是美国斯隆管理学院提出的一种经营管理的层次结构，它把经营管理分成3个层次：战略规划层、战术计划层和运行管理层，相当于上、中、下3个层次的主要功能。

表 5-1　安东尼结构中各管理层的职能

问题如何考虑	战略规划层	战术计划层	运行管理层
主要关心问题	是否上马及何时上马	怎样上马	怎样干好
时间幅度	3~5 年	0.5~2 年	周、月
视野	宽广	中等	狭窄
信息来源	外部为主内部为辅	内部为主外部为辅	内部
信息特征	高度综合	中等汇总	详尽
不肯定和冒险程度	高	中	低

4. 组织层次的设计

管理层次与管理幅度成反比的数量关系，决定了两种基本的管理组织结构形态，即扁平结构和锥形结构。

（1）扁平结构：扁平结构是指管理幅度较大、管理层次较少的一种组织结构形态。

这种结构的优点是：①由于管理层次的减少，管理人员也就相应地会减少，不仅可以大大降低管理费用，同时还有助于实现工作内容的丰富化。②管理幅度加大，上级必须适度授权，上级放权下属就能自主，这对开发员工潜能和发挥员工的创造性极为有利，上司放权、放手、放心，才能换来下属尽职、尽责、尽力。③削减中间层次，缩短了上下层的距离，既可以提高信息传递的速度，又可以提高领导决策的效率，还可以促进上下级之间的沟通。④层次减少、人员精干，加大了员工的工作责任，增强了工作职位的挑战性，迫使员工自我加压，促使人才快速成长。

但由于过大的管理幅度，也会带来一些局限性：①每个主管从较多的下属那里获得信息，信息量太多，可能影响及时利用，且主管负担过重，容易成为决策的"瓶颈"。②主管不可能对每位下属进行充分、有效的指导和监督，有失控的危险。③要求管理人员具备特殊的素质。

（2）锥形结构（高架结构）：锥形结构是指管理幅度较小、管理层次较多的高、尖、细的金字塔形态的结构。

其优点与局限性正好与扁平结构相反。优点是结构严谨、等级森严、分工明确、便于监控。局限性表现为：①多层次引起管理人员增加，导致机构臃肿、人员膨胀，造成管理成本上升，且易导致人浮于事，影响管理效率。②信息传递速度慢，并容易发生失真和误解。③计划和控制工作复杂。④权力集中在上层，下属自主性小，参与决策的程度低，创造潜能难以释放，最高层与最低层间距离过长，不容易了解基层现状并及时处理问题。

对于扁平结构和锥形结构，关键是要根据企业的具体条件加以选用，扬其长而避其短，以取得良好的效果。但是，随着社会的发展和时代的变迁，特别是经济全球化进程的加快和市场竞争的加剧，迫使企业经营者在管理上进行持续的创新才能适应形势的需要。反映在组织设计上，越来越多的企业正努力扩大管理幅度，拓宽到 10 ~ 12 个下属，同时对下属的要求也在不断提高。因此受过良好训练、经验丰富的下属管理者，主管可以在更宽的管理幅度下开展工作。就我国目前的情况来看，多数企业组织基本上还属于锥形结构，虽然这与我们传统的文化有着一定的联系，但已经无法适应发展市场经济和迎接知识经济的要求，严重地束缚了员工的手脚，极大地挫伤了下属的积极性，阻碍了人才的健康成长，不利于优秀人才的脱颖而出，其弊端已日益凸显，到了非改不可的时候。按照扁平化的原理变革传统的组织构架，已成大势所趋，势在必行。

5.2.4　部门划分

组织结构设计的内容之二是部门结构的划分，主要是解决组织的横向结构问题，目的在于确定组织中各项任务的分配与责任的归属，以求分工合理、职责分明，有效地达到组织的目标。

1. 部门的含义

部门是指把工作和人员组织成若干管理单元，并组建相应的机构或单位。法约尔指出，部门是"为了用同样多的努力生产出更多更好产品的一种分工"。因此，部门划分的实质是对管理劳动的分工，即将不同的管理人员安排在不同的管理岗位和部门中，通过他们在特定环境、特定相互关系中的管理工作来使整个管理系统有机地运转起来。

2. 部门划分应遵循的原则

（1）力求维持最少。组织结构要求精简，部门必须力求最少，但这是以有效地实现目标为前提的。

（2）组织结构应具有弹性。组织中的部门应随业务的需要而增减。可设立临时部门或工作组来解决临时出现的问题。

（3）确保目标的实现。必要的职能均应确保目标的实现，组织的主要职能都必须有相应的部门。当某一职能与两个以上的部门有关系时，应明确规定每一个部门的责任。

（4）各职能部门的任务指派应达到平衡，避免忙闲不均。

（5）检查部门与业务部门分设。考核、检查业务部门的人员不应隶属于受其检查评价的部门，这样才能真正发挥检查部门的作用。

3. 部门划分的方法

长期的管理实践积累了具有普遍适用性的一些部门划分的标志与方法，主要有按职能划分、按产品划分、按人数划分、按时间划分、按服务对象划分、按地区划分等。

（1）按职能划分：这是最普遍采用的划分部门的方法。它遵循专业化的原则，以工作或任务的性质为基础划分部门，并按这些工作或任务在组织中的重要程度，分为主要职能部门和次要职能部门。主要职能部门处于组织的首要一级，在主要职能部门之内再划分从属派生部门。

按职能划分部门的优点是：遵循专业化原则，能充分发挥专业职能，有利于目标的实现；简化了训练工作；加强了上层控制手段。但易导致所谓的"隧道视野"现象：各职能部门的专业人员除了本部门外，其余什么也不顾。这种部门主义或本位主义，给部门之间的相互协调带来了很大的困难。

（2）按产品划分：按组织向社会提供的产品来划分部门的方法。它是随着科学技术的发展，为了适应新产品的生产而产生的。

按产品划分部门的优点是：有利于发挥专用设备效益；有利于发挥个人的技能和专业知识；有利于部门内的协调；有利于产品的增长和发展。其缺点是：要求更多的人具有全面管理的能力；产品部门独立性强、整体性差，增加了主管部门协调、控制的困难。

（3）按地区划分：即按地理位置来划分部门，目的是调动地方、区域的积极性，谋求取得地方化经营的某种经济效果。只有当各地区的政治、经济、文化等因素影响到管理时，按地区划分的部门才能充分发挥其优势。

按地区划分部门的优点是：有利于改善地区的协调，取得地区经营的经济效益；有利于培养管理人才。缺点是：需要更多具有全面管理能力的人才；增加了主管部门控制的困难；地区部门之间往往不易协调等。

以上仅仅是组织在实现目标的过程中划分部门的基本方法，但不是唯一的。划分部门的目的是要按照某种方式划分业务，以起到最好地实现组织目标的作用。在现实的管理活动中，常常是用混合的方法划分部门。

5.2.5 职权划分

组织结构设计的内容之三是职权划分，主要解决组织结构的职权问题。

纵向划分将组织分为若干层次，而横向划分是在每一层次中形成若干部门，纵横相交就出现结点，这些结点就是组织中的各个岗位，为了保证各岗位目标的实现，就必须为各个岗位确定其职权。

1. 职权与职责

职权是经由一定的正式程序赋予某一职位的一种权力。根据权责对等的原则，接受权力的同时也就承担了责任。与职权共存的责任就是职责，职责是某项职位应该完成的某项任务的责任。

2. 职权的类型

组织内的职权有 3 种，即直线职权、参谋职权和职能职权。

（1）直线职权：直线职权是某项职位或某部门所拥有的包括做出决策、发布命令等的权力，也就是通常所说的指挥权。

权力是指处在某个管理岗位上的人对整个组织或所辖单位与人员的一种影响力，或简称为管理者影响别人的能力。定义为影响力的权力主要包括 3 种类型，即专长权、个人影响权与制度权（或称法定权）。专长权是指管理者因具备某种专门技能而产生的影响力；个人影响权是指因个人的品质、社会背景等因素而赢得别人的尊重与服从；制度权是指与管理职务有关、由管理者在组织中地位所决定的影响力。我们这里主要指制度权力。每一管理层的主管人员都应具有这种职权，只不过每一管理层次的功能不同，其职权的大小、范围不同而已。从组织的上层到下层的主管人员之间，便形成一条权力线，这条权力线被称为指挥链或指挥系统，其中的权力指向是由上到下。由于在指挥链中存在着不同管理层次的直线职权，故指挥链又叫层次链。指挥链既是权力线，也是信息通道。

（2）参谋职权：参谋职权是某项职位或某部门所拥有的辅助性职权，包括提供咨询、建议，以及在本专业领域内的指导权等。组织中的参谋职位或部门只有与上层之间的联结关系，没有与下层的联结线，因此，参谋人员只对上级负责，不能对下级发布命令。这样既能发挥专业人员的作用，为上级主管做出科学的决策提供依据，同时也避免了多头领导。

参谋的形式可以是个人，也可以是团体。个人即参谋人员，他是直线人员的咨询人员，协助直线人员执行职责。团体即"智囊团"或"顾问班子"，常常作为一个独立的机构或部门存在，它聚合了多方面的专家，凭借集体智慧，协助直线主管进行工作。

（3）职能职权：职能职权即参谋人员所拥有的、由直线主管人员授予的决策权与指挥权。如经理授权给某职能管理者在某个问题上的指挥权。职能职权是职权关系中的一个特例，可以认为它介于直线职权与参谋职权之间。

3. 职权分配

职权分配是指为了有效地履行职责，实现工作目标，而将组织的权力在各管理部门、管理层次、管理职务中进行配置与分授。

（1）职权分配的类型。

1）职权的横向配置是指根据目标需要，将职权在同一管理层次的各管理部门和人员之间进行合理配置。如公司将人员招聘权交给人事部，而将人员使用权交给各业务部门。

2）职权的纵向分配是指根据目标需要，将职权在不同管理层次的各管理部门和人员之间进行分割，主要表现为集权与分权、领导者向下级授权。如总经理将某项重要业务的决策权授予派到外地负责谈判的部门经理。

（2）集权与分权。

1）集权与分权的含义。集权与分权是指职权在不同管理层次之间的分配与授予。所谓集权，是指较多的权力和较重要的权力集中在组织的高层管理者手中。所谓分权，是指较多的权力和较重要的权力分散授予组织的基层管理者。

集权与分权是任何组织正常运行所必须进行的工作。同时集权与分权也是相对的，没有任何组织是绝对集权或绝对分权的。

2）过分集权的弊端。集权有利于组织实现统一指挥、协调工作和更为有效的控制。一般组织都普遍存在一种过分集权的倾向，但集权过度会带来很多弊端，如过分集权会加重领导者的负担，从而影响决策的质量和速度；降低组织成员的工作热情，不利于调动下级的积极性与主动性，并妨碍对后备管理队伍的培养，可能对组织的长远发展造成不利的影响；难以适应外部环境的变化，降低了组织的适应能力。因此，现代管理中总的趋势是加强职权的分权化。

3）影响集权与分权的主要因素。

①组织因素。组织规模的不断扩大导致分权化；单一产品结构更强调集权，而多品种，特别是产品差异大的产品结构则要求分权；重大问题的决策权更有可能集中在上层；采用科学有效的控制手段可以更多地将权力下放。

②环境因素。当企业面临复杂多变的市场时，需实行分权，以便能及时、准确地适应市场的需要；组织的历史传统、组织文化也会影响集权与分权的程度。

③管理者与下级因素。不同管理者的管理哲学、性格、能力不同，集权或分权的程度就会不同；对具有较高素质的被管理者应授予更多的权力。

决定集权与分权的关键在于所集中或分散权力的类型与大小。在判断或评价集权与分权的标准上，决策权比执行权更为重要；最终决定权比建议权、过程参与权更加重要。管理者应根据实现组织目标的需要，结合上述影响因素，正确地确定集权或分权的权力类型与大小，实现科学的职权分配。

5.2.6 企业组织架构的内容

企业组织架构包含 3 个方面的内容：

1. 单位、部门和岗位的设置

企业组织单位、部门和岗位的设置，不是把一个企业组织分成几个部分，而是企业作为一个服务于特定目标的组织，必须由几个相应的部分构成，就像人要走路就需要脚一样。它不是由整体到部分进行分割，而是整体为了达到特定目标，必须有不同的部分。这种关系不能倒置。

2. 各个单位、部门和岗位的职责、权力的界定

这是对各个部分的目标功能作用的界定。如果一定的构成部分，没有不可或缺的目标功能作用，就像人的尾巴一样会萎缩消失。这种界定就是一种分工，但却是一种有机体内部的分工。嘴巴可以吃饭，也可以用于呼吸。

3. 单位、部门和岗位角色相互之间关系的界定

这就是界定各个部分在发挥作用时，彼此如何协调、配合、补充、替代的关系。

这 3 个问题是紧密联系在一起的，在解决第一个问题的同时，实际上就已经解决了后面两

个问题。但作为一大项工作，三者存在一种彼此承接的关系。我们要对组织架构进行规范分析，其重点是第一个问题，后面两个问题是对第一个问题的进一步展开。

5.2.7　人员配备

人员配备是指管理者在确定组织结构及职位后，依其需要，选择、配备适当人员的工作过程。人员配备是管理者组织职能的重要组成部分：因为一切工作都是由人来完成的，人员的选配直接决定着各项工作的质量与效率；同时设计组织结构，必须由具有相应条件的人员去填充职位，才能真正建立起现实的组织结构。

1. 人员配备的原则与内容

（1）人员配备的原则。

1）优化原则。优化原则即通过科学选聘、合理组合，实现人员配备的最优化。要做到：适才适用、用人所长、人才互补、公平竞争。

2）激励原则。激励原则即通过人员配备，最大限度地调动人员的积极性和创造性。要做到：充分授权，用人不疑；科学安排工作职位、进行工作设计；奖励与贡献紧密挂钩，物质奖励与精神奖励结合。

3）开发原则。开发原则即在人员配备和使用过程中，通过各种形式进行智力开发，不断提高人员素质，最大限度地发挥人的潜能。

（2）人员配备的内容。

1）人员选聘。人员选聘主要解决人与事的配置问题。要根据组织的职位需要，选择适当的人员来担任相应职务；要明确各类人员的职权、职责以及相互关系，并加以规范化。

2）人员组合。人员组合主要解决人与人的配合问题。要按照组织的目标要求，结合人员的专业与素质条件，实现各类人员科学的技术组合；要研究各类人员的社会心理类型与特点，实现最佳的社会心理组合，以形成有效激励的氛围，增强组织的凝聚力。

3）人力资源开发。人力资源开发主要解决人的素质提高问题。可通过各种形式的培训进行智力开发，提高各类人员的业务素质和职务（岗位）技能；通过各种激励形式，最大限度地调动各类人员的积极性和创造性，提高工作效率和质量。

2. 人员选聘

在确定了组织内的一些职位后，就可以通过招聘、选拔、安置和提升来配备所需的管理者。要依据职位本身的要求和受聘者应具备的素质和能力进行选聘。

（1）人员选聘的方式和途径。

1）外部招聘。外部招聘是根据一定的标准和程序，从组织外部众多的候选人中选拔符合空缺岗位工作要求的管理人员。外部招聘的优点是：①被聘人员具有"外来优势"，如果他确有能力，可迅速打开局面。②条件相当的竞争者之间，若有的被提升，有的不被提升，就容易引发不满情绪，甚至互相拆台，从外部招聘可能使这些竞争者得到某种心理平衡，从而有利于缓和他们之间的紧张关系。③来自外部的人选可以给组织带来新的管理方法和经验。

当然外部招聘也有许多局限性，主要表现在：①外聘者不熟悉组织内部情况，同时也缺乏一定的人事基础，因此，需要一段时间适应才能有效地工作。②组织对应聘者的情况不能深入了解，有可能聘用一些不符合要求的管理者。③外聘的最大局限莫过于对内部人员的打击，员工都希望有不断发展的机会，外聘则会堵死他们的升迁之路，从而会挫伤他们的积极性，影响士气。

2）内部提升。内部提升是指组织成员的能力增强并得到充分证实后，被委任以更高职务，承担更大责任。内部提升制度的优点是：①能给每个人带来希望，只要自己的能力不断提高就可能得到发展机会，另外组织的发展会增加空缺岗位，可能有更多的提升机会。②内部提升制度可以使真正有发展潜力的人认识到，到这样有充分发展机会的组织中工作有利于自己的发展，从而乐于加入这样的组织。③由于内部成员长期在组织内工作，便于组织对其实际能力的考察，从而避免误选，且有利于被聘者迅速开展工作。

内部提升制度也可能带来某些弊端，主要有：①在若干个内部候选人中提升一个管理者，可能会使落选者产生不满，从而不利于提升者开展工作。②可能造成"近亲繁殖"的现象，不利于组织的管理创新。

确定是从内部还是从外部选聘管理者时，应根据具体情况而定，要考虑的因素有：①职务的性质：大部分基层职务、非关键性职位可从外部招聘，而高层管理人员，则多从内部提升。②企业经营状况：小型的、新建的及快速增长的企业，需要从外部招聘职工及有经验的管理者，而大型的、较成熟的企业因有经验、有才干的备选人才众多，则多半靠自己的力量。③内部人员的素质：能否从内部人选中选拔出合适的人员来填补职务的空缺，关键要看候选人的能力，同时也要看企业是否具备相应的培训体系来提高员工的素质，培养出他们相应的能力。

3）公开竞争。为使企业赢得最合适的人选，在企业内外实行公开竞争的方式也是一种比较有效、可靠和合理的方法。公开竞争的方式可以在一定程度上克服从内部提升或外部招聘所带来的缺点，使企业获得最合适的人选，并充分调动人员的积极性。

(2) 人员选聘步骤：人员选聘的过程和步骤，其顺序安排可视具体情况而定，同时要参照所设立的选聘标准和选聘方法。一般来说，选拔的步骤是按以下程序来进行的：

1）初次面试。初次面试多半是根据招聘的一些标准与条件来进行筛选，决定对哪些人进行进一步考核，淘汰掉明显不符合职务要求的应聘者。在这一阶段，招聘者所提的问题大多直截了当，比如受过什么教育、接受过哪些培训等。初次面试可大大减少进一步选拔的工作量和费用，使选拔工作得以顺利进行。

2）审查申请表。申请表是普遍使用的选拔手段，目的是为了帮助招聘人员对应聘者有具体的了解，并根据其条件，决定是否有必要对其进行进一步考核。申请表的内容依不同组织、不同招聘职务而定。一般来说，申请表的内容包括：姓名、年龄、性别、家庭情况、受教育情况、特长、简历等。

3）面试。面试是最常用的一个选拔步骤，几乎所有的组织在录用人员前，都要经过面试这一程序。面试的目的是进一步获取应聘者的信息，在初次面试和审查申请表的基础上，加深对应聘者的认识，有助于对应聘者合格与否做出判断。同时，面试还可以达到使应聘者了解组织和宣传组织形象的目的。

4）测试。测试是运用系统的统一标准及科学的规范化工具，对不同人员的各种素质加以公正而客观的评价。它是选聘过程中重要的辅助手段，特别是对于那些其他手段无法确定的个人素质，如能力、个性特征、实际技能等，测试是不可或缺的补充手段，因而逐渐被组织所关注和应用。最常用的测试包括智力测试、知识测试、个性测试和兴趣测试等。

5）人才评价。人才评价是让候选人参加一系列管理情景模拟活动，让评价人员观察和分析受试者在一个典型的管理环境中如何工作，以考察其实际的管理技能。

6）对新员工进行上岗教育。上岗教育包括向新员工介绍组织情况，学习工作所需要的知识和能力，执行任务采取的合适态度，适应本单位的准则和价值观念等。

3. 人员组合

（1）人员组合的含义及重要性。

1）人员组合的含义。人员组合是指组织内按管理或作业需要所进行的人员配置与合作。人员组合的目的是提高管理的效率，取长补短，人尽其才，最大限度地调动组织内各种人员的工作积极性，使他们能在彼此之间、上下级之间以及整个组织内，达成一种默契的合作关系，为实现组织的总体目标而共同努力。

2）人员组合的重要性。当今世界社会化、国际化的大生产要求企业的管理者必须以人为中心，尽可能做好各类人力资源的组合分配，以最大限度地发挥人的潜能与群体的整体效应；组织要想在复杂、激烈的市场竞争中站稳脚跟，并求得不断发展，必须有效地实现人员的最佳组合，增强组织员工的凝聚力；组织中的员工都有参与特定组合群体的需求，如管理群体、技术群体、业务群体等，因此，人员组合也是人自身发展的需要。

（2）实现最佳组合的途径：人员按一定的方式组合后会产生相应的组合效应，合理的组合使综合效应放大；不合理的组合将使综合效应缩小。管理者必须通过有效的管理与配置，努力实现最优组合，取得最佳综合效应。一般管理者要善于根据组织目标、工作要求及人员特点，从以下5个方面寻求人员最佳组合。

1）实现最佳年龄组合。实现最佳年龄组合指组织中的各成员的年龄实现合理搭配。年龄结构是人员组合中一个重要的因素，合理的年龄结构应是老、中、青结合的梯形结构。一般而言，老年人阅历丰富，思想深邃，遇事沉着冷静，但往往精力、体力显得不足，因而可以在群体中充当参谋、顾问或舵手的角色；与老年人相比，中年人年富力强、锐意进取，有开拓精神，捕获新知识快、创造力大，各方面日益成熟，处于人生的高峰期，因而可以在管理集体中发挥承前启后的桥梁作用、核心作用；青年人则思维敏锐、精力充沛、竞争心强、不墨守成规，因而可以充当从事攻坚工作的突击队，但他们也有缺乏经验、处事草率等不足之处。

2）实现最佳知识、技能组合。实现最佳知识、技能组合指组织成员之间在知识、技能上扬长避短，科学互补。最佳的组合应是成员之间具有不同专业知识优势和不同技能特长，取得互补效应，实现最佳配置。一般而言，就一个企业的管理集体而言，应当包括各方面的人才，如能够卓有成效地组织指挥生产和经营的厂长、经理，具备自然科学技术方面知识、能够完成技术开发的工程师和普通科技人员，及理财有方、精打细算的财会人员等。

3）实现最佳气质、性格组合。实现最佳气质、性格组合指群体成员之间在气质、性格上的相容与互补。人的性格由于个人经历、周围现实环境等的差异，总会有所不同，管理者应正视这种差异，合理组合，实现在社会和心理上的相容与互补，从而使群体成员之间融洽相处，满足归属感，形成凝聚力。

（3）建立科学的人员组合模式：人员组合总要借助一定的组合方式或载体来实现，这就是人员组合模式问题。人员组合模式可以从以下3个方面进行分析：

1）人员组合时空模式。这是指劳动者在时间上的组织形式和在工作场所上的组织方式。如建立科学的倒班制、工段、班组与工作地的组织等。

2）人员组合职、权、责、利模式。这是最重要的组合模式，即通过科学设置职位（职务），正确分配权力（包括授权），严格明确职责，合理规定相应奖酬，四位一体，建立最佳组织与管理的结构与制度。

3）人员组合的社会心理模式。主要是通过对不同特征的人员的合理组合及相应组织与激励措施，建立体现社会相容性和心理相容性的最佳群体氛围。

4. 人员培训

（1）人员培训的内容：人员培训的基本内容不外乎三部分：政治思想教育、管理与业务知识、管理与业务能力。

（2）人员培训的方式：人员培训主要包括在职培训与外部培训两大类，主要是在职培训。这里重点介绍管理者的在职培训，具体培训方式主要包括以下几种：

1）轮换工作。轮换工作的目的是为了扩大受培训人员的知识面，培养他们的协作精神和系统观念。轮换工作的过程大致包括：①非管理性工作。②对分配的工作进行观察。③在各种管理岗位上工作。还可以将受培训者不固定地轮换到生产、销售、财务等不同部门的不同管理岗位上进行锻炼。

2）设立"助理"职位。设立"助理"职位是让受培训者与有经验的管理者一起工作，而有经验的管理者可以对受培训者给予特别培养和考查。这种方法可以使受培训者逐步接触高层次管理实务，并通过处理这些实务积累高层管理经验，熟悉高层管理工作的内容与要求。

3）临时性晋升。当正式管理人员由于某种原因导致职位空缺时，指派受培训者担任"代理"管理者，这种临时性晋升是一种培养管理者的有效办法。代理管理者在任职期间做出决定并承担完全责任，这种管理工作的经验对于受培训者是很宝贵的。

4）参加委员会工作。让受培训者参加委员会等组织的工作，使其有机会与有经验的管理者交往，与他们一起参与管理决策工作，学会在集体中协调、决策，使他们从中得到锻炼。

5）在岗辅导。管理者在执行工作职务的同时，除自我提高外，还要接受有经验管理者的辅导。要使辅导有成效，必须在上司和受培训人之间建立起相互信任的气氛，作为上司必须明智和有耐心，必须能下放权力。有效的辅导能调动下属的积极性，发挥其潜在的能力，并帮助他们克服缺点。

6）外部培训。除了在组织内部组织培训之外，还可以派受聘人员去大学、培训中心等专门的机构进行培训。如正规系统的工商管理硕士，专题讲习班、研讨会、讲座和按个别公司的要求而特别设计的培训课程。现在，越来越多的企业注意与学校联合为本企业培养各级各类管理人才和技术专门人才。

5.3　组织结构的类型

组织结构是组织的"框架"，而"框架"的合理完善，很大程度上决定了组织目标能否顺利实现。但客观地说，设计一种适合各种组织的理想的组织结构形式是非常困难的，因为每个组织所依托的环境、经营战略、技术要求和管理体制等都有各自的特点。即使针对某一特定的企业，也难以设计出能满足各种要求的组织结构形式，因为有许多要求实际上是相互矛盾的，如希望某种组织结构形式既能满足迅速做出决策的要求，又能保证决策的高质量；既具有较强的创新和应变能力，又要保证相对稳定等。

　　实际上，组织结构也不能解决所有的组织问题，一个组织能否正常运转，除了要选择合理的组织结构形式外，还取决于人员配备、工作激励、行为控制和组织文化等诸多因素。组织结构的形式有很多，这里着重介绍几种基本的形式。

5.3.1　直线制组织结构

1. 直线制组织结构的含义

　　直线制组织结构是工业发展初期的一种简单的组织结构形式。它是最早使用、也是最简单的一种组织结构类型。其领导关系按垂直系统建立，不设专门的职能机构，自上而下形成直线，下属只接受一个上级的指挥，如图 5-1 所示。

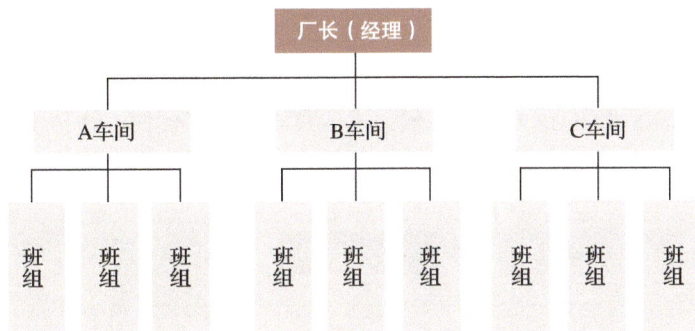

图 5-1　直线制组织结构示意图

2. 直线制组织结构的优缺点

　　其优点是：结构比较简单；责任与职权明确；做出决定可能比较容易和迅速。其缺点是：在组织规模较大的情况下，业务比较复杂，所有的管理职能都集中由一个人来承担，这是比较困难的，也不符合"例外管理"原则的要求；而当该"全能"管理者离职时，难以找到替代者；部门间协调性差。

3. 直线制组织结构的适用范围

　　直线制组织结构一般只适用于那些没有必要按职能实行专业化管理的小型组织或应用于现场作业管理。

5.3.2　职能制组织结构

1. 职能制组织结构的含义

　　职能制组织结构是采用按职能分工实行专业化的管理办法来代替直线型的全能管理者，即在总负责人下设立职能机构人员，把相应的管理职责和权力交给这些职能机构，各职能机构在自己的业务范围内可以向下级单位下达命令和指示，直接指挥下级，如图 5-2 所示。

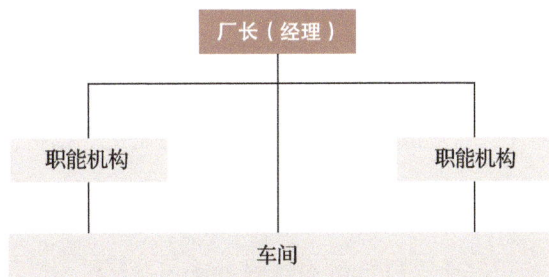

图 5-2　职能制组织结构示意图

2. 职能制组织结构的优缺点

其优点是：①具有适应管理工作分工较细的特点，能充分发挥职能机构的专业管理作用。②由于吸收专家参与管理，减轻了上层主管人员的负担，使他们有可能集中注意力以履行自己的职责。其缺点是：①由于实行多头领导，妨碍了组织的统一指挥，易造成管理混乱，不利于明确划分职责与职权。②各职能机构往往不能很好地配合，横向联系差。③在科技迅速发展、经济联系日益复杂的情况下，对环境发展变化的适应性差。④强调专业化，使主管人员忽略了本专业以外的知识，不利于培养上层管理者。

5.3.3 直线—职能制组织结构

1. 直线—职能制组织结构的含义

直线—职能制组织结构结合了直线型组织结构及职能组织结构的特点，是在某些特殊的任务上授予职能参谋人员一定的权力，这些权力由非直线人员来行使，指挥下属直线人员，并对他们的直线主管负责。当参谋部门与下属直线部门产生矛盾时，由上层直线主管协调解决，如图 5-3 所示。

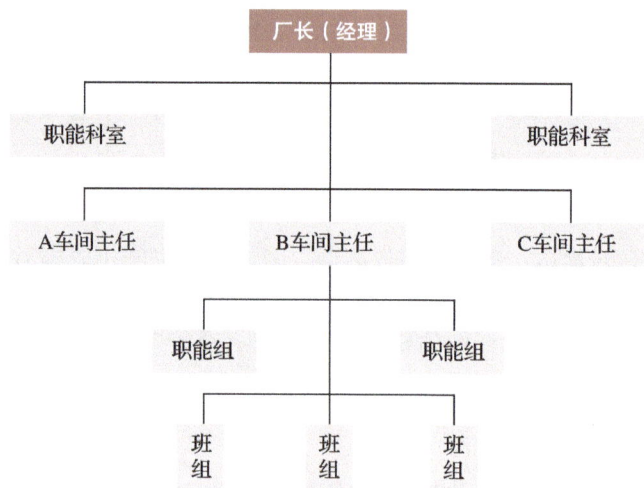

图 5-3　直线—职能制组织结构示意图

2. 直线—职能制组织结构的优缺点

其优点是：①有利于企业集中有限的资源，按总体设想，投到最有效的项目上去。②有利于产供销各个环节之间的紧密协调。其缺点是：①高层领导者陷于日常经营活动，疏于考虑企业长远的发展战略。②由于行政机构越来越庞大，各部门之间的协调也越来越困难，造成体制僵化，管理成本上升。直线—职能制组织结构普遍适用于各类组织。

5.3.4 事业部制组织结构

1. 事业部制组织结构的含义

事业部制组织结构又称为联邦分权制结构，是由美国的斯隆在 20 世纪 20 年代初担任美国通用汽车公司副总经理时研究、设计出来的，故也被称为"斯隆模型"。其管理原则是"集中政策，分散经营"，即在集中领导下进行分权管理。如企业可按产品、地区或经营部门分别成立若干个事业部，该项产品或地区的全部业务，从产品设计直到产品销售，全部由事业部负责，各事业部实行独立经营、单独核算，高层管理者只保留人事决策、财务控制、规定价格幅度以及监督等权力，并利用利润等指标对事业部进行控制，事业部的经理根据企业最高领导的指示进行工作，统一领导其所管辖的事业部和研制、技术等辅助部门，如图5-4所示。

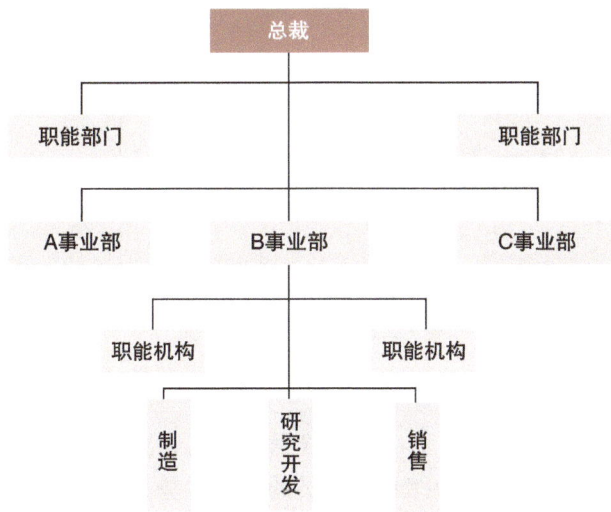

图 5-4　事业部制组织结构示意图

2. 事业部制组织结构的优缺点

其优点是：①最能体现分权管理的要求，将政策制定集权化，业务营运分权化统一起来，能调动各事业部的积极性和创造性，为管理人才的成才创造良好的机会。②具有较高的稳定性，应变能力较强。其缺点是：①加剧了高层管理者对各事业部的管理难度，容易造成以各自为中心、不顾全局，使管理者控制力不强的局面。②要求在事业部门具有素质较高的管理人才。

3. 事业部制组织结构的适用范围

事业部制组织结构适用于企业规模较大、产品种类较多、各种产品之间的工艺差别较大、市场条件变化较快和要求适应性较强的大型联合企业或跨国公司。

5.3.5　矩阵结构

1. 矩阵结构的含义

它是由纵横两套管理系统叠加在一起组成一个矩阵，其中的纵向系统是按照职能划分的指挥系统，横向系统一般是按产品、工程项目或服务组成的项目系统。项目系统没有固定的工作人员，而是随着任务的进度，根据工作的需要，从各职能部门抽人参加，这些人员完成了与自己有关的工作后，仍然回到原来的职能部门。

这种形式的组织结构最初出现在20世纪50年代末，被用于完成某些特殊任务。如企业为了开发某项新产品，在研究、设计、试制、生产各个方面，要求有关职能部门派人参加，组成一个专门小组，小组里的成员既同原职能部门保持组织上和业务上的联系，接受原部门主管的领导——主要是专业技术上的领导，又要对项目小组的主管负责，服从项目主管的管理——作为一个作业部门的领导者对其工作人员的全面管理。如图 5 - 5 所示。

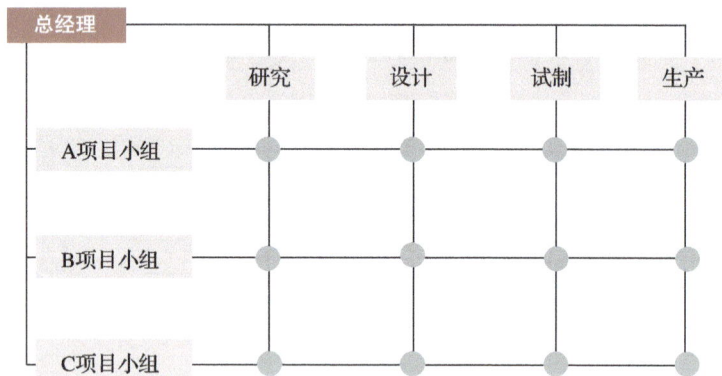

图 5 - 5　矩阵结构示意图

2. 矩阵结构的优缺点

其优点是：①使企业组织结构形成一种纵横结合的联系，加强了各职能部门之间的配合。②对人员的使用富有弹性，有利于发挥专业人员的综合优势，改善整体工作效率。其缺点是：①由于组织成员必须接受双重领导，破坏了统一指挥的原则，下属会感到无所适从。②工作出现差错时，不易分清领导责任。

3. 矩阵结构的适用范围

矩阵结构的特点决定了它主要适用于那些工作内容变动频繁、每项工作的完成需要众多技术知识的组织，或者作为一般组织中安排临时性工作任务的补充结构形式。目前大多数美国公司在新产品的开发与研制中采取了被许多大公司证明有利于创新的"矩阵组织结构"。

以上介绍的各种组织结构形式，各有利弊，没有哪一种是十全十美的。组织应依据目标和实际情况进行灵活选择，必要时也可将几种形式有机结合起来，以保证组织目标能更有效地实现。

5.4　组织的变革

5.4.1　组织变革的原因

组织变革是为适应内外条件的变化而进行的，以改善和提高组织效能为根本目的的一项活动。一般来说，引起组织结构变革的主要因素，可以归纳为内在动因和外在动因两个方面。

1. 组织变革的内在动因

内在动因主要来自组织发展阶段的改变、组织内部条件的变化。

（1）组织发展阶段的改变：组织像任何有机体一样有其生命周期，格林纳认为一个组织的成长大致可分为创业、聚合、规范化、成熟、再发展或衰退 5 个阶段。每一阶段的组织结构、领导方式、管理体制和职工心态都各有特点。

1）创业阶段。这是组织的幼年期，规模小，人心齐，关系简单，一切由创业者决策、指挥，组织的生存与成长完全取决于创业者的素质与创造力。随着组织的发展，管理问题日趋复杂，使组织内部产生"领导危机"。

2）聚合阶段。这是组织的青年时期，在市场上取得成功，人员迅速增多，组织不断扩大，职工对组织有较强的归属感。创业者或引进的专门管理人才为了整顿组织，必须重新确立发展目标，以集权的管理方式来指挥和管理，中下层管理者逐渐感到不满，要求获得较大的自主决定权。但是高层主管已经习惯于集权管理，一时难以改变，从而产生"自主性危机"。

3）规范化阶段。这是组织的中年时期，这时企业已有相当规模，增加了许多生产经营单位，甚至形成了跨地区经营和多元化发展模式。如果组织要继续成长，就要采取授权的管理方式，采用分权式组织结构，但是时间长了又使高层主管感到由于过分分权，企业业务发展分散，各阶层、各部门各自为政，本位主义盛行，使整个组织产生"失控危机"。

4）成熟阶段。为了防止"失控危机"，组织又有采取集权管理的必要，但由于组织已采取过分分权的办法，不可能重新恢复到第二阶段的命令式管理。解决问题的办法是在加强高层主管监督的同时，加强各部门之间的协调、配合，加强整体规划，建立管理信息系统，成立委员会组织，或实行矩阵式组织。一方面使各部门有所作为，另一方面使高层主管能够掌握、控制整个公司的活动与发展。为此就必须拟订许多规章制度、工作程序和手续。随着业务的发展和复杂，这些规定、制度成了妨碍效率的官样文章，产生了"官僚主义危机"。

5）再发展或衰退阶段。此阶段组织的发展前景可能通过组织变革与创新重新获得再发展，更趋于成熟、稳定，也可能由于不适应环境的变化而走向衰退。为了避免过分依赖正式规章制度，必须培养管理者和各部门之间的合作精神，通过团队合作与自我控制以达到协调配合的目的，另外要进一步增加组织的弹性，采取新的变革措施。

（2）组织内部条件的变化

1）人员条件的变化。一方面这是指组织领导者的变化，可能引起组织的变革；另一方面，组织内人员结构和素质的变化，影响到组织目标、结构、权力系统、奖惩制度的修正等，从而促使组织进行变革。

2）管理条件的变化。如推行各种现代化管理新方法，实行新的人事分配制度，推行劳动优化组合等，必须要求组织做出相应的改革。

3）技术条件的变化。如企业实行技术改造，引起集中控制的要求和技术服务部门的加强等，也会促使组织进行变革。

2. 组织变革的外在动因

外在动因包括组织的市场、资源、科技和社会等环境的变化，这部分因素是管理者控制不了的。

1）市场环境变化。市场是推动组织变革的重要力量之一。对组织的有效性与可行性唯一的评价标准是市场，只有适应市场化的组织结构才能满足持续发展的需要。从我国大型国有上市公司的组织变革来看，更多地采用了适应市场化的组织变革模式，如独立董事制的产生，战略委员会作用的不断加强，审计委员会或投资委员会的尽责机制等。

2）资源环境变化。资源环境变化包括人力资源、能源、资金、原材料供应等。如劳动力素质的提高使得传统的"权力—服从"式管理越来越不适应，组织必须寻找符合现代员工需要的新的管理制度和办法，包括实行参与管理、自由选择工作岗位、工作丰富化等。

3）科技环境变化。科技环境变化包括新工艺、新材料、新技术、新设备的出现等。技术变化不仅会影响到产品，而且会出现新的职业和部门，会带来管理方式、责权分工和人与人关系的变化。

4）社会环境变化。社会环境变化包括政治形势、经济形势和投资、贸易、税收等政策的变化。如我国从计划经济体制向社会主义市场经济体制的转变，对企业的组织形式就带来了深刻的变革。

5.4.2　组织变革的途径

1. 企业再造

企业再造也译为"再造工程"，它是 1993 年由原美国麻省理工学院教授迈克·哈默与詹姆斯·钱皮创造的关于企业经营管理方式的一种理论和方法。所谓"再造工程"，简单地说就是以工作流程为中心，重新设计企业的经营、管理及运作方式。

（1）"再造工程"产生的背景：20 世纪 70 年代以来，信息技术革命使企业的经营环境和运行方式发生了很大的变化，而西方国家经济的长期低增长又使得市场竞争日益激烈，企业面临着严峻挑战。面对挑战，企业只有在更高水平上进行一场根本性的改革与创新，才能在低速增长时代增强自身的竞争力。在这种背景下，结合美国企业为挑战日本、欧洲的威胁而展开的实际探索，哈默和钱皮提出，"20 年来，没有一个管理思潮能将美国的竞争力倒转过来，如目标管理、多样化、Z 理论、零基础预算、价值分析、分权、矩阵管理、内部创新等"，"应在新的企业运行空间条件下，改造原来的工作流程，以使企业更适应未来的发展空间"。这一全新的思想震动了管理学界，在较短的时间里该理论便成为企业和学术界研究的热点。

（2）企业再造的主要程序：企业再造就是重新设计和安排企业的整个生产、服务和经营过程，使之合理化。在具体实施过程中，可以按以下程序进行：

1）对原有流程进行全面的功能和效率分析，发现其存在的问题。

2）设计新的流程改进方案，并进行评估。

3）制定与流程改进方案相配套的组织结构、人力资源配置和业务规范等方面的改进规划，形成系统的企业再造方案。

4）组织实施与持续改善。实施企业再造方案，必然会触及原有的利益格局。因此，必须精心组织，谨慎推进。既要态度坚定，克服阻力，又要积极宣传，形成共识，以保证企业再造的顺利进行。

企业再造方案的实施并不意味着企业再造的终结。在社会发展日益加快的时代，企业总是不断面临新的挑战，这就需要对企业再造方案不断地进行改进，以适应新形势的需要。

（3）企业"再造工程"的效果与问题："再造工程"在欧美的企业中受到了高度的重视，因而得到迅速推广，带来了显著的经济效益，涌现出大批成功的范例。1994 年由 CSC Index 公司（战略管理咨询公司）对北美和欧洲 6000 家大公司进行了抽样问卷调查，调查的结果是北美 69%、欧洲 75% 的公司已经进行了一个或多个再造项目；该公司的半导体部门，通过再造，对集成电路的订货处理程序的周期时间减少了一半多，改变了顾客的满意度，由最坏变为最好，并使企业达到了前所未有的收入；联邦捷运公司通过企业再造使年度开支下降了 10 亿多美元；塔果贝尔快餐公司实施流程再造以来，公司的销售额每年增长 22%，平均利润增长率为 31%。

2. 创建学习型组织

　　未来成功的企业，将是"学习型组织"，即能够设法使各阶层人员全身心投入，并有能力不断学习的组织。20 世纪 80 年代以来，随着信息革命、知识经济时代进程的加快，企业面临着前所未有的竞争环境的变化，传统的组织模式和管理理念已越来越不适应环境，其突出表现就是许多在历史上曾名噪一时的大公司纷纷退出历史舞台。因此，研究企业组织如何适应新的知识经济环境，增强自身的竞争能力，延长组织寿命，成为世界企业界关注的焦点。1990 年美国麻省理工学院教授彼得·圣吉的代表作《第五项修炼——学习型组织的艺术与实务》在美国出版，该书于 1992 年荣获世界企业学会最高荣誉——开拓者奖，圣吉本人也于同年被美国《商业周刊》推崇为当代最杰出的新管理大师之一。学习型组织理论认为，在新的经济背景下，企业要持续发展，必须增强企业的整体能力，提高整体素质。也就是说，企业的发展不能再只靠像福特、斯隆、沃森那样伟大的领导者一夫当关、运筹帷幄、指挥全局，未来真正出色的企业将是能够设法使各阶层人员全心投入并有能力不断学习的组织——学习型组织。

　　所谓学习型组织，是指通过培养迷漫于整个组织的学习气氛、充分发挥员工的创造性思维能力而建立起来的一种有机的、高度柔性的、扁平的、符合人性的、能持续发展的组织。这种组织具有持续学习的能力，具有高于个人绩效总和的综合绩效。学习型组织具有下面几个特征：

　　(1) 组织成员拥有一个共同的愿景：组织的共同愿景，来源于员工个人的愿景而又高于个人的愿景。它是组织中所有员工的共同理想，它能使不同个性的人凝聚在一起，朝着组织共同的目标前进。

　　(2) 组织由多个创造性个体组成：在学习型组织中，团体是最基本的学习单位，团体本身应理解为彼此需要他人配合的一群人。组织的所有目标都是直接或间接地通过团体的努力来达到的。

　　(3) 善于不断学习：这是学习型组织的本质特征，所谓"善于不断学习"，主要有 4 点含义：①强调终身学习，即组织中的成员均应养成终身学习的习惯，这样才能形成组织良好的学习气氛，促使其成员在工作中不断学习。②强调全员学习，即组织的决策层、管理层、操作层都要全心投入学习。③强调全过程学习，即学习必须贯彻于组织系统运行的整个过程之中。④强调团体学习，即不但重视个人学习和个人智力的开发，更强调组织成员的合作学习和群体智力的开发。

　　(4) 扁平结构：传统的企业组织通常是锥形的，学习型组织结构是扁平的，它尽最大可能地将决策权向组织结构的下层移动，让最下层单位拥有充分的自主权，并对产生的结果负责。只有这样，企业内部才能形成互相理解、互相学习、整体互动思考、协调合作的群体，才能产生巨大的、持久的创造力。

　　(5) 自主管理：学习型组织理论认为自主管理是使组织成员能边工作边学习，使工作和学习紧密结合的方法。通过自主管理，可由组织成员自己发现工作中的问题，自己选择伙伴组成团队、选定改革进取的目标、进行现状调查、分析原因、制定对策、组织实施、检查效果、评定总结。团队成员在自主管理的过程中，能形成共同愿景，能以开放求实的心态互相切磋，不断学习新知识，不断进行创新，从而增加组织快速应变、创造未来的能量。

　　(6) 组织的边界将被重新界定：学习型组织的边界的界定，建立在组织要素与外部环境互动关系的基础上，超越了传统的根据职能或部门划分的法定边界。如把销售商的反馈信息作为市场营销决策的固定组成部分，而不是像以前那样只是作为参考。

（7）员工家庭与事业平衡：学习型组织努力使员工丰富的家庭生活与充实的工作生活相得益彰。学习型组织对员工承诺支持每位员工充分的自我发展，而员工也以承诺对组织的发展尽心作为回报。这样个人与组织的界限将变得模糊，工作与家庭之间的界限也将逐渐消失，两者之间的冲突也必将大为减少，达到家庭与事业之间的平衡。

（8）领导者的新角色：在学习型组织中，领导者是设计师、仆人和教师。领导者的设计工作是一个对组织要素进行整合的过程，他不只是设计组织的结构和组织政策、策略，更重要的是设计组织发展的基本理念；领导者的仆人角色表现在他对实现愿景的使命感，他自觉地接受愿景的召唤；领导者作为教师的首要任务是界定真实情况，协助人们对真实情况进行正确、深刻的把握，提高他们对组织系统的了解能力，促进每个人的学习。

学习型组织有着它不同凡响的作用和意义。它的真谛在于：一方面，学习是为了保证组织的生存，使组织具备不断改进的能力，提高组织的竞争力；另一方面，学习更是为了实现个人与工作的真正融合，使人们在工作中活出生命的意义。

本 章 小 结

组织工作是管理的基本职能之一，其实质就是研究如何合理、有效地进行分工。组织结构的本质是组织成员间的分工协作关系，其内涵是人们的职、责、权关系，它由职能结构、层次结构、部门结构和职权结构组成。管理层次与管理幅度成反比的数量关系，决定了两种基本的管理组织结构形态，即扁平结构形态和锥形结构形态。部门可按职能、产品、人数、时间、服务对象、地区等多种方法进行划分。组织工作的一个重要环节就是职权分配的问题。职权分配包括横向配置和纵向分配。前者是指根据目标需要，将职权在同一管理层次的各管理部门和人员之间进行合理配置。后者是指根据目标需要，将职权在不同管理层次的各管理部门和人员之间进行分割，主要表现为集权与分权、领导者向下级授权。授权是分权的重要实现形式。确定了组织内的结构及职位后，还要配备组织所需的人员。组织结构的基本形式有：直线制、职能制、直线—职能制、事业部制、矩阵结构等。

发展是目的，变革是手段，任何一个组织，要想增强活力、提高效益，就必然需要进行组织变革。组织变革要按科学的程序进行。组织变革的途径包括企业再造和创建学习型组织。

复 习 思 考 题

1. 什么是组织？组织工作的特点是什么？
2. 组织结构包含哪些内容？组织结构设计时应依据哪些基本原则？
3. 如何确定有效的管理幅度和合理的组织层次？
4. 部门划分有哪些主要方法？
5. 如何进行人员选聘？怎样才能实现人员的最佳组合？
6. 组织结构的基本类型有哪些？各有何特点？
7. 组织变革的程序是什么？组织变革的途径有哪些？

阅读资料

从金字塔到扁平化

格兰仕集团凭借其在国内外微波炉市场取得的巨大优势大举进军家电业的同时，集团内高层宣称：全面进入扁平化管理时代。无独有偶，在此之前，国内家电行业巨头长虹、海尔也不约而同地进行了企业组织结构的调整，从原来的"垂直的金字塔结构"实现了向"扁平式结构"的转化。

格兰仕虽然目前是全球最大的微波炉生产基地，市场份额稳居全球第一，但其以前却是一个拥有房地产、毛纺、羽绒等多行业产品的集团企业。在这样的架构下，格兰仕的组织结构较为繁杂，从上到下包括集团内的决策层和执行层、职能部门的管理层和执行层、各工厂的管理层和执行层，多至 5～6 层，这样一种垂直分工等级分明的金字塔式的臃肿结构，势必会造成企业大规模生产和管理低效率之间的矛盾越来越突出，并且有可能患上大企业病，走上国有大企业曾走过的老路。

在这样的背景和隐患下，格兰仕意识到必须进行企业组织结构的调整，企业才能有新的发展。格兰仕集团副总经理俞尧昌深有感触地说："现在公司把一层层的东西纷纷砍掉，其目的就是要集中所有的资源，包括人力、物力、财力进行电器的专业化制造，最终形成决策、管理、执行三层结构制，实际上就是把一个集团变成一个工厂的概念，使整个企业的反应能力提上去。"现在公司实行的是董事会领导下的总经理负责制，下设按八条线划分的八大副总，分管从生产、技术质量项目、行政、外贸、内贸、策划、市场研究到供应等各个领域，并且主要由总经理办公会议来解决企业的决策项目。不久还有可能加增产供销及计划平衡这两方面的副总，主打"十条战线"，以更快、更准地适应市场的需要。在这样的转变下，企业内各位老总的管理面显然是加宽了，各基层的工作也能一步到位，而不是以前的那种层层上报、层层审批的模式。管理跨度加大以后，对每个分管老总和管理部门来讲，工作压力虽然加大了，但是克服了原来政令多出、交叉管理的状况，相应地管理效率有了显著的提高。

但是管理层能否适应这种大跨度的管理压力呢？他们除了对高层经理进行必要的助手（一般是一些高学历的公司第二梯队人才）配备外，对高层经理的培训也是有针对性的，是带着问题进行的培训，是进行深层次的调查、分析、讨论的一种互动式的培训。只有这样，高层经理才能适应这种扁平化改革带来的对他们的管理能力更高的要求。

事实上，企业组织实现从"金字塔"向"扁平化"转变，已成为企业管理中组织结构发展所不可阻挡的历史潮流。中国人事科学研究院副院长王通讯研究员认为：现代企业组织设计强调企业和职工的"双赢"，而传统的企业组织结构强调的是企业发展，忽视的是职工个人的发展。这是一个明显的缺陷。因此，尊重人的人格，重视人的需求，开发人的潜能，为各类职工提供施展才华的舞台，就成为企业家在设计组织结构时不能忽视的问题。传统的企业金字塔结构正是在这方面具有不可忽视的缺陷，因此，扁平化才应运而生。

在谈到格兰仕走上扁平化道路的真正目的时，俞尧昌认为：主要是为了提升企业的竞争能力和反应速度。调整后的格兰仕共有 11 000 多员工，而管理人员只有 200 多人。同时在这次扁平化改造中，格兰仕还把以前分布在全国各地的区域经理全部砍掉，转变为各省的营销中心，由国内市场部直接管理，这种做法也同样是减少了管理层次，加大了管理幅度，提高了管理效率。因为从企业内部来看，扁平化更有利于包括基层在内的各方面的人才有一个充分发挥作用和能力的空间，而对于多数中层管理人员来说更是一种锻炼，同时也是一种价值的体现；从企业外部来看，扁平化则更利于企业营造一种大品牌概念小品牌运作的全新竞争模式。

（该阅读材料来源于邵冲编著的《管理学案例》）

案 例 分 析

鼎立建筑公司的管理问题

　　鼎立建筑公司原是一家小企业，仅有 10 多名员工，主要承揽一些小型建筑项目和室内装修工程。创业之初，大家齐心协力，经过多年的艰苦创业和努力经营，目前已经发展成为员工过百的中型建筑公司，有了比较稳定的顾客，生存已不存在问题。公司走上了比较稳定的发展道路。但仍有许多问题让公司经理胡先生感到头疼。

　　创业初期，人手少，胡经理和员工不分彼此，大家也没有分工，一个人顶几个人用。技术项目、与工程队谈判、监督工程进展，谁在谁干，大家不分昼夜，不计较报酬，有什么事情饭桌上就可以讨论解决。胡经理为人随和，关心和体贴员工。由于胡经理的工作作风以及员工工作具有很大的自由度，大家工作相处融洽。

　　然而，随着公司业务的发展，尤其是经营规模不断扩大之后，胡经理在管理工作中常感觉到不如以前得心应手了。首先，让胡经理感到头疼的是那几位与自己一起创业的"元老"，他们自恃劳苦功高，对后来加入公司的员工，不管现在职位高低，一律不放在眼里。这些"元老"们工作散漫，不听从主管人员的安排。这种散漫的作风很快在公司内部蔓延开来，对新来者产生了不良的示范作用。鼎立建筑公司再也看不到创业初期的那种工作激情了。其次，胡经理感觉到公司内部的沟通经常不顺畅，大家谁也不愿意承担责任，一遇到事情就来向他汇报，但也仅仅是汇报，很少有解决问题的建议，结果导致许多环节只要胡经理不亲自去推动，似乎就要"停摆"。另外，胡经理还感到，公司内部质量意识开始淡化，对工程项目的管理大不如从前，客户的抱怨也正逐渐增多。

　　上述感觉令胡经理焦急万分，他认识到必须进行管理整顿。但如何整顿呢？胡经理想抓纪律，想把"元老"们请出公司，想改变公司激励机制……他想到了许多，觉得有许多事情要做，但一时又不知道从何处入手，因为胡经理本人和其他"元老"们一样，自公司创建以来一直一门心思搞业务，没有太多地琢磨如何让别人更好地去做事，加上他自己也没有系统地学习管理知识，实际管理经验也欠丰富。

❓ 思考与分析

1. 胡经理的公司出现了什么问题？
2. 你认为应如何解决这些问题？

实 践 练 习

　　深入一家工商企业，了解其组织情况，画出其组织结构系统图，简要分析其组织的合理性与不足之处，提出改进或完善的建议。

第6章 决 策

学习目标
- 掌握决策的含义。
- 理解决策的类型。
- 理解决策的步骤。
- 了解决策的方法。

导入案例

一位著名企业家在做报告，一位听众问："你在事业上取得了巨大的成功，请问，对你来说，最重要的是什么？"企业家没有直接回答，他拿起粉笔在黑板上画了一个圈，只是并没有画圆满，留下一个缺口。他反问道："这是什么？""零""圈""未完成的事业""成功"……，台下的听众七嘴八舌地答道。他对这些回答未置可否："其实，这只是一个未画完整的句号。你们问我为什么会取得辉煌的业绩，道理很简单，我不会把事情做得很圆满，就像画个句号，一定要留个缺口，让我的下属去填满它。"留个缺口给他人，并不说明自己的能力不强。实际上，这是一种管理的智慧，是一种更高层次上带有全局性的圆满。给猴子一棵树，让它不停地攀登；给老虎一座山，让它自由纵横。也许，这就是企业管理用人的最高境界。

决策对管理者的每一方面工作来说都是非常重要的。决策渗透于管理的所有职能中，所以管理者在计划、组织、领导和控制时常被称为决策者。本章主要探讨决策原理、决策的概念及类型，研究决策过程包括的几大步骤和各种常用的决策方法等。

6.1 决策原理

6.1.1 决策的概念

有关决策的概念，不同的管理学派从不同的角度进行了描述。一种简单的定义是，"从两个以上的备选方案中选择一个的过程就是决策"。一种较具体的定义是，"所谓决策，是指组织或个人为了实现某种目标而对未来一定时期内有关活动的方向、内容及方式的选择或调整过程"。另一种定义是，"管理者识别并解决问题以及利用机会的过程"。

综合起来，决策就是决策者为了解决组织面临的问题，实现组织目标，在充分搜集并详细分析相关信息的基础上，提出解决问题和实现目标的各种可行性方案，依据评定准则和标准，选定方案并加以实施的过程。这一概念包括以下两层含义：①决策是一种自觉的、有目标的活动。决策总是为了解决某个问题，达到某种目的而采取的行动。②决策必然伴随着某种行动，是决策者与外部环境、内部条件进行某种交互作用的过程。

科学的决策必须具备以下条件：①目标合理。②对系统要素的寻找及考虑深入而广泛，对各要素间的顺序排列合乎逻辑推理关系。③决策结果满足预定目标的要求。④决策本身符合效率性、满意性和经济性的特点。企业的各项经营行为都会涉及决策活动，但简单地说，决策可以分为两类：①为企业未来发展、改进而进行的决策。②为解决当前问题而进行的决策，这两类决策对企业的意义明显不同，通常从战略的角度我们更强调对未来改进性决策的科学管理，因为这一决策的质量高低直接关系到企业制定、完成各项计划是否正确与及时。

6.1.2　决策的本质

决策的本质

在管理学上，决策的本质是把真正的问题提出来。如果不能提出正确的问题，或者说我们面对的不是真正的问题，就会被表象的枝节问题牵着鼻子走。正如德国哲学家迪尔吹克·波赫夫所说："能够发现重要的问题并主动进行决策是强者的特征，而弱者往往是在自己没有选择的情况下被动地做出决策。"在管理学界，提出问题在决策中的重要性已经得到高度的重视，管理大师德鲁克认为："管理中决策的重要性已经得到了广泛承认，但有许多争论主要集中在问题的解决，也就是给出答案上。这是错误的。实际上，管理决策中最常引发错误的是过分强调找到正确的答案，而不是面对正确的问题。""过去的领导者可能是一个知道解答问题的人，但未来的领导者必将是一个知道如何提问的人。"德鲁克还引导性地提出了经典三问："我们的事业是什么？我们的事业将是什么？我们的事业应该是什么？"世界大型公司 CEO 中不乏"提问"专家，美国通用电气前总裁杰克·韦尔奇曾说道："要展开问题攻势，我会坐在椅子上，一口气问上一万八千个问题。"

6.1.3　决策的满意原则

决策要遵循满意原则，而不是最优原则。对决策者来说，要想使决策达到最优，必须：①容易获得与决策有关的全部信息。②真实了解全部信息的价值所在，并据此制定所有可能的方案。③准确预期到每个方案在未来的执行结果。

但在现实中，上述这些条件往往得不到满足。具体来说，①组织内外存在的一切对组织的现在和未来都会直接或间接地产生某种程度的影响，但决策者很难收集到反映这一切情况的信息。②对于收集到的有限信息，决策者的利用能力也是有限的，决策者从而只能制定出数量有限的方案。③任何方案都要在未来实施，而人们对未来的认识是不全面的，对未来的影响也是有限的，从而决策时所预测的未来状况可能与实际的未来状况有出入。

现实中的上述状况决定了决策者难以做出最优决策，只能做出相对满意的决策。

6.1.4　决策的依据

管理者在决策时离不开信息。信息的数量和质量直接影响决策水平。这要求管理者在决策之前以及决策过程中尽可能地通过多种渠道收集信息，作为决策的依据。但这并不是说管理者要不计成本地收集各方面的信息。管理者在决定收集什么样的信息、收集多少信息以及从何处收集信息等的同时，要进行成本—收益分析。只有在收集的信息所带来的收益（因决策水平提高而给组织带来的利益）超过因此而付出的成本时，才应该收集信息。

所以说，适量的信息是决策的依据，信息量过大固然有助于决策水平的提高，但对组织而言可能不经济，信息量过少则使管理者无从决策或导致决策收不到应有的效果。

6.2　决策过程

从决策的概念不难看出，管理决策是一个科学的过程，也可以说是一项系统工程，一般包括以下几大步骤：识别机会或诊断问题、确定目标、拟订备选方案、寻求相关或限制因素、评价备选方案、选择满意方案、方案实施、监督和评估实施结果。

6.2.1　识别机会或诊断问题

识别问题是决策过程的起点。及时识别机会或发现问题，正确界定机会或问题的性质及其产生的根源是利用机会、解决问题、提出改进措施的关键。这就要求管理者具备正确地识别机会或诊断问题的能力，通常要密切关注与其责任范围有关的数据，这些数据包括外部的信息和报告以及组织内的信息。实际状况和所想要状况的偏差提醒管理者潜在机会或问题的存在。识别机会或诊断问题并不总是简单的，因为要考虑组织中人的行为。有些时候，问题可能根植于个人的过去经验、组织的复杂结构或个人和组织因素的某种混合。因此，管理者必须特别注意要尽可能精确地评估问题和机会。另一些时候，问题可能简单明了，只要稍加观察就能识别出来。

如何避开错误
决策的四个陷阱

评估机会和问题的精确程度有赖于信息的精确程度，所以管理者要尽力获取精确的、可依赖的信息。低质量的或不精确的信息使时间白白浪费掉，并使管理者无从发现导致某种情况出现的潜在原因。

即使收集到的信息是高质量的，在解释的过程中，也可能发生扭曲。有时，随着信息持续地被误解或有问题的事件一直未被发现，信息的扭曲程度会加重。大多数重大灾难或事故都有一个较长的潜伏期，在这一时期，有关征兆被错误地理解或不被重视，从而未能及时采取行动，导致灾难或事故的发生。更糟的是，即使管理者拥有精确的信息并能正确地解释它，处在他们控制之外的因素也会对机会和问题的识别产生影响。但是，管理者只要坚持获取高质量的信息并仔细地解释它，就会提高做出正确决策的可能性。

6.2.2　确定目标

目标体现的是组织想要获得的结果。所想要结果的数量和质量都要明确下来，因为目标的这两个方面都最终指导决策者选择合适的行动路线。决策的目标往往不止一个，而且多个目标之间有时还会有矛盾，这就给决策带来一定的困难。处理好多目标的问题要做到如下几点：①尽量减少目标数量，把要解决的问题尽可能地集中起来，减少目标数量。②把目标依重要程度的不同进行排序，把重要程度高的目标先行安排决策，减少目标间的矛盾。③进行目标协调，

即以总目标为基准进行协调。

目标的衡量方法有很多种，如我们通常用货币单位来衡量利润或成本目标，用每人每时的产出数量来衡量生产率目标，用次品率或废品率来衡量质量目标。

根据时间的长短，可把目标分为长期目标、中期目标和短期目标。长期目标通常用来指导组织的战略决策；中期目标通常用来指导组织的战术决策；短期目标通常用来指导组织的业务决策。无论时间的长短，目标总指导着随后的决策过程。

6.2.3　拟订备选方案

一旦机会或问题被正确地识别出来，管理者就要提出达到目标和解决问题的各种方案。这一步骤需要创造力和想象力，在提出备选方案时，管理者必须把其试图达到的目标牢记在心，要提出尽可能多的方案，而且这些可能的备选方案间，应互相具有替代作用。备选方案的数量越多、质量越好，选择的余地就越大。

寻求方案的方法主要可以分为两类：①从过去的经验中找对策。②从未来的创造中找对策。管理者常常借助其个人经验、经历和对有关情况的把握来提出方案。为了提出更多、更好的方案，需要从多种角度审视问题，这意味着管理者要善于征询他人的意见。备选方案可以是标准的和显明的，也可以是独特的和富有创造性的。标准方案通常是指组织以前采用过的方案。通过头脑风暴法、名义小组技术和德尔菲技术等，可以提出富有创造性的方案。

6.2.4　寻求相关或限制因素

寻求相关因素与限制因素，即列出各种对策所可能牵涉到的有利或不利的考虑因素。

所谓备选方案的限制因素或相关因素，是指评价方案优劣后果应考虑的对象。如采购问题的决策考虑因素有：价格（成本）、品质、交货时间、交货持续性、售后服务、互惠条件、累计折扣等。不同的决策问题，将有不同的考虑因素，决策者必须针对特定问题，思考可能的相关因素，以免遗漏。

例如，某电器公司的工厂位于上海西北部，但其产品行销西南地区，其业务经理建议在昆明设立一个装配厂，以利于就近服务顾客。目前该公司仅有一个仓库及分公司在昆明，竞争力和售后服务均感不足。公司总部在决定是否采纳此建议前，必须考虑以下相关限制因素：

1）运送成品及零件到昆明的运输成本。

2）在昆明设立装配厂的工资成本、管理费用、生产成本、固定资产投资及其资金来源。

3）影响西南地区电器需求的季节性因素及企业适应季节性变化的能力。

4）设装配厂对当地顾客服务水平的影响，如送货、修理及其他售后服务等。

5）新厂管理的难度。

6）当地政府对设厂的财税优惠。

7）新厂设立对公司总销售和总利润的影响。

6.2.5　评价备选方案

决策过程的第五步是确定所拟订的各种方案的价值或恰当性，即确定最优的方案。为此，管理者起码要具备评价每种方案的价值或相对优劣势的能力。

在评估过程中，要使用预定的决策标准（如所想要的质量）以及每种方案的预期成本、收益、不确定性和风险。最后对各种方案进行排序。例如，管理者会提出以下的问题：该方案会有助于我们质量目标的实现吗？该方案的预期成本是多少？与方案有关的不确定性和风险有多大？

6.2.6　选择满意方案

在决策过程中，管理者通常要做出最后选择。但做出决定仅是决策过程中的一个步骤。尽管选择一个方案看起来很简单——只需要考虑全部可行方案并从中挑选一个能最好解决问题的方案，但实际上，做出选择是很困难的。由于最好的决定通常建立在仔细判断的基础上，所以管理者要想做出一个好的决定，必须仔细考察全部事实，确定是否可以获取足够的信息并最终选择最佳方案。

6.2.7　方案实施

方案的实施是决策过程中至关重要的一步，在方案选定以后，管理者就要制定实施方案的具体措施和步骤。实施过程中通常要注意做好以下工作：

1）制订相应的具体措施，保证方案的正确实施。
2）确保与方案有关的各种指令能被所有有关人员充分接受和彻底了解。
3）应用目标管理方法把决策目标层层分解，落实到每一个执行单位和个人。
4）建立重要的工作报告制度，以便及时了解方案的进展情况，及时进行调整。

6.2.8　监督和评估实施结果

一个方案可能涉及较长的时间，在这段时间，形势可能发生变化，而初步分析建立在对问题或机会的初步估计上，因此，管理者要不断对方案进行修改和完善，以适应变化了的形势。同时，连续性活动涉及多阶段控制而需要定期的分析。

由于组织内部条件和外部环境的不断变化，管理者要通过不断修正方案来减少或消除不确定性，定义新的情况，建立新的分析程序。具体来说，职能部门应对各层次、各岗位履行职责的情况进行检查和监督，及时掌握执行进度，检查有无偏离目标，及时将信息反馈给决策者。决策者则根据职能部门反馈的信息，及时追踪方案的实施情况，对与既定目标发生部分偏离的，应采取有效措施，以确保既定目标的顺利实现；对客观情况发生重大变化，原先目标确实无法实现的，需要重新寻找问题或机会，确定新的目标，重新拟订可行的方案，并进行评估、选择和实施。

需要说明的是，管理者在以上各个步骤中都要受到个性、态度和行为，伦理和价值以及文化等诸多因素的影响。

6.3　决策的类型

6.3.1　长期决策与短期决策

从决策影响的时间看，可把决策分为长期决策与短期决策。

长期决策是指有关组织今后发展方向的长远性、全局性的重大决策，又称长期战略决策，如投资方向的选择、人力资源的开发和组织规模的确定等。

短期决策是为实现长期战略目标而采取的短期策略手段，又称短期战术决策，如企业日常营销、物资储备以及生产中资源配置等问题的决策都属于短期决策。

6.3.2　战略决策、战术决策与业务决策

从决策的重要性看，可把决策分为战略决策、战术决策与业务决策。

战略决策对组织最重要，通常包括组织目标、方针的确定，组织机构的调整，企业产品的更新换代，技术改造等，这些决策牵涉到组织的方方面面，具有长期性和方向性。

战术决策又称管理决策，是在组织内贯彻的决策，属于战略决策执行过程中的具体决策。战术决策旨在实现组织中各环节的高度协调和资源的合理使用，如企业生产计划和销售计划的制定、设备的更新、新产品的定价以及资金的筹措等都属于战术决策的范畴。

业务决策又称执行性决策，是日常工作中为提高生产效率、工作效率而做出的决策，牵涉范围较窄，只对组织产生局部影响。属于业务决策范畴的主要有：工作任务的日常分配和检查、工作日程（生产进度）的安排和监督、岗位责任制的制订和执行、库存的控制以及材料的采购等。

6.3.3　集体决策与个人决策

从决策的主体看，可把决策分为集体决策与个人决策。

集体决策是指多个人一起做出的决策；个人决策则是指单个人做出的决策。

相对于个人决策，集体决策有一些优点：①能更大范围地汇总信息。②能拟订更多的备选方案。③能得到更多的认同。④能更好地沟通。⑤能做出更好的决策等。但集体决策也有一些缺点，如花费较多的时间、产生"从众现象"以及责任不明等。

6.3.4　初始决策与追踪决策

从决策的起点看，可把决策分为初始决策与追踪决策。

初始决策是零起点决策，它是在有关活动尚未进行从而环境未受到影响的情况下进行的。

随着初始决策的实施，组织环境发生变化，这种情况下所进行的决策就是追踪决策。因此，追踪决策是非零起点决策。

6.3.5　程序化决策与非程序化决策

从决策所涉及的问题看，可把决策分为程序化决策与非程序化决策。

组织中的问题可被分为两类：一类是例行问题，另一类是例外问题。例行问题是指那些重复出现的、日常的管理问题，如管理者日常遇到的产品质量、设备故障、现金短缺、供货单位未按时履行合同等问题；例外问题则是指那些偶然发生的、新颖的、性质和结构不明的、具有重大影响的问题，如组织结构变化、重大投资、开发新产品或开拓新市场、长期存在的产品质量隐患、重要的人事任免以及重大政策的制订等问题。

赫伯特 A. 西蒙（Herbert A. Simon）根据问题的性质把决策分为程序化决策与非程序化决

策。程序化决策涉及的是例行问题，而非程序化决策涉及的是例外问题。

6.3.6　确定型决策、风险型决策与不确定型决策

从环境因素的可控程度看，可把决策分为确定型决策、风险型决策与不确定型决策。

确定型决策是指在稳定（可控）条件下进行的决策。在确定型决策中，决策者确切地知道自然状态的发生，每个方案只有一个确定的结果，最终选择哪个方案取决于对各个方案结果的直接比较。

风险型决策也称随机决策，在这类决策中，自然状态不止一种，决策者不能知道哪种自然状态会发生，但能知道有多少种自然状态以及每种自然状态发生的概率。

不确定型决策是指在不稳定条件下进行的决策。在不确定型决策中，决策者可能不知道有多少种自然状态，即便知道，也不能知道每种自然状态发生的概率。

6.4　决策方法

决策是我们生活经验中一个重要的组成部分。在某些情况下，我们可以自动地做出决策或按程序做出决策，如我们从熟悉的地点到熟悉的目的地去，很少在可供选择的方案中进行有意识的比较，而代之以经验性决策。这类建立在经验基础上的决策，在管理活动中被大量运用。但是，在管理实践中，由于决策目标、可利用的资源及组织内外部环境的复杂多变，有的问题需要决策者借助决策模型和数学工具进行周密、全面的分析权衡，以实现对未来不确定性的管理，提高管理的正确性；也有的问题可以通过运用决策者的历史经验和主观判断来完成。通常，决策有以下几种常用的方法。

6.4.1　集体决策方法

1. 头脑风暴法

头脑风暴法是比较常用的集体决策方法，便于发表创造性意见，因此主要用于收集新设想。通常是将对解决某一问题有兴趣的人集合在一起，在完全不受约束的条件下，敞开思路，畅所欲言。头脑风暴法的创始人英国心理学家奥斯本（A. F. Osborn）为该决策方法的实施提出了 4 项原则：①对别人的建议不做任何评价，将相互讨论限制在最低限度内。②建议越多越好，在这个阶段，参与者不要考虑自己的建议的质量，想到什么就应该说出来。③鼓励每个人独立思考，广开思路，想法越新颖、越奇异越好。④可以补充和完善已有的建议以便它更具说服力。

头脑风暴法的目的在于创造一种畅所欲言、自由思考的氛围，诱发创造性思维的共振和连锁反应，产生更多的创造性思维。这种方法的时间安排应在 1~2h，参加者以 5~6 人为宜。

2. 名义小组技术

在集体决策中，如对问题的性质不完全了解且意见分歧严重，则可采用名义小组技术。在这种技术下，小组的成员互不通气，也不在一起讨论、协商，小组只是名义上的。这种名义上的小组可以有效地激发个人的创造力和想象力。

在这种技术下，管理者先召集一些有知识的人，把要解决的问题的关键内容告诉他们，并请他们独立思考，要求每个人尽可能地把自己的备选方案和意见写下来。然后再按次序让他们一个接一个地陈述自己的方案和意见。在此基础上，由小组成员对提出的全部备选方案进行投票，根据投票结果，赞成人数最多的备选方案即为所要的方案，当然，管理者最后仍有权决定是接受还是拒绝这一方案。

3. 德尔菲技术

这是由兰德公司提出的，被用来听取有关专家对某一问题或机会的意见。如管理者面临着一个有关用煤发电的重大技术问题时，运用这种技术的第一步是要设法取得有关专家的合作（专家包括大学教授、研究人员以及能源方面有经验的管理者）。然后把要解决的关键问题（如把煤变成电能的重大技术问题）分别告诉专家们，请他们单独发表自己的意见并对实现新技术突破所需的时间做出估计。在此基础上，管理者收集并综合各位专家的意见，再把综合后的意见反馈给各位专家。让他们再次进行分析并发表意见。在此过程中，如遇到差别很大的意见，则把提供这些意见的专家集中起来进行讨论并综合。如此反复多次。最终形成代表专家组意见的方案。

运用该技术的关键是：①选择好专家，这主要取决于决策所涉及的问题或机会的性质。②决定适当的专家人数，一般 10 ~ 50 人较好。③拟订好意见征询表，因为它的质量直接关系到决策的有效性。

6.4.2 有关活动方向的决策方法

管理者有时需要对企业或企业某一部门的活动方向进行选择，可以采用的方法主要有经营单位组合分析法和政策指导矩阵法等。

1. 经营单位组合分析法

该法由美国波士顿咨询公司建立，其基本思想是，大部分企业都有两个以上的经营单位，每个经营单位都有相互区别的产品——市场片，企业应该为每个经营单位确定其活动方向。

该法主张，在确定每个经营单位的活动方向时，应综合考虑企业或该经营单位在市场上的相对竞争地位和业务增长情况。相对竞争地位往往体现在企业的市场占有率上，它决定了企业获取现金的能力和速度，因为较高的市场占有率可以为企业带来较高的销售量和销售利润，从而给企业带来较多的现金流量。

业务增长率对活动方向的选择有两方面的影响：①它有利于市场占有率的扩大，因为在稳定的行业中，企业产品销售量的增加往往来自竞争对手市场份额的下降。②它决定着投资机会的大小，因为业务增长可以使企业迅速收回投资，并取得可观的投资报酬。

根据相对竞争地位和业务增长率，可把企业的经营单位分成四大类（见图 6 - 1）。企业应根据各类经营单位的特征，选择合适

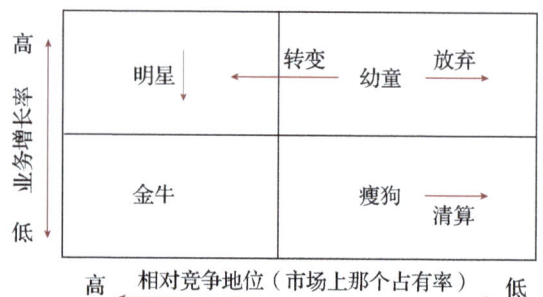

图 6 - 1   企业经营单位组合图

的活动方向。

"金牛"经营单位的特征是市场占有率较高，而业务增长率较低。较高的市场占有率为企业带来较多的利润和现金，而较低的业务增长率需要较少的投资。"金牛"经营单位所产生的大量现金可以满足企业的经营需要。

"明星"经营单位的市场占有率和业务增长率都较高，因而所需要的和所产生的现金都很多。"明星"经营单位代表着最高的利润增长率和最佳的投资机会，因此企业应投入必要的资金扩大它的生产规模。

"幼童"经营单位的业务增长率较高，而目前的市场占有率较低，这可能是企业刚刚开发的、很有前途的领域。由于高增长速度需要大量的投资，而较低的市场占有率只能提供少量的现金，企业面临的选择是投入必要的资金，以提高市场份额，扩大销售量。使其转变为"明星"经营单位，或者如果认为刚刚开发的领域不能转变成"明星"经营单位，则应及时放弃该领域。

"瘦狗"经营单位的特征是市场占有率和业务增长率都较低。由于市场份额和销售量都较低，甚至出现负增长，"瘦狗"经营单位只能带来较少的现金和利润，而维持生产能力和竞争地位所需的资金甚至可能超过其所提供的现金，从而可能成为资金的陷阱。因此，对这种不景气的经营单位，企业应采取收缩或放弃的战略。

经营单位组合分析法的步骤通常如下：

1）把企业分成不同的经营单位。

2）计算各个经营单位的市场占有率和业务增长率。

3）根据其在企业中占有资产的比例来衡量各个经营单位的相对规模。

4）绘制企业的经营单位组合图。

5）根据每个经营单位在图中的位置，确定应选择的活动方向。

经营单位组合分析法以"企业的目标是追求增长和利润"这一假设为前提对拥有多个经营单位的企业来说的，它可以将获利较多而潜在增长率不高的经营单位所产生的利润投向那些增长率和潜在获利能力都较高的经营单位，从而使资金在企业内部得到有效利用。

2. 政策指导矩阵法

该法由荷兰皇家壳牌公司创立。顾名思义，政策指导矩阵法即用矩阵来指导决策。具体来说，从市场前景和相对竞争能力两个角度来分析企业各个经营单位的现状和特征，并把它们标示在矩阵上，据此指导企业活动方向的选择。市场前景取决于赢利能力、市场增长率、市场质量和法规限制等因素，分为吸引力强、中等、弱3种，相对竞争能力取决于经营单位在市场上的地位、生产能力、产品研究和开发等因素，分为强、中、弱3种。根据上述对市场前景和相对竞争能力的划分，可把企业的经营单位分成9大类（见图6-2）。

管理者可根据经营单位在矩阵中所处的位置来选择企业的活动方向。

处于区域1和4的经营单位竞争能力较强，市场前景也较好。应优先发展这些经营单位，确保它们获取足够的资源，以维持自身的有利市场地位。

处于区域2的经营单位虽然市场前景较好，但企业对资源的利用不够——这些经营单位的竞争能力不够强。应分配给这些经营单位更多的资源以提高其竞争能力。

处于区域3的经营单位市场前景虽好，但竞争能力弱。要根据不同的情况来区别对待这些经营单位；最有前途的应得到迅速发展，其余的则需逐步淘汰，这是由企业资源的有限性决定的。

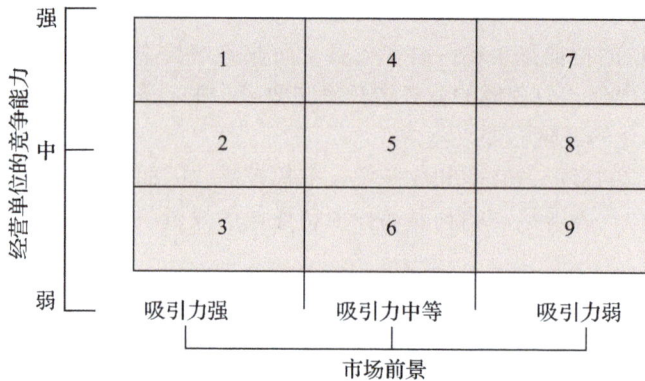

图 6-2　政策指导矩阵

处于区域 5 的经营单位一般在市场上有 2~4 个强有力的竞争对手。应分配给这些经营单位足够的资源以使它们随着市场的发展而发展。

处于区域 6 和 8 的经营单位市场吸引力不强且竞争能力较弱，或虽有一定的竞争能力（企业对这些经营单位进行了投资并形成了一定的生产能力）但市场吸引力较弱。应缓慢放弃这些经营单位，以便把收回的资金投入到赢利能力更强的经营单位。

处于区域 7 的经营单位竞争能力较强但市场前景不容乐观。这些经营单位本身不应得到发展，但可利用它们的较强竞争能力为其他快速发展的经营单位提供资金支持。

处于区域 9 的经营单位市场前景暗淡且竞争能力较弱。应尽快放弃这些经营单位，把资金抽出来并转移到更有利的经营单位。

6.4.3　有关活动方案的决策方法

管理者选好组织的活动方向之后，接下来需要考虑的问题自然是如何通达这一活动方向。由于通达这一活动方向的活动方案通常不止一种，所以管理者要在这些方案中做出选择。在决定选择哪一个方案时，要比较不同的方案，而比较的一个重要标准是各种方案实施后的经济效果。由于方案是在未来实施的，所以管理者在计算方案的经济效果时，要考虑到未来的情况。根据未来情况的可控程度，可把有关活动方案的决策方法分为三大类：确定型决策方法、风险型决策方法和不确定型决策方法。

1. 确定型决策方法

在比较和选择活动方案时，如果未来情况只有一种并为管理者所知，则需采用确定型决策方法。常用的确定型决策方法有线性规划和量本利分析法等。

（1）线性规划：线性规划是在一些线性等式或不等式的约束条件下，求解线性目标函数的最大值或最小值的方法。运用线性规划建立数学模型的步骤是：①确定影响目标大小的变量。②列出目标函数方程。③找出实现目标的约束条件。④找出使目标函数达到最优的可行解，即为该线性规划的最优解。

例 6-1　某企业生产两种产品：桌子和椅子，它们都要经过制造和装配两道工序。有关资料见表 6-1。假设市场状况良好，企业生产出来的产品都能卖出去，试问何种组合的产品能使企业利润最大？

表 6-1　某企业的有关资料

	桌子	椅子	工序可利用时间（h）
在制造工序上的时间（h）	2	4	48
在装配工序上的时间（h）	4	2	60
单位产品利润（元）	8	6	—

这是一个典型的线性规划问题。求解步骤为：

第一步，确定影响目标大小的变量。在本例中，目标是利润，影响利润的变量是桌子数量 T 和椅子数量 C。

第二步，列出目标函数方程：$\pi = 8T + 6C$。

第三步，找出约束条件。在本例中，两种产品在一道工序上的总时间不能超过该道工序的可利用时间，即

制造工序：$2T + 4C \leqslant 48$

装配工序：$4T + 2C \leqslant 60$

除此之外，还有两个约束条件，即非负约束：

$$T \geqslant 0$$

$$C \geqslant 0$$

从而线性规划问题成为，如何选取 T 和 C，使 π 在上述 4 个约束条件下达到最大。

第四步，求出最优解——最优产品组合。上述线性规划问题的解为 $T^* = 12$ 和 $C^* = 6$，即生产 12 张桌子和 6 把椅子能使企业的利润最大。

（2）量本利分析法：量本利分析法又称保本分析法或盈亏平衡分析法，它是通过考查产量（或销售量）、成本和利润的关系以及盈亏变化的规律来为决策提供依据的方法。这种方法是简便有效、使用范围较广的定量决策方法，它广泛应用于生产方案选择、目标成本预测、利润预测、价格制定等决策问题上。

量本利分析的基本原理是边际分析理论。其具体方法是把企业的总成本分为固定成本和可变成本后，观察产品的销售单价与单位可变成本的差额，若单价大于单位可变成本，便存在"边际贡献"。当总的边际贡献与固定成本相等时，恰好盈亏平衡。这时每增加一个单位产品，就会增加一个边际贡献的利润。在应用量本利分析法时，关键是找出企业的盈亏平衡点（此时的产量称为保本产量或盈亏平衡产量，此时企业的总收入等于总成本），如图 6-3 所示。

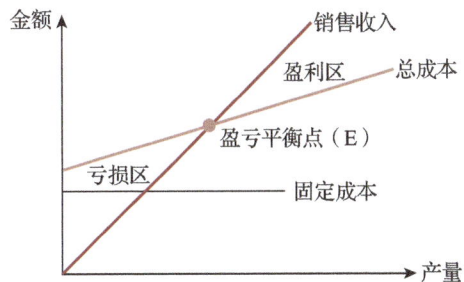

图 6-3　量本利分析图

从图 6-3 中可知：当销售收入与总成本相等时，这一点所对应的产量（销量）就称为盈亏平衡点。在盈亏平衡点上，企业既不盈利也不亏损，因此盈亏平衡点又称为保本点或盈亏临界点。企业的产量若低于平衡点的产量，则会发生亏损，若高于平衡点的产量，则会获得盈利。这一基本原理在企业的经营决策活动中运用得相当广泛。企业的经营决策，几乎都与产量、成本、利润有关。许多问题都可以通过量本利分析加以解决。例如：企业是否应购置新设备，是否应进行技术改造，某种产品生产多少才能盈利，企业产品的定价水平是否合适，

等等。

由上述可知，在产品的销售价格、固定成本、可变成本已知的情况下，就可以找出盈亏平衡点。

假设 p 代表单位产品价格，Q 代表产量或销售量，F 代表总固定成本，v 代表单位变动成本，π 代表总利润，c 代表边际贡献。

因为当企业盈亏平衡时：$pQ = F + vQ$

所以保本产量为：

$$Q = F/(p - v)$$

设目标利润为 π，则

$$pQ = F + vQ + \pi$$

所以保目标利润的产量为：

$$Q = (F + \pi)/(p - v) = (F + \pi)/c$$

利润为：

$$\pi = pQ - F - vQ$$

例 6 - 2   某企业生产某种产品，销售单价为 10 元/件，生产该产品的固定成本为 5000 元，单位产品可变成本为 5 元。①求企业经营的盈亏平衡产量。②若企业目标利润为 5000 元，求企业经营该种商品的目标利润销售量和销售额。

解：根据题意，盈亏平衡点产量为

$$Q = F/(p - v) = 5000 \ 元/(10 - 5) \ 元/件 = 1000 \ 件$$

目标利润销售量为

$$\begin{aligned} Q &= (F + \pi)/(p - v) \\ &= (5000 + 5000) \ 件/(10 - 5) \ 元/件 \\ &= 2000 \ 件 \end{aligned}$$

$$\begin{aligned} 目标利润销售额 &= p(F + \pi)/(p - v) \\ &= 10 \ 元/件 \times (5000 + 5000) \ 元/(10 - 5) \ 元/件 \\ &= 20000 \ 元 \end{aligned}$$

2. 风险型决策方法

风险型决策是指由于存在着不可控因素，一个决策方案可能出现几种不同的结果，但对各种可能的结果可以用客观概率为依据来进行的决策。由于客观概率只是代表可能性的大小，与未来实际还存在着差距，这就使得任何方案的执行都要承担一定的风险，所以称为风险型决策。风险型决策的常用方法是决策树法。

简单地说，决策树法就是利用树形图进行决策的方法。它是通过图解的方式将决策方案的相关因素分解开，确定并逐项计算其发生的概率和期望值，进而比较和选优的方法。

（1）决策树的构成要素

决策点：即所要决策的问题，用方框"□"表示。

方案枝：由决策点引出的直线，每条直线代表一个方案，并由它与状态节点相连。

状态节点：反映各种自然状态所能获得的机会，在各个方案枝的末端，用圆圈"○"表示。

概率枝：从状态节点引出的若干条直线，反映各种自然状态可能出现的概率，每条直线代

表一种自然状态。

损益值点：反映在各种自然状态下可能的收益值或损失值，用三角形"△"表示。如图 6-4 所示即为决策树形图。

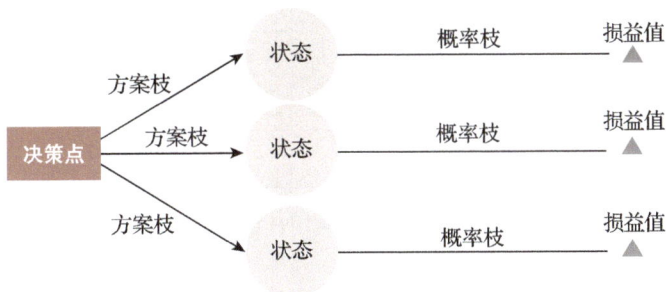

图 6-4　决策树形图

（2）决策树法的步骤：应用决策树法进行决策，主要有三个步骤：

第一步，绘制决策树形图。从左至右，首先绘出决策点，引出方案枝，再在方案枝的末端绘出状态节点，引出概率枝，然后将有关部门参数（包括概率、不同自然状态、损益值等）注明于图上。

第二步，计算各方案的期望值。期望值的计算要从右向左依次进行。首先将各种自然状态的收益值分别乘以各自概率枝上的概率，再乘以计算期限，然后将各概率枝的值相加，标于状态节点上。

第三步，剪枝决策。比较各方案的期望值（如方案实施有费用发生，应将状态节点值减去方案的费用后再进行比较）。剪掉期望值小的方案（在落选的方案枝上画上"//"表示舍弃不用），最终只剩下一条贯穿始终的方案枝，它的期望值最大，是最佳方案，将此最大值标于决策点上。

例 6-3　某企业准备投产一种新产品，现在有新建和改建两个方案，分别需要投资 140 万元和 80 万元。未来 5 年的销售情况预测是：畅销的概率为 0.4，销售一般的概率为 0.4，滞销的概率为 0.2。

各种自然状态下的年度销售利润，见表 6-2。企业应选择哪个方案？试用决策树法进行决策。

表 6-2　决策方案损益值表　　　　　　　　　　（单位：万元）

方案	畅销	一般	滞销
新建	120	50	-30
扩建	100	30	10

解：步骤 1：先绘制决策树形图和计算期望值，如图 6-5 所示。

节点①　EMV $=[120\times0.4+50\times0.4+(-30)\times0.2]$万元$\times5$
　　　　　　$=310$ 万元

节点②　EMV $=[100\times0.4+30\times0.4+10\times0.2]$万元$\times5$
　　　　　　$=270$ 万元

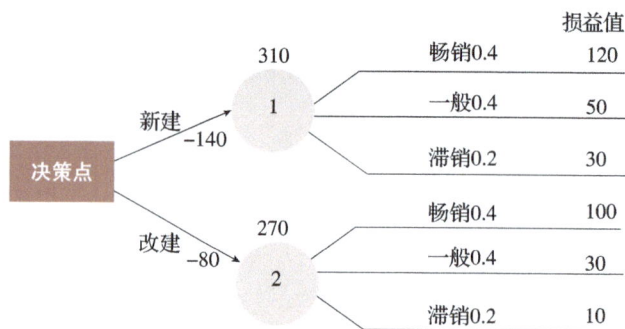

图 6-5   决策树计算图

步骤 2：比较两个方案的净收益。

新建方案的净收益 =（310 - 140）万元 = 170 万元

扩建方案的净收益 =（270 - 80）万元 = 190 万元

3. 不确定型决策方法

不确定型决策是指由于存在不可控的因素，一个方案可能出现几种不同的结果，而对各种可能的结果没有客观概率作为依据的决策。对于不确定型决策来说，有一些常用的决策方法，如小中取大法、大中取大法和最小最大后悔值法等。下面通过举例来介绍这些方法。

例 6-4   某企业打算生产某产品。据市场预测，产品销路有三种情况：销路好、销路一般和销路差。生产该产品有三种方案：①改进生产线。②新建生产线。③与其他企业协作。据估计，各方案在不同情况下的收益见表 6-3。企业应选择哪个方案？

（1）小中取大法：采用这种方法的管理者对未来持悲观的看法，认为未来会出现最差的自然状态，因此不论采取哪种方案，都只能获取该方案的最小收益。采用小中取大法进行决策时，首先计算出各方案在不同自然状态下的收益，并找出各方案所带来的最小收益，即在最差自然状态下的收益，然后进行比较，选择在最差自然状态下收益最大或损失最小的方案作为所要的方案。

表 6-3   各方案在不同情况下的收益   （单位：万元）

收益 ＼ 自然状态 方案	销路好	销路一般	销路差
方案①：改进生产线	180	120	-40
方案②：新建生产线	240	100	-80
方案③：与其他企业协作	100	70	16

在例中，方案①的最小收益为 -40 万元，方案②的最小收益为 -80 万元，方案③的最小收益为 16 万元，经过比较，方案③的最小收益最大，所以选择方案③。

（2）大中取大法：采用这种方法的管理者对未来持乐观的看法，认为未来会出现最好的自然状态，因此不论采取哪种方案，都能获取该方案的最大收益。采用大中取大法进行决策时，首先计算出各方案在不同自然状态下的收益，并找出各方案所带来的最大收益，即在最好自然状态下的收益，然后进行比较，选择在最好自然状态下收益最大的方案作为所要的方案。

在例 6-4 中，方案①的最大收益为 180 万元，方案②的最大收益为 240 万元，方案③的最大收益为 100 万元。经过比较，方案②的最大收益最大，所以选择方案②。

（3）最小最大后悔值法：管理者在选择了某方案后，如果将来发生的自然状态表明其他方案的收益更大，那么他（或她）会为自己的选择而后悔。最小最大后悔值法就是使后悔值最小的方法，采用这种方法进行决策时，首先计算出各方案在各种自然状态下的后悔值（某方案在某自然状态下的后悔值＝该自然状态下的最大收益－该方案在该自然状态下的收益），并找出各方案的最大后悔值，然后进行比较，选择最大后悔值最小的方案作为所要的方案。

在例6-4中，在销路好这一自然状态下，方案②（新建生产线）的收益最大，为 240 万元。在将来发生的自然状态是销路好的情况下，如果管理者恰好选择了这一方案，他就不会后悔，即后悔值为 0。如果他选择的不是方案②，而是其他方案，他就会后悔（后悔没有选择方案②）。比如，他选择的是方案③（与其他企业协作），该方案在销路好时带来的收益是 100 万元，比选择方案②少带来 140 万元的收益，即后悔值为 140 万元。各个后悔值的计算结果见表6-4。

表6-4 各方案在各自然状态下的后悔值 （单位：万元）

后悔值 ＼ 自然状态 方案	销路好	销路一般	销路差
方案①：改进生产线	60	0	56
方案②：新建生产线	0	20	96
方案③：与其他企业协作	140	50	0

由表6-4中看出，方案①的最大后悔值为 60 万元，方案②的最大后悔值为 96 万元，方案③的最大后悔值为 140 万元，经过比较，方案①的最大后悔值最小，所以选择方案①。

本 章 小 结

决策就是决策者为了解决组织所面临的问题，实现组织目标，在充分搜集并详细分析相关信息的基础上，提出解决问题和实现目标的各种可行性方案，依据评定准则和标准，选定方案并加以实施的过程。

管理决策是一个科学的过程，一般包括以下几大步骤：识别问题、确定目标、拟订备选方案、寻求相关或限制因素、评价备选方案、选择满意方案、方案实施、监督和评估实施结果等。

在组织中决策具有普遍性和多样性。根据不同的分类方法，可以把决策分成多种类型。从决策影响的时间看，可把决策分为长期决策与短期决策；从决策的重要性看，可把决策分为战略决策、战术决策与业务决策：①战略决策对组织最重要，通常包括组织目标、方针的确定，组织机构的调整，企业产品的更新换代、技术改造等，这些决策牵涉到组织的方方面面，具有长期性和方向性。②战术决策又称管理决策，是在组织内贯彻的决策，属于战略决策执行过程中的具体决策。③业务决策又称执行性决策，是日常工作中为提高生产效率、工作效率而做出的决策，牵涉范围较窄，只对组织产生局部影响。从决策的主体看，可把决策分为集体决策与个人决策；从决策的起点看，可把决策分为初始决策与追踪决策；从决策所涉及的问题看，可把决策分为程序化决策与非程序化决策；从环境因素的可控程度看，可把决策分为确定型决策、风险型决策与不确定型决策。

决策的方法多种多样，常用的几种方法有：①集体决策方法。②有关活动方向的决策方法。常用的有经营单位组合分析法、政策矩阵法。③有关活动方案的决策方法。常见的是根据未来情况的可控程度，把有关活动方案的决策方法分为三大类：确定型决策方法、风险型决策方法和不确定型决策方法。

确定型决策是指在稳定（可控）条件下进行的决策。在确定型决策中，决策者确切地知道自然状态的发生，每个方案只有一个确定的结果，最终选择哪个方案取决于对各个方案结果的直接比较。

风险型决策也称随机决策，在这类决策中，自然状态不止一种，决策者不知道哪种自然状态会发生，但知道有多少种自然状态以及每种自然状态发生的概率。

不确定型决策是指在不稳定条件下进行的决策。在不确定型决策中，决策者可能不知道有多少种自然状态，即便知道，也不能知道每种自然状态发生的概率。

复习思考题

1. 什么是决策？它有哪些基本类型？
2. 管理决策过程的主要步骤有哪些？你认为哪一个步骤最重要？为什么？
3. 什么是满意决策？对于许多组织问题，管理人员为什么不去寻求经济上最优的解决方案？
4. 举例说明程序化决策与非程序化决策。
5. 你可以运用哪些技术来提高自己在决策中的效率和创造性？
6. 在过去 20 年中，组织越来越多地采用群体决策，你认为这是为什么？你建议在什么情况下采取群体决策？
7. 了解一个你熟悉的管理人员，分析过去 6 个月间他做出的三项决策中，哪些是程序性决策？哪些是非程序性决策？
8. 假定你有 2000 元钱可投资股市或存入银行，银行年利率为 10%，而股市收益取决于经济状况，若情况好，每年可赚 500 元；正常情况下可得 300 元；情况不好时则可能损失 100 元。

试问：按照小中取大原则、大中取大原则、最小最大后悔值原则各取哪个方案？

阅读资料

《大不列颠百科全书》的决策

《大不列颠百科全书》（Encyclopaedia Brittanica）至今已经有 240 多年的历史了，作为一座蕴涵丰富文化和历史知识的宝库，它几乎成为英国最珍贵的财产。一代又一代的学生和图书管理员，利用这本书来研究从阿留申群岛到 Zydeco 的各种事物，但这一切都是在计算机光盘和互联网没有成为学习工具的现实选择之前的事情了。现在，这部由 32 卷组成的、笨重的百科全书似乎注定要成为历史。《大不列颠百科全书》融入电子时代的过程过于迟缓，从而拱手将百科全书市场让给了诸如微软的《电子百科全书》（Encarta）这样的后起之秀。1993 年，公司经理犯了一个严重的错误，他们卖掉了公司最具潜力的部门——科普顿（Compton），这个部门所研制的光盘现在拥有无数的使用者。后来，尽管公司也引进了光盘项目，但为时已晚，1200英镑的价格让人感到眩晕，而它的竞争对手微软却让利销售，或者干脆为个人计算机提供免费的光盘。现在，瑞士的金融公司雅各·萨夫拉（Jacob Safra）已经买下了《大不列颠百科全书》，并创建新的管理制度，以帮助其尽快融入数字时代。雅各·萨夫拉坚信，通过整合，《大不列颠百科全书》将重新成为行业中质量的"领头羊"。企业现在所面临的决策是，如何利用公司古老而令人尊重的品牌，与微软公司的《电子百科全书》、科普顿及 IBM 公司与世界图书（World Book）合资的公司进行竞争。当然，它的竞争对手远不止这几家公司，还有无数互联网所提供的免费或者价格非常低廉的信息获取渠道，他们都是这家公司有力的竞争者。

（该阅读材料来源于邵冲编著的《管理学案例》）

案例分析

袁先生的管理决策

袁先生从 2010 年起一直担任 A 农机公司的总裁，这家公司是一家生产和销售农业机械的企业。2012 年产品销售额达到 4000 万元，2013 年达到 4200 万元，2016 年 4450 万元，2020 年 4600 万元。袁先生每当坐在办公桌旁，翻看这些统计数字和报表时，常常为这些业绩感到颇为自豪。

一天下午，又是办公会议时间，袁先生召集了公司在各地的经销负责人，分析目前和今后的销售形势，在会上，有些经销负责人指出：农业机械产品总体看来，尚有一定的市场潜力，但消费者的需求和趋向已经发生了重要的改变，公司应针对用户的需求，增加和改进新的产品，淘汰一些老化的产品，以满足现在用户和潜在用户的新需求。

机械工程师出身的袁先生对新产品的研制、开发工作应当说是行家能手。因此，他听完各地经销负责人的意见之后，心理很快就做出了盘算，新产品的开发首先需要增加研究与投资，之后，又要花钱改造公司现有的自动化生产线，这两项工作大约耗时 3～6 个月。增加生产品种的同时意味着必须储备更多的备用零件，并根据需要对工作进行新技术培训，投资还会进一步地增加。

袁先生一直有这样一种看法：从事经销工作的人总是喜欢以自己的业务方便来考虑，不断提出对各种新产品的要求，却不会考虑品种更新以及开发新产品必须投入的成本情况，这些意见不足以作为决策的依据。袁先生还认为，公司目前的这几种产品，经营的效果还不错。经过认真的盘算，他决定暂不考虑新品种开发的建议。目前的市场策略仍然是确保现有产品品种的地位和稳步发展。袁先生认为，只要不断提高现在产品的质量并通过改进产品的成本，开出具有吸引力的价格，不怕用户不走上门来，并坚信提高质量是产品致胜的法宝，他相信用户实际上也是这样考虑的。

袁先生虽然按照自己的想法做出了决策，但是仍然表示听一听下级人员和专家顾问的意见对自己是有益的。

❓ 思考与讨论

1. 根据案例提供的资料，你认为：该农机公司现在农业机械产品市场是属于（　　　）。
　　A. 开发期　　　　　B. 成长期　　　　　C. 成熟期　　　　　D. 衰退期
2. 袁先生最终决定，不开发新的农机产品进入市场，其主要原因是（　　　）。

    A. 投资与成本问题   B. 开发期过长

    C. A + B   D. 经销人员的建议价值不高

3. 从袁先生在处理决策问题的手段和措施看，其领导风格是属于（   ）。

    A. 专制权威式   B. 开明权威式   C. 群体参与式   D. 中间式

4. 从袁先生的最终决策以及管理的信条看，他是属于（   ）。

    A. 生产观念   B. 产品观念   C. 市场营销观念   D. 社会营销观念

5. 袁先生的最终决策结果，最有可能的是（   ）。

    A. 老产品继续保持市场优势，市场占有率和业务增长率进一步扩大

    B. 业务增长率扩大，市场占有率下降

    C. 业务增长率和市场占有率同时下降

    D. 无法确定

6. 你认为该企业的外部环境中有哪些机会与威胁中。

7. 如果你是顾问专家，你会对袁先生的决策如何评价？

实 践 练 习

    寻找一个在战略决策或战术决策上成功或失败的企业，针对企业分析其决策成功或失败的原因。

第7章　沟通和激励

🎯 **学习目标**
- 了解沟通的过程。
- 理解沟通的技巧。
- 掌握激励的概念。
- 理解激励理论。

📝 **导入案例**

目标：一条猎狗将兔子赶出了窝，追了很久仍没捉到。牧羊犬讥笑道："你比他大得多，却跑不过小的。"猎狗回答说："我仅仅为一顿饭而跑，他却是为了性命而跑呀！"

动力：这话被猎人听到了。为获得更多的猎物，猎人又买来几条猎狗，并宣布凡是能捉到兔子的，就可以得到几根骨头，捉不到的就没有饭吃。猎狗们纷纷努力追兔子，因为谁都不愿意看着别人有骨头吃，而自己没有。

过了一段时间，问题又出现了。大兔子非常难捉到，小兔子好捉。但捉到大兔子得到的奖赏和捉到小兔子得到的骨头差不多，于是猎狗们专门去捉小兔子。猎人问猎狗："最近为什么捉的兔子越来越小了，为什么？"猎狗们说："反正没有什么大区别，为什么多费劲去捉大的呢？"

长期的骨头：猎人经过思考后，决定采用每隔一段时间统计一次捉到兔子的总重量，按照重量来评价猎狗，决定一段时间内的待遇的办法。于是猎狗们捉到兔子的数量和重量都增加了。

但过了一段时间，猎狗们捉兔子的数量又少了，而且越有经验的猎狗，捉兔子的数量下降得就越厉害。于是猎人又去问猎狗。猎狗说："我们把最好的时间都奉献给了您，但是我们变老了，捉不到兔子时，您还能给我们骨头吃吗？"

猎人做出论功行赏的决定。规定如果捉到的兔子超过了一定的数量后，即使捉不到兔子，每天也可以得到一定数量的骨头。猎狗们都很高兴，大家都努力去达到猎人规定的数量。

再后来，有只猎狗说："我们这么努力，只得到几根骨头，而我们捉的猎物远远超过了这几根骨头。我们为什么不能给自己捉兔子呢？"

于是，有些猎狗离开了猎人，自己捉兔子去了……

一个组织即使有好的战略和适当的结构，若公司的员工无法实现有效的沟通，未被激励起来，即使能创造出高水平的业绩，这个组织也不能称之为是有效的。对管理者来说，有效沟通不容忽视，因为管理者所要做的每一件事都包含沟通。另外，在有效沟通的基础上，采取适宜的、具有针对性的激励措施对于吸引和留住人才尤显重要。因此，成功的管理者必须要掌握有效的沟通技巧，知道采用什么样的方式适时地调动下属的工作积极性。

7.1 沟通理论

7.1.1 沟通的概念与过程

沟通一词来自英文"communication"，可译为"信息交流、意见沟通"。人们将组织中各种信息的发送、传递、接受称之为沟通。因此，所谓沟通，就是指人们之间传递信息、指令、感情或观念的过程。发出信息的人、群体、组织叫信息的发送者，接受信息的人、群体、组织叫作信息的接受者。

人与人的沟通过程包括发送者、接受者、信息、沟通渠道等 4 个主要因素。

1. 发送者

信息的发送者就是信息的来源，他必须充分了解接受者的情况，选择合适的沟通渠道以利于接受者的理解。要顺利地完成信息的输出，必须对编码（Encoding）和解码（Decoding）两个概念有一个基本的了解。编码是指将想法、认识及感觉转化成信息的过程；解码是指信息的接受者将信息转化为自己的想法或感觉。在编码的过程中，注意以下几个方面有利于提高编码的正确性：

（1）相关性：信息必须与接受者所知道的范围相关联，如此才可能使信息为接受者所了解。所有信息必须以一种对接受者有意义或有价值的方式传送出去。

（2）简明性：尽量将信息转变为最简明的形式，因为越简明的方式，越可能为接受者所了解。

（3）组织性：将信息组织成有条理的若干重点，可以方便接受者了解及避免接受者承担过多的负担。

（4）重复性：主要是在口语的沟通中，重复强调重点有利于接受者的了解和记忆。

（5）集中性：将焦点集中在信息的几个重要层次上，以避免接受者迷失在一堆杂乱无章的信息之中。在口语沟通中，可凭借特别的语调、举止、手势或面部表情来表达这些重点。若以文字沟通方式，则可采用画线或强调语气突出内容的重要性。

2. 接受者

接受者是指获得信息的人。接受者必须从事信息解码的工作，即将信息转化为他所能了解的想法和感受。这一过程要受到接受者的经验、知识、才能、个人素质以及对信息输出者的期望等因素的影响。

3. 信息

信息是指在沟通过程中传给接受者（包括口语和非口语）的消息，同样的信息，输出者和接受者可能有着不同的理解，这可能是输出者和接受者的差异造成的，也可能是由于输出者传送了过多的不必要信息。

4. 沟通渠道

企业组织的沟通渠道是信息得以传送的载体，可分为正式或非正式的沟通渠道、向下沟通渠道、向上沟通渠道、水平沟通渠道。

7.1.2 沟通的作用

1. 沟通是保证下属员工做好工作的前提

只有通过沟通让下属员工明白了他的工作目标要求、所要承担的责任、完成工作后的个人利益之后，才能确知做什么、做到什么程度，以什么态度去做。

2. 沟通是启发下属员工工作热情和积极性的一个重要方式

主管与下属经常就下属所承担的工作，以及他的工作与整个企业发展的联系进行沟通，下属员工就会受到鼓舞，就会使他感觉到自己受到的尊重和他工作本身的价值。这也就直接给下属带来了自我价值的满足，他们的工作热情和积极性就会自然而然地得到提升。

3. 沟通是下属员工做好工作的一个保障

只有通过沟通，主管才能准确、及时地把握下属员工的工作进展、工作难题，并及时为下属工作中的难题的解决提供支持和帮助。这有助于他的工作按照要求，及时、高质量地完成，进而保证整个单位、部门，乃至整个企业的工作协调进行。

正是从这个意义上讲，有效的沟通是提高企业组织运行效益的一个重要环节。实现管理沟通规范化，也就是通过把一种高效、科学的沟通技巧和方法作为一种管理人员的具体管理行为规范确立下来，让每个管理人员都遵照执行。

7.1.3 沟通的基本模式

1. 语言沟通

语言是人类特有的一种非常好的、有效的沟通方式。语言的沟通包括口头语言、书面语言、图片或者图形。

口头语言包括面对面的谈话、开会等。书面语言包括信函、广告和传真，甚至现在用得很多的 E-mail 等。图片包括一些幻灯片和电影等，这些都统称为语言的沟通。

在沟通过程中，语言沟通更擅长于传递的是信息。

2. 肢体语言的沟通

肢体语言包含的内容非常丰富，包括我们的动作、表情、眼神。实际上，在我们的声音里也包含着非常丰富的肢体语言。我们在说每一句话的时候，用什么样的音色去说，用什么样的音调去说等，这都是肢体语言的一部分。

我们说沟通的模式有语言和肢体语言这两种，语言更擅长沟通的是信息，肢体语言更善于沟通的是人与人之间的思想和情感。

7.1.4　沟通主体意识的三大基石

在人的行为过程中，起主导地位的是人的主体意识，当你把沟通理念融入意识之中的时候，就形成了沟通的主体意识，在不断地指导着你的行为。

在沟通的主体意识中，决定沟通成败的，也就是在沟通能力结构中起基石作用的是"积极的人生态度""正向的评价意识"和"主动的沟通行为"，它们被称为沟通能力的三大基石。

第一大基石：积极的人生态度。人生态度是人生发展的灵魂，是沟通主体意识的第一基石。

人生态度是积极还是消极的，标志着你的人生处于一个快乐向上的境界还是处于迷茫、徘徊、低迷、抱怨、抑郁之中。积极的人生态度，会产生一种力量，这种力量成就了不可战胜的自信心，也为成功奠定了基础。

第二大基石：正向的评价意识。正向评价意识是一种能力，它是以细微观察能力和欣赏感知为基础的。正向评价意识是沟通主体意识组成的第二基石。

具有正向评价意识能力的人，看人看事，能够发现其最有价值的东西；反之，有的人即使把最好的东西放在面前，也是无动于衷，听而不闻，视而不见，具有正向评价意识的人能够在泛泛之中看到"金子"的存在，而具有负向评价意识的人，"粪土"总是率先进入自己的视野。

具有正向评价意识的人，就具有领导者的潜质，能够容易看到下属的优点，起到激励作用；具有正向评价意识的人，能够看到对方的优秀的一面并加以赞赏，就容易受到对方喜欢，人际关系就会很好，人的天性就是喜欢那些给自己带来表扬和赞赏的人，排斥那些给自己带来批评和惩罚的人。

第三大基石：主动的沟通行为。具有积极的人生态度和正向评价意识的人，就具有了主动沟通意识潜质，进而产生主动沟通行为。

主动和被动，一字之差，就可能导致好多机会的得到或者失去，所以主动沟通行为是衡量情商的重要尺度之一。把无意识的沟通转化为有意识的、科学的沟通，是人生发展的关键性转换，因为这种转换会改变人的一生，这一转变是以主动沟通为基础的。

7.1.5　沟通的技巧

《哈佛人力资源管理》对沟通技巧介绍了如下模式：

1. 倾听技巧

倾听能鼓励他人倾吐他们的状况与问题，而这种方法能协助他们找出解决问题的方法。倾听技巧是有效影响力的关键，而它需要相当的耐心与全神贯注。倾听技巧由 4 个个体技巧所组成，分别是鼓励、询问、反应与复述。

（1）鼓励：促进对方表达的意愿。

（2）询问：以探索方式获得更多对方的信息资料。

（3）反应：告诉对方你在听，同时确定完全了解对方的意思。

（4）复述：用于讨论结束时，确定没有误解对方的意思。

2. 气氛控制技巧

安全而和谐的气氛，能使对方更愿意沟通，如果沟通双方彼此猜忌、批评或恶意中伤，将使气氛紧张、冲突，加速彼此心理设防，使沟通中断或无效。气氛控制技巧由 4 个个体技巧组成，分别是联合、参与、依赖与觉察。

（1）联合：以兴趣、价值、需求和目标等强调双方所共有的事务，造成和谐的气氛而达到沟通的效果。

（2）参与：激发对方的投入态度，创造一种热忱，使目标更快完成，并为随后进行的推动创造积极气氛。

（3）依赖：创造安全的情境，提高对方的安全感，接纳对方的感受、态度与价值等。

（4）觉察：将潜在"爆炸性"或高度冲突状况予以化解，避免讨论演变为负面或破坏性。

3. 推动技巧

推动技巧是用来影响他人的行为，使其逐渐符合我们的议题。有效运用推动技巧的关键，在于以明确具体的积极态度，让对方在毫无怀疑的情况下接受你的意见，并觉得受到激励，想完成工作。推动技巧由 4 个个体技巧所组成，分别是回馈、提议、推论与增强。

（1）回馈：让对方了解你对其行为的感受，这些回馈对人们改变行为或维持适当行为是相当重要的，尤其是提供回馈时，要以清晰具体而非侵犯的态度提出。

（2）提议：将自己的意见具体、明确地表达出来，让对方能了解自己的行动方向与目的。

（3）推论：使讨论具有进展性，整理谈话内容，并以它为基础，为讨论目的延伸而锁定目标。

（4）增强：利用增强对方出现的正向行为（符合沟通意图的行为）来影响他人，也就是利用增强来激励他人做你想要他做的事。

沟通

7.2 激励理论

7.2.1 激励的概念与过程

人首先面临的是需要一种存在于人的内部或外部的、能唤起他的热情和耐力去工作的力量，我们把这种力量称为激励。激励可以被认为是一种心理的力量，它决定了组织中人的行为方向、努力程度以及在困难面前的耐力。

激励可以分为内在激励和外在激励。内在激励是指人在执行某个特定行为的过程中所获得的满足感。完成一个复杂的任务可以使人有一种愉悦的实现感，解决某个有益于他人的问题也可使人满足。例如，喜欢教小孩的幼儿园老师、喜欢解决程序问题的计算机程序员和喜欢拍有创意性照片的摄影师都会受到内在激励。对于这些人，激励来自于做好他们的工作，不管他们是教育小孩、发现计算机程序的病毒还是拍照片。外在激励的源泉是行为的结果，而不是行为的本身。例如，汽车销售人员受到的激励是因为他能从他所销售的汽车中得到佣金；律师能从与他的职业有关的收入和地位中受到激励；工厂的工作人员能从获得稳定收入的机会中受到激励；他们受到的都是外在激励。他们所受到的激励来源于他们的工作结果。

人们可以受到内在激励、外在激励或者同时受到两种激励的作用。从管理好一个大的公司、努力达到年终的目标、获得很高的奖金中获得成就感的高级管理者，他们同时受到内部和外部激励；同样，一个喜欢帮助和关心病人的护士，受到好的福利、稳定职业的激励，她同时受到了内部和外部激励。

7.2.2   激励中对人的认识

激励的对象始终并且也只能是人。因此，管理者在研究激励人的工作之前，也必须首先对人有一个正确的认识。

对人的认识包括对人本身的认识，即对人性的认识和对人所处的环境特性的认识，即对客观存在的周围环境的认识。这里主要讨论的是对人的认识，即对"人性"的假设。在不同的近代历史时期中，社会学家和管理学家曾经有各种不同的对"人性"的假设，在不同的"人性"假设的指导下，管理者会采用不同的方法与手段来激励人。

1. "经济人"假设

这种假设认为人的一切行为都是为了最大限度地满足自己的利益，工作的动机是为获得经济报酬。所以组织就以权力与控制体系来保护组织本身及引导员工，以经济报酬来使人们服从和做出成绩。

2. "社会人"假设

这种假设认为社会性需求的满足往往比经济上的报酬更能激励人们，所以组织应更加注意从事工作的人们的要求，重视员工之间的关系，培养和形成员工的归属感，提倡集体奖励制度。

3. "自我实现人"假设

这种假设认为，人们除了物质和社会需求之外，还有一种想充分运用自己的各种能力、发挥自身潜力、实现自我价值的欲望。因此，组织应创造条件，在让人们的这种欲望得到满足的同时，也让组织的目标得以实现。

4. "复杂人"假设

这种假设认为任何假设都不能适用于一切人。由于人是复杂的，人的需求随着各种变化而变化，因此要求管理者根据不同的人，因人因时而异，灵活采取不同的管理措施，即用"权变理论"作指导，来达到激励人的目的。

事实上，实际生活中的人是千变万化的，绝不是用几种类型就能简单归纳的。实践证明偏信某种"人性"假设都可能会陷入误区。然而也应该看到，这些人性假设理论对管理工作还是具有很大的启示和帮助作用的，至少每种假设都给管理者提供了一种识别人们需求的重要标准。综合这些假设，可以把以下两点认识作为激励工作的依据。

（1）人的需求是复杂的：人的需求是多样而复杂的，有经济的、社会的等，因此，不能单纯地将人当作经济人、社会人、自我实现的人来对待，人在不同程度或不同时期，这些特性可能都具备，所以如何全面、综合地识别别人的需求，成了激励工作中的重要问题。

（2）人的需求是变化的：人的需求是因人而异、因时而异的，是处在变化中的，这就使得在激励过程中对人的需求的引导和改变成为可能。

7.2.3　激励理论

要懂得如何激励员工,必须先掌握激励理论。激励理论主要包括激励的内容理论、激励的过程理论、激励的强化理论等。这些理论从不同的侧面研究了人的行为动因,但每一种理论都有其局限性,不可能用一种理论去解释所有行为的激励问题。各种理论可以相互补充,使激励理论得以完善。组织的管理者,要想有效地激励员工,必须较全面地了解各种激励理论。

1. 激励的内容理论

这类激励理论,根据对人性的理解,着重突出激励对象未满足的需要类型。有两种思路:一种是从社会文化的系统出发,对人的需要进行分类,通过提供一种未满足的需要的框架,寻求管理对象的激励效率,称之为需要层次理论;另一种是从组织范围的角度出发,把人的需要具体化为员工切实关心的问题,称之为双因素理论。这两种激励理论形成于 20 世纪 50 年代。后期还有与强调需要相关的后天需要理论。

(1) 需要层次理论。这一理论是由美国的社会心理学家亚伯拉罕·马斯洛提出来的,因而也称为马斯洛需要层次论(见表 7-1)。马斯洛认为,每个人都有 5 个层次的需要:生理的需要、安全的需要、社交情感的需要、尊重的需要、自我实现的需要。

表 7-1　马斯洛的需要层次理论

	需要	描述	方法
高层次的需要	自我实现的需要	实现作为一个人的所有潜能的需要	使人有最大可能发挥他们的能力和技巧的机会
	尊重的需要	对自身和自己的能力感觉良好、被其他人尊重和获得认同和欣赏的需要	提升和成就的认同
	社交情感的需要	对社会交往、友谊和爱的需要	促进好的人际关系和组织像公司野餐和假期餐会这样的社会活动
	安全的需要	对安全、稳定和安全环境的需要	提供稳定的工作、足够的医疗福利和安全的工作环境
低层次的需要(最基本或迫切的需要)	生理的需要	对人生存所必需的诸如食物、水、住所等东西的需要	提供能保证个体购买食物、衣服和拥有适当住所的一定水平的报酬

注:未满足的最低层次的需要激励人们的行为;一旦这个层次的需要满足后,人们就会努力满足下一个高层次的需要。

生理的需要是任何动物都有的需要,只是不同的动物在这种需要的表现形式上不同而已。对人类来说,这是最基本的需要,如衣、食、住、行等。所以,在经济欠发达的社会,必须首先研究并满足这方面的需要。

安全的需要是保护自己免受身体和情感伤害的需要。它又可以分为两类:一类是现在的安全需要,另一类是对未来的安全需要。即一方面要求自己现在的社会生活的各个方面均能有所保证,另一方面,希望自己未来的生活能有所保障。

社会情感的需要包括友谊、爱情、归属及接纳方面的需要,这主要产生于人的社会性。马斯洛认为，人是一种社会性动物，人们的生活和工作都不是孤立地进行的，这已由20世纪30年代的行为科学研究所证明。这说明，人们希望在一种被接受或有归属的情况下工作，而不希望在社会中成为离群的孤鸟。

尊重的需要分为内部尊重和外部尊重。内部尊重因素包括自尊、自主和成就感；外部尊重因素包括地位、认可和关注或者说是受人尊重。自尊是指在自己取得成功时有一种自豪感，它是驱使人们奋发向上的推动力。受人尊重，是指当自己做出贡献时能得到他人的认可。

自我实现的需要包括成长与发展、发挥自身潜能、实现理想的需要。这是一种追求个人能力极限的内趋力。这种需要一般表现在两个方面。一是胜任感方面，有这种需要的人力图控制事物或环境，而不是等待事物被动地发生或发展。二是成就感方面，对有这种需要的人来说，工作的乐趣在于成果和成功，他们需要知道自己工作的结果，成功后的喜悦要远比其他任何报酬都重要。

（2）双因素理论。这种激励理论也叫"保健—激励理论"，是美国心理学家赫兹伯格于20世纪50年代后期提出的。这一理论的研究重点，是组织中个人与工作的关系问题。赫兹伯格试图证明，个人对工作的态度在很大程度上决定着任务的成功与失败。为此，他在20世纪50年代后期，在匹兹堡地区的11个工商业机构中，对近2000名白领工作者进行了调查。在调查中，他用所设计的诸多有关个人与工作关系的问题，要求受访者在具体情景下详细描述他们认为工作中特别满意或特别不满意的方面。最后，通过对调查结果的综合分析，赫兹伯格发现，引起人们不满意的因素往往是一些工作的外在因素，大多同他们的工作条件和环境有关；能给人们带来满意的因素，通常都是内在的，是由工作本身所决定的。

由此，赫兹伯格提出，影响人们行为的因素主要有两类：保健因素和激励因素。保健因素是那些与人们的不满情绪有关的因素，如公司的政策、管理和监督、人际关系、工作条件等。保健因素处理不好，会引发员工对工作产生不满的情绪；处理得好，可以预防或消除这种不满情绪。但这类因素并不能对员工起激励的作用，只能起到保持人的积极性、维持工作现状的作用。所以保健因素又称为"维持因素"。激励因素是指那些与人们的满意情绪有关的因素。与激励因素有关的工作处理得好，能够使人们产生满意情绪，如果处理不当，其不利效果顶多只是没有满意情绪，而不会导致不满。他认为，激励因素主要包括工作表现机会和工作带来的愉快、工作上的成就感、由于良好的工作成绩而得到的奖励、对未来发展的期望、职务上的责任感等。

这种理论对企业管理的基本启示是：要调动和维持员工的积极性，首先要注意保健因素，以防止不满情绪的产生。但更重要的是要利用激励因素去激发员工的工作热情，努力工作，创造奋发向上的局面，因为只有激励因素才会增加员工的工作满意感。不过，正如马斯洛的需要层次论在讨论激励的内容时固有的缺陷一样，赫兹伯格的双因素理论也有欠完善之处。像在研究方法的可靠性以及满意度的评价标准这些方面，赫兹伯格这一理论都存在不足。另外，赫兹伯格认为员工满意度与劳动生产率之间存在一定的关系，但他所用的研究方法只考察了满意度，并没有涉及劳动生产率。

2. 激励的过程理论

激励的过程理论试图说明员工在面对激励措施时，如何选择行为方式去满足他们的需要，以及确定其行为方式的选择是否成功。过程理论有两种基本类型：公平理论和期望理论。

（1）公平理论。员工不是在真空环境中工作，他们总是在进行比较。如果一个人大学刚毕业就有人提供一份月薪4000元的工作，他可能会很乐意接受，并且工作努力，对自己的收入也十分满意。可是，假如他工作了一两个月后，发现另一位最近毕业的，与他的年龄、教育经历相当的同事，月收入为4500元时，有何反应呢？可能会很失望。虽然对于一个刚毕业的大学生来说，4000元的绝对收入已相当可观（自己也知道这一点），但这并不是问题所在。问题的关键在于相对的收入和本人的公平观念。大量事实表明员工经常将自己的付出与所得和他人进行比较，而由此产生的不公平感将影响到此人以后付出的努力。

公平理论由斯达西·亚当斯（J. Stacey Adams）提出，这一理论认为员工首先思考自己的收入与付出的比率，然后将自己的收入—付出的比与相关他人的收入—付出比进行比较，见表7－2。如果员工感觉到自己的比率与他人相同，则为公平状态；如果感到二者的比率不相同，则会产生不公平感，也就是说，他们会认为自己的收入过低或过高。这种不公平感出现后，员工们就会试图去纠正它。

表7－2　公平理论

觉察到的比率比较	员工的评价	觉察到的比率比较	员工的评价
$\dfrac{所得 A}{付出 A} < \dfrac{所得 B}{付出 B}$	不公平（报酬过低）	$\dfrac{所得 A}{付出 A} > \dfrac{所得 B}{付出 B}$	不公平（报酬过高）
$\dfrac{所得 A}{付出 A} = \dfrac{所得 B}{付出 B}$	公平		

注：A 代表某员工；B 代表参照对象。

在公平理论中，员工所选择的与自己进行比较的参照对象是一重要变量，我们可以划分出三种参照类型："他人""制度"和"自我"。"他人"包括同一组织中从事相似工作的其他个体，还包括朋友、邻居及同行。员工通过口头、报纸及杂志等渠道获得了有关工资标准、最近的劳工合同等方面的信息，并在此基础上将自己的收入与他人的收入进行比较。

公平理论认为每个人不仅关心由于自己的工作努力所得到的绝对报酬，而且还关心自己的报酬与他人的报酬之间的关系。他们对自己的付出与所得和他人的付出与所得之间的关系做出判断。他们以对工作的付出，如努力程度、工作经验、教育程度及能力水平等为根据，比较其所得，如薪金、晋升、认可等因素。如果发现自己的付出—所得比和其他人相比不平衡，就会产生紧张感，这种紧张感又会成为他们追求公平和平等的动机的基础。

大量的研究支持了公平理论的观点：员工的积极性不仅受其绝对收入的影响，而且受其相对收入的影响。一旦员工感知到不公平，他们就会采取行动纠正这种情境，其结果可能会降低或提高生产率，改善或降低产出质量，提高或降低缺勤率、自动离职率。

（2）期望理论。期望理论认为，当人们预期到某一行为能给个人带来既定结果，且这种结果对个体具有吸引力时，个人才会采取这一特定行为。它包括以下三项变量或三种联系。

1）努力—绩效的联系：个体感觉到通过一定程度的努力而达到工作绩效的可能性。

2）绩效—奖赏的联系：个体感觉到通过一定的工作绩效后即可获得理想的奖赏结果的信任程度。

3）吸引力：如果工作完成，个体所获得的潜在结果或奖赏对个体的重要性程度，与个人的目标和需要有关。

虽然这些联系看起来有些复杂，其实并不难理解。我们可以将它们归结为以下这几个问题：我必须付出多大努力以实现某一工作绩效水平？我真的能达到这一绩效水平吗？当我达到这一绩效水平后会得到什么奖励？这种奖赏对我有多大吸引力？他是否有助于我实现自己的目标？员工是否愿意从事某种工作，取决于个体的具体目标以及员工对工作绩效能否实现这一目标的认识。一个人从事工作的动机强度取决于他认为自己能够实现理想的工作绩效的信念程度。如果这一目标得以实现（达到了一定的绩效水平），他是否会获得组织所给予的充分奖赏？如果组织给予了奖励，这种奖励能否满足他的个人目标？让我们假设有一个工作机会，进一步来看一下期望理论中所包含的这四个步骤。

第一步，员工感到这份工作能提供什么样的结果？这些结果可以是积极的，如工资、人身安全、同事友谊、信任、额外福利、发挥自身潜能或才干的机会等；也可以是消极的，如疲劳、厌倦、挫折、焦虑、严格的监督与约束、失业威胁等。也许实际情况并非如此，但这里我们强调的是员工知觉到的结果，无论他的知觉是否正确。

第二步，这些结果对员工的吸引力有多大？他们的评价是积极的、消极的还是中性的？这显然是一个内部的问题，与员工的态度、个性及需要有关。如果员工发现某一结果对他有特别的吸引力，也就是说，他的评价是积极的，那么他将努力实现它。对于同一个工作，有些人则可能对其评价消极，从而放弃这一工作，还有的人的看法可能是中性的。

第三步，为得到这一结果，员工需采取什么样的行动？只有员工清楚、明确地知道为达到这一结果必须做些什么时，这一结果才会对员工的工作绩效产生影响。比如，员工需要明确了解在绩效评估中"干得出色"是什么意思，使用什么样的标准来评价他的工作绩效。

第四步，员工是怎样看待这次工作机会的？在员工衡量了自己可以控制的、决定成功的各项能力后，他认为工作成功的可能性有多大？

期望理论的基础是自我利益，它认为每一个员工都在寻求获得最大的自我满足。期望理论的核心是双向期望，管理者期望员工的行为，员工期望管理者的奖励。期望理论的假说是管理者知道什么对员工最有吸引力。期望理论的员工判断依据是员工个人的知觉，而与现实情况关系不大。不管实际情况如何，只要员工以自己的知觉确认自己经过努力工作就能达到所要求的绩效，达到绩效后就能得到具有吸引力的奖赏，因此他就会努力工作。

因此，期望理论的关键是，正确识别个人目标和判断之间的三种联系，即努力与绩效的联系、绩效与奖励的联系、奖励与个人目标的联系。

激励过程的期望理论对管理者的启示是，管理人员的责任是帮助员工满足需要，同时实现组织目标。管理者必须尽力发现员工在技能和能力方面与工作需求之间的对称性。为了提高激励，管理者可以明确员工个体的需要，界定组织提供的结果，并确保每个员工有能力和条件（时间和设备）得到这些结果。企业管理实践中不时有公司在组织内部设置提高员工积极性的激励性条款或措施。如为员工提供担任多种任务角色的机会，激发他们完成工作和提高所得的主观能动性。

3. 激励的强化理论

这种理论观点主张对激励进行针对性的刺激，只看员工的行为及其结果之间的关系，而不是突出激励的内容和过程。该理论认为人的行为是其所受刺激的函数。如果这种刺激对他有利，这种行为就会重复出现；若对他不利，这种行为就会减弱直到消失。因此管理要采取各种强化方式，以使人们的行为符合组织的目标。根据强化的性质和目的，强化可以分为正强化和负强化两大类型。

（1）正强化。所谓正强化，就是奖励那些符合组织目标的行为，以使这些行为得到进一步的加强，从而有利于组织目标的实现。正强化的刺激物不仅包含奖金等物质奖励，还包含表扬、提升、改善工作关系等精神奖励。为了使强化达到预期的效果，还必须注意实施不同的强化方式。有的正强化是连续的、固定的，譬如对第一次符合组织目标的行为都给予强化，或每隔一固定的时间给予一定数量的强化。尽管这种强化有及时刺激、立竿见影的效果，但久而久之，人们就会对这种正强化有越来越高的期望，或者认为这种正强化是理所应当的。管理者要不断加强这种正强化，否则其作用会减弱甚至不再起到刺激行为的作用。另一种正强化的方式是间断的，时间和数量都不固定，管理者根据组织的需要和个人行为在工作中的反映，不定期、不定量地实施强化，使每次强化都能起到较大的效果。实践证明，后一种正强化更有利于组织目标的实现。

（2）负强化。所谓负强化，就是惩罚那些不符合组织目标的行为，以使这些行为削弱甚至消失，从而保证组织目标的实现不受干扰。实际上，不进行正强化也是一种负强化，譬如，过去对某种行为进行正强化，现在组织不再需要这种行为，但基于这种行为并不妨碍组织目标的实现，这时就可以取消正强化，使行为减少或者不再重复出现。同样，负强化也包含着减少奖酬或罚款、批评、降级等。实施负强化的方式与正强化有所差异，应以连续负强化为主，即对每一次不符合组织的行为都应及时予以负强化，消除人们的侥幸心理，减少直至消除这种行为重复出现的可能性。

总之，强化理论的实质是强调行为是其结果的函数，通过适当运用即时的奖惩手段，集中改变或修正员工的工作行为。强化理论的不足之处，在于它忽视了诸如目标、期望、需要等个体要素，而仅仅注意到当人们采取某种行动时会带来什么样的后果，但强化并不是员工工作积极性存在差异的唯一解释。

员工激励

本 章 小 结

人与人的沟通过程包括发送者、接受者、信息、沟通渠道等 4 个主要因素。在沟通的主体意识中，决定沟通成败的是"积极的人生态度""正向的评价意识"和"主动的沟通行为"，它们被称为沟通能力的三大基石。

激励可以分为内在激励和外在激励两种，它是一种能唤起一个人的热情和耐力去工作的力量。简单的激励过程分为需要—行为—结果等阶段。

需要层次理论认为，人类有 5 个层次的需要：生理需要、安全需要、社交情感需要、尊重需要和自我实现的需要。个体试图不断努力以逐层满足这些需要。一种需要相对得到满足就不再会产生激励作用了。激励—保健理论认为，不是所有的工作要素都对员工产生激励作用。保健因素只能安抚员工，而没有激励作用，它们不能使员工产生工作满足感。而另一些因素（如成就、认可、责任及晋升等）使人们感受到内部的回报，它们对员工具有激励作用，使员工产生工作满意感。公平理论认为个人总是将自己的付出—所得比与相关他人进行比较，如果他们感到自己的收入低于应得报酬，则工作的积极性将降低，如果他们认为自己的收入高于应得报酬，则会激励他们努力工作以使自己的报酬合情合理。期望理论指出只有当人们预期到某一行为能给个人带来既定结果，且这种结果对其具有吸引力时，个人才会采取这一特定行为。强化理论强调奖励管理模式，它认为只有使用正强化而非负强化才能奖励理想行为。这一理论认为，行为是由环境因素导致的，而目标设定理论则认为，激励的源泉来自于个人的内在目标。

复习思考题

1. 什么是沟通？沟通的过程包括哪几个因素？
2. 沟通主体意识的三大基石是什么？
3. 结合自己的实际经历，简述沟通的技巧。
4. 试述需求层次理论与双因素理论的关系。
5. 如果你要为公司开发一种奖金制度，你将采用何种理论的何种要素，为什么？
6. 你认为员工队伍的多样化会给管理者应用公平理论造成什么困难？
7. 列出5种你选择职务时最重要的标准（如报酬、承认、挑战性等），按重要性排列，然后将其分组并比较你的反应，你可能会发现什么模式？

阅 读 资 料

惠普的"沟通文化"

在惠普（中国）公司有这样一种现象，企业办公桌的数量永远比员工的数量要少，企业鼓励员工带着笔记本电脑在办公室以外的其他地方比如家中办公。而且，由于办公桌总是比员工人数少，所以办公桌总是处于被公用的状态，并非归个人独自专用。所以，实际上员工的办公地点并非固定，员工总是处于流动性的办公状态之中。即便企业的管理者也是遵循这一规则，在公司并没有专用的办公空间。

惠普的这种做法显然是基于其强大的内部网络基础，或者说，正是内部网的支撑，惠普才真正实现了其梦寐以求的无纸化办公。

我们发现，这种规则的实行，除了对惠普直接产生高效、节能的功用之外，对惠普的企业文化建设也产生了新的推动。比如，惠普提倡成员与成员之间的坦诚相见，提倡"沟通"。那么，由于员工的办公地点并非固定，因此他办公桌的邻居也是不固定的，今天他的邻居是A部门的，明天也许就是B部门的。这种状态使得成员之间的沟通变得十分有意义，换言之，成员之间面对面的沟通不再局限于本部门，即便是与公司管理层的沟通也不再是困难的事情。

再如，惠普提倡企业内部成员的平等性，要求成员之间平等相处，杜绝明显的等级概念，同时惠普还要求成员与社会其他成员之间也能够做到平等相处。总之，惠普希望"平等"的观念能够深入人心。也许惠普曾为此考虑设计很复杂很详尽的制度体系，但是当"办公桌的规则"出现以后，"平等"这一企业文化理念的推广就不成其为问题了。当企业的一名普通成员坐在办公桌前，想到昨天坐在这里办公的还是公司的一名高层管理人员的时候，他对"平等"的领悟就已经是相当深刻的了。

一句话，由于网络的强力支撑，惠普形成了自己独具特色的实实在在的网络文化。

网络加速企业文化革新。

不难看出，所谓企业网络文化，实际上是相对于传统的企业文化而言的，它是企业网络化生存所赋予的企业文化新的内涵。

今天看来，信息技术特别是企业内部网络对企业传统经营管理模式所形成的冲击已是相当明显。它的出现加速着企业经营方式和管理方式的变革。企业创建企业的广域网络和内部网络，企业各项业务活动中都充分利用信息技术，这一切都大大优化了企业内部成员与成员、部门与部门以及成员与部门之间传统的沟通方式，也在很大程度上更改了企业的业务运作模式、管理方式和组织方式。

自然，企业的网络化生存也大大改变了企业成员的思维方式和行为模式。而这正是企业网络文化形成的根本所在。

以企业的沟通机制建设为例。

对很多企业来说，在拼凑网络的当初，也许并未想清楚它在沟通领域的强大的作用。而只是将其作为自己网络化生存的一个重要步骤而不得不提上议事日程。但是，很快人们就发现了它的巨大魅力，这种魅力在于它为企业提供了前所未有的强大的交流能力。良好的沟通和交流一直是企业所刻意追求的，企业中人也一直在探索企业内部沟通渠道的种种可能，但沟通不畅这一长期困扰经营者的问题，直到企业网络的到来才真正出现转机。

前面谈到惠普的"沟通文化"，应该说是企业网络化生存所引起的企业沟通体系的一种较高体现。一方面，企业成员可以在任何地方通过网络进行非现场交流，另一方面，企业成员之间也因为邻座的随机组合而扩大了面对面交流的范围。这种沟通体系也许一般企业还难以做到，但是对于遵循网络化生存规则的企业来说，通过网络进行非现场交流却是十分自然的事情。几乎就在一瞬间，很多企业的成员都喜欢上了内部网络。先前通过纸质进行信息沟通和交流的方式开始变得令人难以忍受。大家开始习惯于在网络上进行任何信息的交流，包括企业的、生活的，甚至是绝对个人的。

网络将大家紧紧地联系在了一起。对于企业来说，即便这个成员身处十分偏远的地区，但只要有网络，他就能同其他成员一样享有企业的任何资源和信息。甚至是开会这样比较复杂的事情，在网络的支撑下，实现在线观摩也并非难事。网络真正加深了企业成员对于企业的归属感。

当然还有同客户的交流，一般企业都渴望在自己提供服务的整个过程之中，都能同客户保持充分的交流，那么企业在打造"客户服务中心"的时候，如果能设计网络平台，所谓的"客户生态圈文化"就有了基本的实现途径。

企业的网络文化自然不只"沟通"这么简单，还有比如"高效""科学""民主"等很多内涵。虽然这些理念在传统的企业文化中也得到提倡，但只有在一个网络化的企业里，这些倡导才显得切实可行。

网络的出现改变了企业成员的思维方式和行为模式，也加速了企业文化的革新。一个真正实现了网络化生存的企业，它的企业文化是打上了深深的网络烙印的。

我们提出要关注企业的网络文化，事实上除了要关注企业的思维方式和行为模式的转变，以及上述这些理念和内涵之外，还有另外一些东西也值得关注，比如，网络信息的泛滥、网络文明以及网络对个体心理的负面影响等。这些问题关注不够，或许就会产生与企业主流文化相悖的亚文化。亚文化的出现会干扰整个企业经营管理活动。相信这是任何一个企业都不愿意看到的。

无论如何，这一切都是企业网络文化的内涵，或者我们还不能说这就是网络文化内涵的全部——谁知道明天网络又会给我们带来怎样的影响呢？

（该阅读材料来源于侯志春编著的《管理沟通理论与实务》）

案 例 分 析

提拔错了吗？

　　朱彬是一家房地产公司负责销售的副总经理，他把公司里最好的推销员李兰提拔起来当销售部经理。李兰在这个职位上干得并不怎么样，她的下属说她待人不耐烦，几乎得不到她的指点与磋商。李兰也不满意这份工作，当推销员时，她做成一笔买卖就可立刻拿到奖金，可当了经理后，她干得是好是坏取决于下属们的工作，她的奖金也要到年终才能定下来。人们说她是"被高度激发了"，她拥有一幢价格昂贵的市区住房，开"奥迪"车，全部收入都用在生活开销上。李兰现在和过去判若两人，朱彬被搞糊涂了。

　　一位管理咨询专家被请来研究这一情况，他的结论是，对李兰来说，销售部经理一职不是她所希望的，她不会卖力工作以祈求成功。

❓思考与分析

　　就以上的资料，分析管理咨询专家为什么会得出这个结论？

实 践 练 习

　　对一个企业进行走访，了解该企业所应用的激励方案及所采取的主要沟通方式。

Chapter Eight
第8章 领　导

🎻 **学习目标**
- 了解领导及领导者的含义和区别。
- 了解领导者权威的来源。
- 掌握领导方式理论。
- 了解领导者应具备的素质。

📝 导入案例

一个人去买鹦鹉，看到一只鹦鹉前标道：此鹦鹉会两门语言，售价200元。另一只鹦鹉前则标道：此鹦鹉会四门语言，售价400元。该买哪只呢？两只都毛色光鲜，而且非常机灵可爱。这人转啊转，拿不定主意。结果突然发现一只老掉了牙的鹦鹉，毛色暗淡无光，标价800元。这人赶紧将老板叫来：这只鹦鹉是不是会说八门语言？店主说：不。这人奇怪了：那为什么又老又丑，又没有能力，会值这个数呢？店主回答：因为另外两只鹦鹉叫这只鹦鹉老板。

这个故事告诉我们，真正的领导人，不一定自己能力有多强，只要懂信任、懂放权、懂珍惜，就能团结比自己更强的力量，从而提升自己的身价。相反，许多能力非常强的人却因为过于完美主义，事必躬亲，觉得什么人都不如自己，最后只能做最好的攻关人员，销售代表，成不了优秀的领导人。

领导是管理的重要职能，领导水平的高低常常决定了组织的生死存亡。

本章重点介绍国内外的一些领导理论，根据这些理论还要深入讨论决策、参与、用人和授权等问题。在此之前，先来考察一下领导的内涵。

◁ 8.1　领导与领导者

关于领导的含义有几种看法：有人认为，领导是一门促使下级以高度的热心和信心来完成他们的任务的艺术；也有人认为，领导是一项程序，它使人们在选择目标和达成目标的过程中受指挥者的导向和影响；还有一些人认为，领导是一种说服他人热心追求目标的能力等。综合上述看法，我们认为，领导的本质是一种影响力，即对一个组织为确立目标和实现目标所进行的活动施加影响的过程。

需要注意的是，千万不要把领导同领导者混同起来，领导者是实施领导的人，或者说领导者是利用影响力带领人们或群体达成组织目标的人。

8.1.1　领导者与管理者

我们首先来区分管理者和领导者的不同之处。尽管这两者并不完全相同，但有些人经常将他们混为一谈。

管理常常被等同于领导。但是，领导与管理是有很大差别的。管理者可能是领导者，但是更多的时候不是。与此类似，尽管没有管理职位，员工也可以起到领导的作用。这方面的专家詹姆斯·库兹和巴里·波斯尼建议用下面的方法来突出领导者和管理者之间的区别。拿一张纸，分成两栏，第一栏确认领导者的活动、行为和举动，在第二栏列出管理者的活动、行为和举动，将这两栏进行对比。库兹和波斯尼预计你会将诸如变化、危机和创新这样的因素与领导者联系在一起，将组织稳定性与管理者联系在一起。按照他们的说法，"在我们想到领导者的时候，我们会想起动荡、冲突、创新和变化的时期。在我们想到管理者的时候，我们会记起稳定、和谐、延续和不变的时期。"

也许领导者和管理者之间的主要区别在于各自的侧重点不同。管理者更关注维持现状，而领导者则更关心群体的最终方向。为了能更好地理解领导，沃伦·班尼斯和伯特·纳努斯对90个成功企业和公众领导者进行了调查。他们发现管理者是能将事情做正确的人，领导者是做正确事情的人。正如班尼斯和纳努斯进一步解释的那样，管理者是强调物质资源的问题解决者，而领导者是侧重精神和情感资源的问题发现者。

将效率与有效混淆提供了管理和领导的另一个区别之处。管理关注的常常是效率。然而，一个运行有效率的组织仍然会失败，如果它对变化的条件没有做出反应或者没有满足成员的需求。班尼斯指出："领导指的不是管理；两者的区别是很大的。有许多机构虽说管理得很好，但是领导得却很差。他们处理每天例行公事的能力也许很强，但是他们可能从来没有问过是否应该保留这些例行公事。"

因此，领导者不一定是管理者，管理者也不一定是领导者。两者既可以是合二为一的，也可以是相互分离的。有的管理者可以运用职权迫使人们去从事某一项工作，但不能影响人们去工作，他并不是领导者；有的人并没有正式职权，却能以个人的影响力去影响他人，如非正式组织中的首脑，他是一位领导者。为了使组织更有效，应该选取领导者来从事管理工作，也应该把每个管理者都培养成好的领导者。

8.1.2　领导者影响力的来源

领导者影响个人或群体的基础是权力，即指挥下级的权和促使下级服从的力。

领导者的影响力主要来自两个方面：一方面是来自于职位权力，这种权力是由于领导者在组织中所处的位置才具有的，是由上级和组织赋予的，这样的权力会随职务的变动而变动。在职就有权，离职就无权。人们往往出于压力和习惯不得不服从于这种职位权力。另一方面是来自于个人权力。这种权力不是由于领导者在组织中的位置，而是由于自身的某些特殊条件才具有的。例如：领导者具有高尚的品德，丰富的经验，卓越的工作能力，良好的人际关系；领导者善于体贴关心他人，令人感到可亲、可信、可敬，不仅能完成组织目标，而且善于创造一个激励的工作环境以满足群众的需要等。这种权力不会随着职位的消失而消失，而且这种权力对人的影响是发自内心的，长远的。

　　如果细加分析，可将权力的基础分为 5 类。

　　（1）惩罚权：它来自下级的恐惧感，即下级感到领导者有能力惩罚他，使他痛苦，使他不能满足某些需求。

　　（2）奖赏权：它来自下级追求满足的欲望，即下级感到领导者有能力奖赏他，使他觉得愉快或满足某些需求。

　　（3）合法权：它来自下级传统的习惯观念，即下级认为领导者有合法的权力影响他，他必须接受领导者的影响。

　　（4）模范权：它来自下级对上级的信任，即下级相信领导者具有他所需要的智慧和品质，具有共同的愿望和利益，从而对上级钦佩和赞誉，愿意模仿和跟从上级。

　　（5）专长权：它来自下级的尊敬，即下级感到领导者具有某种专门的知识、技能和专长，能帮助他指明方向，排除障碍，达到组织目标和个人目标。

　　惩罚权、奖赏权、合法权属于职位权力，模范权和专长权属于个人权力。这几种不同的权力对下级所产生的影响效果和个人的满意程度是不同的。

　　惩罚权虽然可以使下级基于恐惧而顺从，但这种顺从是表面的、暂时的，而内心不一定受到影响。为了维持这种顺从，领导者必须时常监督下级是否照他的指示去做。如果领导者发现下级不遵循行为规范，为了维持威信一定要加以惩罚。而监督与惩罚的成本都很高昂。

　　奖赏权是采取奖励的办法来引导人们做出所需要的行为。其效果当然要比惩罚好，可以增加领导者对下级的吸引力，也能使员工满意并提高工作效率，但这种办法的激励作用要视奖励值的大小和公平性而定。奖赏权不利的一面是容易引起本位主义，使下级缺乏整体和长远观念，过分使用这种权力还容易形成人们对金钱的依赖心理。

　　合法权是指下级基于习惯、社会意识和某种责任感所引起的服从，但这种服从不能导致较高的工作水平和个人满意的感觉。下级接受这种权力还因为只有这样才会得到领导者的赞扬，大家的接纳和认可，满足安全和亲和的要求。

　　模范权和专长权一般都能引起公开和私下的顺从，内心的信服，由此而来的影响力也比较持久。

8.2　领导理论

8.2.1　西方的领导特性理论

　　西方研究领导者素质的成果叫作"领导特性理论"，它集中回答了这样的问题：领导者应该具备哪些素质？怎样正确地挑选领导者？这种理论首先是由心理学家开始研究的，他们的出发点为：根据领导效果的好坏，找出好的领导人与差的领导人在个人品质或特性方面有哪些差异，由此确定优秀的领导人应具备哪些特性。研究者认为，只要找出成功领导人应具备的特点，再考察某个组织中的领导者是否具备这些特点，就能断定他是不是一个优秀的领导人。这种归纳分析法成了研究领导特性理论的基本方法。

　　领导特性理论按其对领导特性来源所做的不同解释，可分为传统特性理论和现代特性理论。传统特性理论认为领导者所具有的特性是天生的，是由遗传决定的，现在已很少有人赞同这样的观点。现代特性理论认为领导者的特性和品质是在实践中形成的，是可以通过教育训练培养的。

到底领导者应当具有哪些特性呢？不同的研究者说法不一。

一些人认为天才的领导者应当具备健谈、外表英俊潇洒、智力过人、自信、心理健康、有能力支配别人、外向而敏感等 7 项特性。斯托格迪尔发现了与领导才能有关的 5 种身体特征（如精力、外貌与身高等），4 种智能特征，16 种个性特征（如适应性、进取性、热心与自信等），6 种与工作有关的特征（如追求成就的干劲、毅力和首创性等）以及 9 种社会特征（如愿意与人合作、人际关系的艺术以及管理能力等）。还有些人则从满足实际工作需要和胜任领导工作的要求方面研究领导者应具有的能力、才智、个性。美国普林斯顿大学包莫尔提出了作为一个企业家应具备的 10 个颇具代表性的条件。

（1）合作精神：即愿与他人一起工作，能赢得人们的合作，对人不是压服，而是感动和说服。

（2）决策能力：即依赖事实而非想象进行决策，具有高瞻远瞩的能力。

（3）组织能力：即能发掘部属的才能，善于组织人力、物力和财力。

（4）精于授权：即能大权独揽，小权分散。

（5）善于应变：即机动灵活，善于进取，而不抱残守缺，墨守成规。

（6）敢于求新：即对新事物、新环境和新观念有敏锐的感受能力。

（7）勇于负责：即对上级、下级和产品用户及整个社会抱有高度的责任心。

（8）敢担风险：即敢于承担企业的风险，有创造新局面的雄心和信心。

（9）尊重他人：即重视和采纳别人的意见，不盛气凌人。

（10）品德高尚：即品德上为社会人士和企业员工所敬仰。

8.2.2　领导者应具备的素质

我国从 20 世纪 80 年代初开始，也对领导的特性理论进行了一系列的研究，许多专家、学者和人事部门的领导同志都撰写文章提出领导者应具备的素质。概括起来看，在我国，优秀的领导者应具备的素质包括四大方面，即良好的政治素质、思想素质、知识素质和心理素质。

1. 政治素质

能坚持四项基本原则，坚持改革开放，自觉按党的路线、方针、政策办事，自觉地维护人民利益、国家利益。在政治的大是大非上，领导者应该旗帜鲜明，身体力行，而不只是嘴上说说而已。领导者应具有政治上的坚定性，而不能沾染上政客的投机性。所谓坚定性，是永远维护人民和国家的根本利益；所谓投机性，则是看风使舵，总是站在胜利者的一边，他所关心的只是自己的利益。这是政治素质的试金石，二者水火不容，又泾渭分明。

2. 思想素质

我们要建立的是社会主义市场经济，因此领导者应该牢固树立 4 种基本观念、8 种现代意识。

这 4 种基本观念是：

（1）阶级观点——我们仍然生活在阶级社会：在改革大潮中，中国的阶级状况发生了深刻的变化，身为领导者，不能放弃阶级分析的武器。在对外开放的环境里，西方哪些东西值得借鉴，哪些东西应该摒弃，没有阶级观点则将难以判断。

（2）群众观点：领导者应该摆正自己的位置，充分发挥广大群众的主体作用。

（3）劳动观点：劳动创造世界，这个历史唯物主义观点没有过时。领导者应该在自己管辖的范围内，把"劳动最光荣""靠诚实劳动致富"的气氛搞得浓浓的，何愁工作搞不好？

（4）辩证唯物主义观点：领导者在思想方法上应戒"走极端"，戒"跟风跑"，而应该进行辩证的思考，在事物的相互联系中把握实质，确保决策的科学性。

在坚持这 4 种基本观点的同时，应大力更新观点，树立与市场经济相联系的商品经济意识、市场竞争意识、效率效益意识、开拓创新意识、风险意识、服务意识、诚信意识、法制意识等 8 种现代意识。

3. 知识素质

（1）基础知识。

（2）人文社会知识。任何组织都是社会的细胞，在社会的大环境中生存和发展，与社会发生千丝万缕的联系。领导者应丰富自己的人文社会知识。特别是关于哲学、政治、文化、道德、法律和历史方面的知识，以确保做出正确的决策，并有效地加以实施。特别重要的是一些大型组织的领导人，必须能够从政治上看问题，从哲学上进行思考，对他们人文社科知识的修养应该有更高的要求。

（3）科学技术知识。科学技术是第一生产力，科学技术日新月异，谁掌握了明日的技术，谁就在竞争中稳操胜券。领导者应力求在自己从事的领域中成为专家，又要有比专家更广博的知识面。

（4）管理知识。管理是科学，也是艺术。现代管理理论是一切领导者的必学科目，也是成功领导者的护身法宝。在实践中创造性地应用管理知识，就会形成独具特色的领导艺术。

4. 心理素质

心理素质是形成独特领导风格的决定性因素，也是选择领导者的重要标准。心理素质包括追求、意志、感情、风度和能力 5 个方面。

（1）追求：指人的志向，其行为和动机的指向，即理想、信念和价值观。

优秀的领导者应该有崇高的理想、坚定的信念和积极向上的价值观，应该有强烈的事业心和社会责任感。他所追求的主要不是金钱、地位、名声，而是事业。

（2）意志：指克服困难的勇气和坚持精神。

领导者在工作中总会遇到各种困难，在困难面前表现出什么样的意志品质——是迎难而上，还是畏难思退，极大地影响工作的结果。因此，具有克服困难的坚强意志，是工作对领导者的另一个基本要求。

意志品质包括意志的自觉性（意志指向目标）、意志的果断性（当机立断）、意志的坚持性（百折不挠）、意志的自制性（控制感情）和意志的科学性（实事求是）。

（3）感情：任何职位都希望其承担者具有积极的情感（热爱工作、热情待人、热烈追求），克服消极的情感（冷漠、孤傲、嫉妒、虚伪等）。

情感与性格有关，领导者的性格和情感互相影响、互相感染，在一定程度上决定了工作气氛、人际关系和群体风气。

（4）风度：领导者应该具有宽容大度、高瞻远瞩、临危不乱、光明磊落、机智幽默的风度，从而增加个人的人格魅力。

宽容大度指容人性。"厚德载物"的宽广胸怀，可以吸引天下人才为其服务。善于与有个性的人一同共事，敢于重用曾经反对过自己的人，是宽容大度的具体表现。

高瞻远瞩指预见性。站得高，看得远，是领导者高于常人的地方。如果只关心鼻子下边的一点小利，视觉狭窄，不明大事，又怎样能够承担起领导者的责任。当然高瞻远瞩还需要有科学的思维方法作保证。

临危不乱指镇静。面对任何紧迫、危险的形势，脸不改色、心不跳，镇定如山。这样的领导者才会挽狂澜于既倒，成为组织的中流砥柱，人们称赞原国家女排教练袁伟民有大将风度，主要指他临场镇静的优点。

光明磊落指透明。领导者出以公心，办事公道，无事不可对人言，才能取信于民，获得部下的信任和爱戴。松下幸之助把松下的经营叫作"玻璃窗中的经营"，一切都向员工公开，赢得了员工的忠诚。

机智幽默指机敏和亲切。幽默是人际关系的润滑剂，机智是应变的智慧。领导者具有机智幽默的风度，不仅可以在非常事件中四两拨千斤，化险为夷，而且可以化干戈为玉帛，获得一片喝彩声。这是领导者个人魅力的重要方面。

（5）能力。处于组织上层、中层、下层的不同职位，对人员素质能力的要求差别很大。领导层要求具有很强的决策能力和丰富的管理知识；管理层要求具有很强的管理能力和一定的决策能力；监督层要求具有较强的管理能力和丰富的操作知识，而操作层则要求具有很强的操作知识和能力。

领导者的决策能力和管理能力与以下几种具体能力有关：

1）直觉的能力：即对外界事物的观察能力、认知能力，也就是人们常说的"悟性"。

2）抽象思维的能力：即透过现象抓住本质的能力，理清支流把握主流的能力，总结实践形成概念的能力，在相互联系中摸索规律的能力。

3）组织和协调的能力：即善于将有限的人力资源组织起来协调工作的能力，处理工作中的矛盾和冲突的能力，知人和用人的能力，改善人际关系的能力等。

4）自我发展的能力：是指不断学习新知识、掌握新技能的自我完善的能力，包括自学能力、自我反省能力、吸收新事物的能力。

5）创新能力：是指开拓新知识、新技术、新产品、新方法的创造能力，包括批判力、创造力、联想力、想象力。

8.3 领导方式

对照领导者的素质要求，任何一个具体的领导者都会有诸多不足。人无完人，但客观上要求领导工作尽量完美，这个矛盾能否解决呢？能。那就是选择恰当的领导方式，以弥补个人素质的缺陷。许多管理学家都在从事领导方式的研究，并形成了若干有价值的理论。

8.3.1 三种极端领导作风理论

关于领导作风的研究最早是由心理学家勒温进行的，他通过试验研究不同的工作作风对下属群体行为的影响，他认为存在着 3 种极端的领导工作作风，即专制作风、民主作风和放任自流作风。

（1）所谓具有专制作风的领导人，是指以力服人，即靠权力和强制命令让人服从的领导人。其具体的特点是：

1）独断专行，从不考虑别人的意见，所有的决策都由领导者自己决定。

2）从不把任何消息告诉下级，下级没有任何参与决策的机会，而只能察言观色，奉命行事。

3）主要依靠行政命令，纪律约束，训斥和惩罚，而只有偶尔的奖励。据统计，在具有专制作风的领导人和别人谈话时，有 60% 左右采取命令和指示的口吻。

4）领导者预先安排一切工作的程序和方法，下级只能服从。

5）领导者很少参加团队的社会活动，与下级保持相当的心理距离。

（2）所谓具有民主作风的领导人，是指那些以理服人、以身作则的领导人。他们使每个人做出自觉的、有计划的努力，各施其长，各尽所能，分工合作。其特点为：

1）所有的政策是在领导者的鼓励和协作下由群体讨论而决定的，而不是由领导单独决定的。政策是领导者和其下级共同智慧的结晶。

2）分配工作时尽量照顾到个人的能力、兴趣和爱好。

3）对下属的工作，不安排得那么具体，个人有相当大的工作自由、较多的选择性与灵活性。

4）主要应用个人权力和威信，而不是靠职位权力和命令使人服从。谈话时多使用商量、建议和请求的口气，极少下命令。

5）领导者积极参加团队的活动，与下级无任何心理上的距离。

（3）所谓放任、自流的领导作风，是指工作事先无布置，事后无检查，权力完全给予个人，一切悉听自便，毫无规章制度可言。

勒温在试验中发现：在专制型领导的团队中，各人相互间攻击性言论很多，而在民主型团队中彼此则比较友好；在专制型领导的团队中，各人对领导者服从，但表现自我或引人注目的行为多，在民主型领导的团队中，彼此以工作为中心的接触多；专制型团队中的成员多以"我"为中心，而民主型领导的团队中"我"字使用频率较低且具有"我们"的感觉；当试验导入"挫折"时，专制型团队彼此推卸责任或人身攻击，民主型团队则团结一致，试图解决问题；在领导者不在场时，专制型团队工作动机大为降低，也无人出来组织作业，民主型团队则像领导在场一样继续工作；专制型团队对团队活动没有满足感，民主型团队的成员则对团队活动有较高的满足感。

勒温根据试验结果认为放任自流的领导工作作风工作效率最低，只达到社交目标，无法完成工作目标。专制作风的领导者虽然通过严格管理达到了工作目标，但团队成员没有责任感，情绪消极，士气低落，争吵较多。民主型领导者作风工作效率最高，不但完成工作目标，而且团队成员关系融洽，工作主动积极，有创造性。

8.3.2　连续统一体理论

坦南鲍母与施密特指出，民主与独裁仅是两个极端的情况，这两者中间还存在着许多种领导行为，从而他们提出了领导连续统一体理论。之所以形成这两个极端，首先是基于领导者对权力的来源和人性的看法不同，独裁的领导者认为权力来自于职位，人生来懒惰而没有潜力，因而一切决策均由领导者亲自做出；而民主型的领导者则认为，权力来自于团队的授予和承认，人受到激励能自觉、主动地发挥创造力，因此决策可以公开讨论，集体决策。其次，独裁型领导者比较重视工作，并运用权力支配影响下级，下级的自由度较小。而民主型领导者重视群体关系，给予下级以较大的自由度。

坦南鲍姆与施密特认为，说不上哪种领导方式是正确的，哪种领导方式是错误的，领导者应当根据具体情况，考虑各种因素选择某种领导行为。在这个意义上，领导行为连续统一体也是一种情境理论。

8.3.3　管理系统理论

行为科学家李柯特将领导行为连续统一体做了进一步的推演，他们以数百个组织机构为对象，进行领导方式的研究，发现了 4 类基本的领导形态。

系统 1 称为剥削式的集权领导。在这种领导形态中，管理层对下级缺乏信心，下级不能过问决策的程序。凡属决策，大都是由管理上层做出，然后以命令的形式宣布，必要时以威胁和强制的方法执行。上级和下级之间的接触都是在一种互不信任的气氛下进行。机构中如有非正式组织，对正式组织的目标通常持反对态度。

系统 2 称为仁慈式的集权领导。在这种领导形态中管理阶层对下层职工有一种谦和的态度，决策权力仍控制在最高一级，下层能在一定的限度内参与，但仍受高层的制约。对员工的激励有奖励也有实际的惩处。在上下级关系上，上级虽然态度谦和，但下属仍小心翼翼。至于机构中的非正式组织，可能会反对正式组织的目标，但却不一定会反对正式组织。

系统 3 称为协商式的民主领导。在这种领导形态中，上级对下级有相当程度的信任，但不完全信任。虽然主要的决策权掌握在高层手里，可是下级也能做具体问题的决策。双向沟通显然可见，且在相当信任的情况下进行。机构中的非正式组织，有时对正式组织的目标表示支持，有时也会做轻微的阻抗。

系统 4 称为参与式的民主管理。在这种领导形态中，管理阶层对部属有完全的信任。决策采取高度的分权化。既有自上而下的沟通，也有自下而上的沟通，还有平行沟通。上下级之间的交往体现出充分的友谊和信任，正式组织和非正式组织往往融为一体。

我们可以看出系统 1 与麦格雷戈的 X 理论假定很相似、系统 4 与 Y 理论很相似，系统 1 的主管有高度的以工作为中心的意识，且是集权式的人物。系统 4 的主管则为高度的以员工为中心的民主式的人物。

8.3.4　领导行为四分图

1945 年，美国俄亥俄州立大学商业研究所发起了对领导行为进行研究的热潮。一开始，研究人员列出了 1000 多种刻画领导行为的因素，通过逐步概括和归类，最后将领导行为的内容归纳为两个方面，即着手组织与体贴精神。所谓着手组织，是指领导者规定他与工作群体的关系，建立明确的组织模式、意见交流渠道和工作程序的行为。它包括设计组织机构，明确职责权力、相互关系和沟通办法，确定工作目标与要求，制定工作程序、工作方法与制度。所谓体贴精神，是建立领导者与被领导者之间的友谊、尊重、信任关系方面的行为。它包括尊重下属的意见，给下属以较多的工作主动权，体贴他们的思想感情，注意满足下属的需要，平易近人，平等待人，关心群众，作风民主。

根据他们的研究，组织与体贴精神不是一个连续带的两个端点，不是注重一个方面就必须忽视另一个方面，领导者的行为可以是这两个方面的任意组合，即可以用两个坐标的平面组合来表示。如图 8-1 所示，可用 4 个象限来表示 4 种类型的领导行为：高体贴与高组织，低体贴与低组织，低体贴与高组织，高体贴与低组织。这是用两个坐标来表示领导行为的初次尝试，为今后进行领导行为研究指出了一种途径。

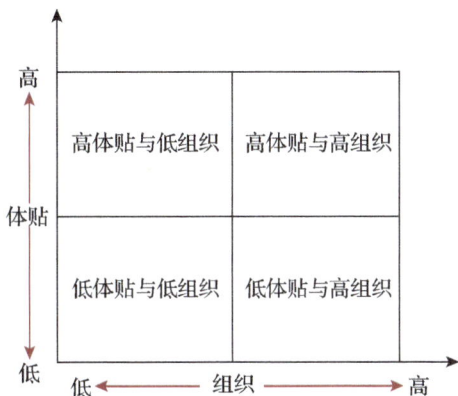

图 8-1　领导行为四分图

8.3.5　管理方格理论

在俄亥俄州立大学提出的领导行为四分图的基础上，布莱克和莫顿提出了管理方格图。他们将四分图中的体贴改为对人的关心度，将组织改为对生产的关心度，将这两类领导行为的坐标各划分为 9 等份，形成 81 个方格。评价管理人员时，就按他们这两个方面的行为寻找交叉点。这交叉点便是其领导行为的类型。领导者纵轴的积分越高，表示他越重视人的因素，纵轴为 9 分的领导者对人最为关心。领导者在横轴的积分越高，表示他越重视生产，横轴为 9 分的领导者对生产最为重视。

布莱克和莫顿在管理方格中列出了 5 种典型的领导方式。

（1）1.1 方式为贫乏的管理，即用最少的努力来完成任务和维持人际关系，对员工、对生产都不关心。

（2）1.9 方式为俱乐部式的管理，即充分注意搞好人际关系，营造和谐的组织气氛，但生产任务得不到关心。

（3）9.1 方式为权威式的管理，他有效地组织与安排生产，而将个人因素的干扰减少到最低程度，以求得到效率。只关心生产，不关心人。

（4）9.9 方式为团队式管理，即对生产和人都极为关心，生产任务完成得很好，职工关系和谐，士气旺盛，员工利益与企业目标互相结合，大家齐心协力地完成任务。

（5）5.5 方式为中间式管理，即对人与生产都有适度的关心，保持工作与满足人们需要的平衡，既有正常的效率完成工作任务，又保持一定的士气。

这种管理方格理论，对于培养有效的管理者是有用的工具，它提供了一个衡量管理者所处领导形态的模式，使管理者较清楚地认识到自己的领导方式，并指出改进的方向。

到底哪一种领导形态最佳呢？布莱克和莫顿组织了许多研讨会。参加者中绝大部分人认为

9.9 型最佳，但也有不少人认为 9.1 型最佳，还有人认为 5.5 型最佳。后来布莱克和莫顿指出哪种领导形态最佳要看实际工作效果，最有效的领导形态不是一成不变的，要依情况而定。

8.3.6　费德勒模型

费德勒在大量研究的基础上提出了有效领导的权变模型，他认为任何领导形态均可能有效，其有效性完全取决于对所处的环境是否适应。

影响领导形态有效性的环境因素主要有下列 3 个方面。

（1）领导者和下级的关系：即领导者是否受到下级的喜爱、尊敬和信任，是否能吸引并使下级愿意追随他。

（2）职位权力：即领导者所处的职位能提供的权力和权威是否明确、充分，在上级和整个组织中所得到的支持是否有力，对雇用、解雇、纪律、晋升和增加工资的影响程度大小。

（3）任务结构：指工作团队要完成的任务是否明确，有无含糊不清之处，其规划和程序化程度如何。

费德勒以一种被称为"你最不喜欢的同事"（LPC）的问卷调查来反映和测定领导者的领导风格。一个领导者如对其最不喜欢的同事仍能给以好的评价，即被认为是对人宽容、体谅，提倡人与人之间的友好关系，是关心人的领导。如果对其最不喜欢的同事给以低评价，则被认为是惯于命令和控制，不是关心人而更多的是关心任务的领导。

费德勒将 3 个环境因数任意组合成 8 种情况，对 1200 个团体进行观察；收集了将领导风格同对领导有利或不利条件的 8 种情况关联起来的数据，得出在各种不同的情况下，为使领导有效所应当采取的领导方式。

费德勒的研究结果说明，在对领导者最有利和最不利的情况下，采用任务导向的效果较好。在对领导者中等有利的情况下，采用关系导向的效果较好。

8.3.7　领导的生命周期理论

美国学者卡曼在研究了俄亥俄州立大学"着手组织"与"体贴精神"的观念以后，提出了领导的生命周期理论。这个理论指出了有效的领导者所采取的领导形态和被领导者的成熟度有关，当被领导者的成熟度高于平均以上时应采用低关系、低工作；当被领导者成熟度一般时，应采用高关系、高工作或高关系、低工作，当被领导者成熟度低于平均水平以下时应采用低关系、高工作。其关系如图 8 - 2 所示。

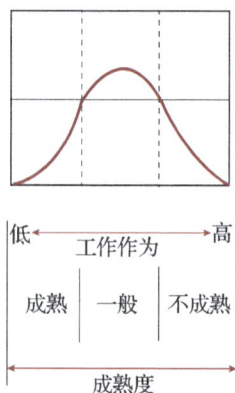

图 8 - 2　领导的
生命周期理论

何谓成熟或不成熟？这里所指的成熟不是指年龄和生理上的成熟，而是指心理和人格上的成熟。它被定义为有成就感的动机，负责任的愿望与能力，以及具有工作与人群关系方面的经验和受过相当的教育。年龄是影响成熟度的一个因素，但没有直接的关系。

领导的生命周期理论，是由家长对于子女在不同的成长期采取不同的管理方式中类比而来的。

（1）当人处在学龄前时，一切都需由父母照顾与安排，例如衣食住行等，此时父母的行为基本上是一种任务导向的行为，是高工作、低关系。这里要区分疼爱与尊重、信任、自立、自治是两回事，疼爱不是高关系。

（2）当孩子长大进入小学和初中时，父母除安排照顾外必须给孩子以信任和尊重，增加关系行为的分量，即采取高工作、高关系。

（3）当孩子进入高中和大学时，他们逐步要求自立，开始对自己的行为负责了，此时父母已不必对他们过多地安排、照顾、干预，应开始采取低工作、高关系。

（4）当孩子成人走向社会，结婚组成新的家庭后，父母即开始采取低工作、低关系的行为。

领导生命周期理论告诉我们，对不同的对象应采取不同的领导方式，例如，对刚进厂的徒工应采用低关系、高工作的方式，对受过教育和业务训练而且感情成熟的人，如对从事科研工作的专家和老工人，应采取低工作、低关系的方式。

8.3.8　途径—目标理论

加拿大多伦多大学教授豪斯把激发动机的期望理论和领导行为的四分图结合在一起，提出了途径—目标理论。这种理论认为：领导者的效率是以能激励下级达成组织目标并在其工作中使下级得到满足的能力来衡量的。当组织根据成员的需要，设置某些报酬以激励组织成员时，组织成员就对获得这些报酬寄予期望，并做出努力。但是，这种期望的实现必须有赖于在工作上做出成绩，因此只有当他们确切地知道怎样达成组织目标时才能起到激励作用。

豪斯认为，一个领导者的职责有如下几方面：

1）员工达成工作目标后，增加报酬的种类和数量，增加吸引力。

2）明确下级的工作目标，指明员工达成工作目标的道路，协助职工克服道路中的障碍，使员工较易获得这些报酬。

3）在完成工作的过程中，增加下级满足其需要的机会。

豪斯认为，高工作就是指引人们排除通往目标道路上的障碍，使他们达成组织目标并获得报酬；高关系就是在工作中增加人们需要的满足程度。豪斯指出，高工作和高关系的组合，不一定是最有效的领导方式，这是因为没有考虑到达成目标时客观上存在着什么障碍。当工作任务不明确、员工无所适从时，他们希望领导者采用"高工作"的方式，帮助他们对工作做出明确的安排和分工，提出要求和指导完成的方法。这时"高工作"的领导者最有效、最受欢迎。反之，如果下级对自己要完成的任务已经明确、具体，并清楚地知道完成的方式与步骤时，领导者还不断地发布指令，员工就会感到多余和反感，这时员工只希望领导者能"高关系"，使他们在工作中得到同情、赞扬和关心，获得需要的满足。由此可见，任务不明确的应"高工作"，任务已明确的应"高关系"，领导者的领导行为应依情境而变。

本 章 小 结

领导的本质是一种影响力，即对一个组织为确立目标和实现目标所进行的活动施加影响的过程。领导者不同于管理者，领导者是实施领导的人，或者说领导者是利用影响力带领人们或群体达成组织目标的人。领导者的影响力主要来自两个方面：一是来自于职位权力，二是来自于个人权力。西方的领导特性理论阐明了这一点。

我国优秀的领导者应具备的素质包括 4 大方面，即良好的政治素质、思想素质、知识素质和心理素质。

领导者采取何种领导方式是基于一定的人性假设的。在关于领导方式与行为的研究中，形成诸如三种极端领导作风理论、领导行为连续统一体理论、管理系统理论、领导行为四分图理论、管理方格图理论、费德勒模型、领导生命周期理论、途径—目标理论等领导理论。

复 习 思 考 题

1. 领导者影响力的来源有哪些？
2. 权力的种类及作用是什么？
3. 一个优秀的领导者应具备哪些素质？
4. 独裁—民主—放任式领导作风理论的主要内容是什么？
5. 领导行为四分图的含义及贡献是什么？
6. 管理方格理论的含义及作用是什么？
7. 费德勒模型的主要内容及贡献是什么？

阅 读 资 料

从创业者到职业领导者

编者按：成功企业家中最引人注目的是那些白手起家，以一种开创性姿态出现而最终成功的人。他们总是远在他人意识到之前就把握了时代发展的方向，从而用正确的战略把企业带向辉煌。因此，在他们身上，除了高瞻远瞩、远见卓识之外，往往还能见到一些独特强烈的个人气质，正是这些颇具魅力的人文因素影响了企业文化的核心。

但是，当企业发展到一定规模，面临着从爆炸性增长到稳定持续性增长的转变时，企业的领导者也面临着转型：从叱咤风云的开拓者向专业的领导者转变。这个问题正为越来越多的中国新出现企业的领导者们所关注。因此，讨论一个真正的职业领导者所具有的特质，正当其时。在这种情况下，我们采取了电子邮件、专访等形式，并邀请万科企业股份有限公司董事长王石作为网上管理论坛的主持人，从中听取了各种中国企业经理人的观点，同时也得到了美国哈佛商学院道德领导模式和企业文化研究的专家、曾经针对海尔做过案例研究的 L. S. Paine 教授的看法。我们把这些观点和意见编辑成文，相信对你会有所启发。

一、领导者与企业文化和制度

王石：企业的创始人往往具有鲜明的个性和强烈的个人魅力。由于他在企业生存和发展中起着决定性的作用，因此经常是只要靠威信就能维持企业的正常运作。但是，作为职业领导者，必须意识到成熟企业强调的是企业文化和机制，而不是领导者个人，因此必须弱化个人的作用。尤其是对于现阶段的中国企业，这非常必要。我们可以看到，有的企业领导者本人就是企业制度的化身。但是要想更长远地发展，就必须建立和执行成熟的企业运行机制。在这方面，我认为领导者必须把握三个内容：一是企业理念，也就是企业文化；二是管理队伍，企业应该具备完善和稳定的管理队伍；三是企业制度，这不仅意味着建立一套完整的企业规章制度，更关键的是执行这些制度。

哲为（中正公司）：企业在不同时期需要不同类型的领导者，而这些领导者都各有特征。我们之所以崇拜创业型的企业家，是因为这类领导人的特征强烈而明显：成熟企业领导者的特征是缜密、警觉，他这些特征是运行于日常管理事务中的，不像创业型企业家那样壮怀激烈，而是显得平淡，但他们同样重要。

洪云：我觉得弱化领导者个人作用是一种很理想的情况。往往企业的创始人要成为职业领导者都会经过一个较为漫长的阶段，这个阶段中创始人对职业概念不会一开始就有清晰的意识，而是一个逐渐认识的过程。其间公司的许多管理制度、企业文化已经在潜移默化之中建立起来了，因此这些制度和企业文化必然带有领导者的个人色彩。

王石：是的。企业文化的核心一定体现了领导者的价值观。你所说的领导者个人色彩，也就是他的个人信念和价值观，肯定影响着企业文化的形成。

苏跃峰（苏竣丰药业）：领导者的个人色彩和企业文化的核心是相互关联，但并不是因果的关系。我认为，企业文化的核心不一定体现的是领导者的价值观，它体现的应该是企业所能向社会提供的价值和服务，这种价值和服务应该建立在整个企业人的思想和行为基础之上，是能被企业人接受或认定的东西。

哲为：人类创造了历史也创造了文化，但留下来的都是强势者的文化。而在一个强调团队力量的时代，企业文化应该体现的是集体的意志和共识，当然也包括领导者，但不仅仅是领导者。

因此，一个企业的企业文化和制度体现的应该是该企业领导者的管理思维而不是价值观。因为，要构造怎样的企业文化和制度，都是围绕着"企业利润"这个目标。所谓好的企业文化和制度，不外是让员工自动自觉地不断地发掘自己的潜能，让企业"剥削"而心存感激，而员工也在这个"剥削"的过程中发展成长了自己。这是一个典型的"双赢"策略。所以一个有效的企业文化体现的应该是被激励者的价值观而不是领导者的价值观。

金林立（GE 中国）：一个企业在其成长历程中要逐步建立自己的企业文化，并成为共同认可共同遵守的价值体系。我们看到并认为，一个真正成熟的企业，其核心价值观应该是一致的：

1）不断满足并超越顾客的需求；

2）追求复杂竞争下的可持续发展；

3）为员工、企业、社会和股东创造价值；

4）置身全球市场。

在这种共同的核心价值观下，各企业根据自身的特点，其企业文化的理念与运作模式不尽相同。比如，海尔"真诚到永远"，TCL"为顾客创造价值"，又比如美国 GE 追求"简单，速度，自信"等。

企业文化的主体是人。这里的人，既指企业内的人，包括决策者，又指企业外的人，包括顾客和社会。一个成熟的企业，要注重企业文化的建设，其文化必须为顾客群（员工和外部顾客）所认可，接受，并推广。企业要持续发展，管理和经营模式不尽相同，但其核心价值追求是一致的。我们认为，作为领导者核心的思想不能背离上述 4 条。就是说，领导者的价值观应与顾客群保持一致。所以，我认为，成熟的企业，就其文化而言，必须是共同的团体达成一致的价值取向，是企业的员工和企业面对的市场及顾客共同认可、接受并推广的观念和价值。而作为领导者，其重要责任之一就是引导企业文化的建构。

王石：其实我的意思和你们的并不矛盾。你们说的都是领导者价值观的组成部分。但重要的是，正如金先生所说，领导者有责任引导企业文化核心的建立。而且，我所说的"企业文化核心体现了领导者的价值观"，指的是领导者价值观与企业价值观的一致。企业文化所体现的一定是领导者的原则和信念，并且这种原则和信念为大多数员工所了解和接受。恐怕没有一个领导者会大力推行自己都不相信其核心价值观的企业文化。

王宪平（小天鹅精密有限公司）：好的领导者应该是成功经营理念的缔造者。经营理念是一个企业的灵魂，是繁衍出优秀企业文化的母体，是数百年成功的国际著名企业长盛不衰、延续至今的根本所在。

L. S. Paine 教授：我认为企业文化就是指企业领导者行为所体现的价值观和信条，就是驱动企业的基本原则。也许有些人认为这太虚幻和捉摸不定，但文化的确实实在在地影响着企业经营活动的各个方面，无论是对市场、对员工，还是对变革创新等。

二、职业经理人与职业领导者

邓庆安（通用电气塑料中国公司）：职业领导者和职业经理人在现代，其实已经无法明确地区分开来。因为无论是在哪一个层次上的职业经理人，都必须具备优秀的领导能力（Leadership）。这当中包括：

（1）有能力为整个团队决定和指明清晰、明了的方向和目标，并将此传递给团队的每一位成员，使他们领会了解。这里的团队可以是指整个公司，也可以是指某一小的部门。

（2）能够发动和激励所有的团队成员，鼓励他们承担责任，包括在困难的情况下做出决定的责任。

（3）善于学习、接受和吸收新的观念和事物，对于任何新的事物和变化非常敏锐，有能力洞察新事物和新变化可能带来的影响。

（4）永不满足现状，敢于迎接甚至发起挑战。

因此，职业经理人，无论其处在哪一个层次上，都是决策者。一个业务部门的经理，必须为本部门决定业务的发展方向和战略，一个职能部门的经理，也必须为本部门决定工作的方向和战略。当然他们的决策都必须和整个公司的方向和战略相一致。但绝不意味他们只是一个执行者。

其次，无论哪一层次的经理人，都必须敢于承担在困难的情况下做出决定的责任。公司的领导人也要鼓励他们承担这个责任。当然，一个职业经理人如果能够不断地培养自己的领导能力，获取更多的经验，经过磨炼，是可以成为职业领导人的。

王石：我认为，职业经理人与职业领导者是有区分的。一个优秀的职业经理人不一定能成为好的职业领导者。好的职业领导者首先必须是决策者。他决定的是企业的发展方向和发展战略，他必须做出决定，并有足够的心理承受力和责任感来承担责任。而一个优秀的职业经理人首先要是好的执行者，他只有在接受了足够的锻炼，拥有了领导者必备的眼光和素质后，才有可能成为优秀的职业领导者。

哲为：对于"领导者"与"经理人"这两个称谓，我个人认为，"领导者"是个"自然人"，他的本色可以是多彩斑斓的，那是个人魅力，很吸引人；"经理人"是个"职位"，他的本色是黑色，那就是权力，没有吸引力，但有威胁力。我同意"领导者"与"经理人"有区别，但不可以此分工。

在人力资源管理中，可根据人的能力将管理人才分为 4 个层次：决策、管理、执行和操作。我觉得一个好的经理人一定是一个好的领导者，而一个成功的良性运作的企业，一定是一个每位员工都是一个优秀的管理者、领导者的企业。

金林立：一个职业领导者，首先要有全局观，一方面不仅要意识到企业文化的建设并亲力亲为，还要意识到其他不可或缺的重要因素，如资源、市场、团体结构等，并正确决策；另一方面，在今天，全局观还表现在全球观，即立足全球市场考虑企业的发展。

海东（深圳某银行）：职业领导者往往是一个富有人格魅力的角色。实际上也只有领导者才能散发出其独特的个人魅力。职业经理人囿于位置与角色的关系，其个人魅力常被掩盖或自我内敛，但这也是职业经理人应该做到的。

正面的职业领导者个人魅力具有非常强的影响力和传播性，是全公司凝聚力的核心。SONY 公司的董事长提出的"再创辉煌"和"数码梦想"即成为公司的目标和发展方向。

（该阅读材料来源于世界经理人网站）

案 例 分 析

案例一　领导方式的确定

某厂的供销部由供应科、销售科、车队、仓库、广告制作科组成。当 A 调任该部经理时，听到不少人反映广告制作科、仓库管理科迟到早退的现象严重，劳动纪律差，工作效率低。虽然经过多次批评教育，但成效不大，群众意见也很大。为了做好领导工作，A 经理对这两个科室进行了调查分析，情况如下：

1）文化水平及修养。广告制作科的员工全是大专以上文化程度，平时工作认真，干劲大，但较散漫；仓库管理科的员工文化程度普遍较低，思想素质较差。

2）工作性质。广告制作是创造性工作，工作具有独立性，好坏的弹性也较大，难以定量考核工作量；仓库管理是程序化工作，内容固定，且必须严格按规章制度执行，工作量可以定量考核。

3）工作时间。广告制作工作有较强的连续性，不能以 8h 来衡量，有时完成一项工作，光靠上班 8h 是远远不够的；而仓库管理 8h 内的工作是关键，上下班的准时性、工作时间不能随意离开岗位是十分重要的，否则就会影响正常地收发货物，有的还会直接影响车间的正常生产。

4）广告制作科的员工工作责任心强，有强烈的创新意识、有实现自我价值和获得成功的欲望，工作热情较高。仓库管理科的员工由于工作环境分散，工作单调，员工积极性不高。

❓ 思考与分析

根据以上情况，你认为 A 经理对这两个部门应如何实施有效领导？

案例二　如何实施有效领导

根据调令，A 前往 B 公司担任经理。在交接班时，前任经理特意对领导班子中的一位副手的情况做了详细介绍，说这位副手个性强，不好合作，凡事都要听他的，有时经理决定了的事，如果他不同意，经理的决策就很有可能得不到有效的实施。前任经理还对 A 说，要不是他知道自己要调离，那一定会建议上级想办法把这位副手撤掉。前任经理的介绍给 A 的心理上造成了很大的阴影。

　　后来，A正式接任工作，在与这位副手的接触中，发现这位副手确实很有个性，如自尊性很强，人很正直，对工作很有主见，也敢于负责，好胜心强，总希望自己分管的工作做得比别人好。

❓思考与分析

　　对于这位副手，A应该怎样做，才能既调动其积极性，又能实现有效的领导，保证组织整体目标的实现？

实 践 练 习

　　请注意观察你身边的某一位管理者为何能成为一个受下属爱戴的领导者。

第9章 控 制

- 掌握控制的基本概念。
- 了解控制职能地位与前提条件。
- 了解控制的类型。
- 理解控制的基本原理与原则。
- 掌握控制的过程与程序。
- 掌握控制的方法。

导入案例

有一个小和尚担任撞钟一职,半年下来,觉得无聊之极,"做一天和尚撞一天钟"而已。有一天,主持宣布调他到后院劈柴挑水,原因是他不能胜任撞钟一职。小和尚很不服气地问:"我撞的钟难道不准时、不响亮?"老主持耐心地告诉他:"你撞的钟虽然很准时,也很响亮,但钟声空泛、疲软,没有感召力。钟声是要唤醒沉迷的众生,因此,撞出的钟声不仅要洪亮,而且要圆润、浑厚、深沉、悠远。"

其实主持犯了一个常识性管理错误,"做一天和尚撞一天钟"是由于主持没有提前公布工作标准造成的。如果小和尚进入寺院的当天就明白撞钟的标准和重要性,那他也不会因怠工而被撤职。工作标准是员工的行为指南和考核依据。缺乏工作标准,往往导致员工的努力方向与公司整体发展方向不统一,造成大量人力和物力资源的浪费。因为缺乏参照物,时间久了员工容易形成自满情绪,导致工作懈怠。制定工作标准应尽量做到数字化,要与考核联系起来,注意可操作性。

控制职能是管理过程中的最后一个职能,它使管理周期完满运转,循环往复。控制职能如同汽车的转向盘,它把前述的组织、领导与规划的目标连接起来,通过监视各项活动使它们与企业的资源、环境更加符合,从而保证组织计划与实际运行状况的动态适应。

9.1 控制概述

9.1.1 控制的基本含义

什么叫控制,不同的学科对它的理解也不尽相同。在控制论中,它是指人们根据给定的条件和预定的目的,改变和创造条件,使事物沿着可能性空间内确定的方向(或状态)发展。管理上的控制是指系统地设置标准，以此对照进程，必要时采取矫正措施，将工作纳入规划和预期轨道的管理活动过程。在管理过程中，我们通过计划活动明确了目标和途径；通过组织活动我们建立起来一种既有分工、又有协作的结构；而通过领导活动，我们营造起一种促使人们努力的氛围；那是否意味着就能顺利地实现目标呢？早在20世纪初，法约尔就指出："控制就是要证实一下是否各项工作都与已定计划相符合，是否与下达的指示及已定的原则相符合。控制的目的在于指出工作中的缺点和错误，以便加以纠正并避免重犯。"[一]由此可见，控制工作就是按照计划标准衡量计划的完成情况和纠正计划执行过程中的偏差，以确保计划目标的实现，或适当修改计划，使计划更加适合于实际情况。简单地说，控制就是使事情按计划进行。因此，控制是每个管理人员的职能，尤其是每个负责执行计划的主管人员的管理职能。

9.1.2　控制在管理中的地位与作用

管理的重要任务，就是保证计划目标的实现。管理中的计划、组织和领导等其他职能，必须伴随有效的控制职能，才能真正发挥作用，组织的整个管理过程也只有依靠控制职能才能得以有效运转。控制职能作为管理过程中的最后一项功能，是以监视是否确定达到规划好的目标来完成这一循环的。如果目标一达成，管理过程就可以畅通无阻地继续下去；一旦未达成，就要采取纠正措施，将其纳入正轨。管理的动态性决定了在计划执行的过程中，由于各种内外因素的干扰，实际行动偏离计划的事是时常发生的、必然的。因此，及时发现实际活动偏离计划的情况、原因和责任者，并及时采取纠正措施，使计划的执行情况与计划的要求相一致，从而实施有效的控制。

9.1.3　控制的前提条件

控制工作的开展必须建立在一定的基础和前提之上，忽视了这些基础和前提，控制工作将无法进行。在现代管理活动中，控制工作的目标主要有两个：①限制偏差的累积。②适应环境的变化。一般来说，工作中出现偏差是不可避免的，但小的偏差失误在较长时间里会积累放大并最终对计划的正常实施造成威胁，因此管理控制应当能够及时地获取偏差信息；而目标的制定到目标实现前，总是需要相当长的时间。在这段时间内，组织的内部条件和外部环境可能会发生一些变化，这就需要构建有效的控制系统帮助管理人员预测和把握这些变化，并对由此带来的机会和威胁做出反应。

因此，有效控制的实施，必须具备3个前提条件：①要有一个科学的、切实可行的、明确的计划。②要有健全的、专司控制职能的组织机构。③要有畅通的反馈渠道，从而能在组织中将反映实际情况和工作状态的信息迅速地上传下达。控制的目的是使实施过程与计划相一致，没有计划也就失去了控制的目标，控制的过程则必须依靠组织的群体力量和畅通的联络渠道来保证与维系。

9.1.4　控制的类型

管理控制的种类很多，按照不同的分类标准，控制可分为多种类型。

○　亨利·法约尔：《工业管理与一般管理》，中国社会科学出版社，1982年版，第119页。

1. 按控制的环节不同来分类

事前控制也称为前馈控制、预防控制，是指组织活动开始之前进行的控制，其目的是"防患于未然"防止问题的发生，而不是当问题出现时再补救。

现场控制也称为即时控制、同步控制，是指组织活动开始以后，对活动中的人和事进行指导和监督。其特点是在工作进行中，一旦发生偏差，马上予以纠正。现场控制的关注点在于提高当期的工作质量以保证组织目标的实现。

事后控制也称反馈控制，是指在某一个时期的组织活动已经结束以后，对当期的资源利用情况及其结果进行总结。其特点是注重结果，通过对当期工作的总结，比照标准进行分析，从而发现问题，并作为改进下期工作的依据。通过"亡羊补牢"达到提高质量，实现组织目标的目的。三种控制的关系如图 9 - 1 所示。

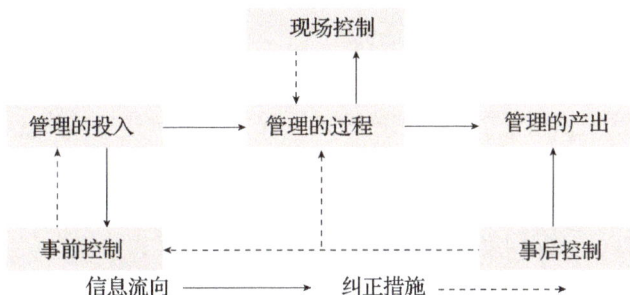

图 9 - 1   事前、现场及事后控制关系图

2. 按控制的方法分类

（1）预算控制方法。如：收支预算、现金预算、资本支出预算、资产负债预算、非货币式预算（产量预算、劳动力需求预算等）。

（2）非预算控制的方法。如：亲自观察、统计分析、专题报告、盈亏平衡分析等方法。

3. 按控制的对象分类

一般来说，组织业务工作的三大领域是财务、经营状况、人力资源。因此，按控制的对象可分为：

（1）财务控制。财务控制是指对企业财务活动的控制，即对资金的取得、投放、使用和分配的控制。财务控制着重于资金的妥善支配，以确保企业的"血脉"通畅。

（2）经营控制。经营控制监控着企业中一切转化活动的进程和结果，是指对企业整个生产经营活动的控制，即对物料供应、物品盘存、生产进度、生产标准、成本标准、产品及业务质量的控制。具体可分为：

1）库存控制。为保证生产过程的连续性，库存是不可避免的。但库存占用大量的流动资金，库存量过大会造成极大的浪费。库存控制是通过对库存量的掌握和调整，来保证企业生产过程对物料的需求，合理安排库存资金的占用，以求得追加的经济效益。

2）生产控制。转化过程是投入资源和产出成果的中间阶段，是生产、创造价值的关键。生产控制，主要是对产品的工时安排、设备利用、作业排序、生产进度等整个过程进行经常性的监督和控制，以保证按期、按质、成套生产出满足客户需求的产品或服务。

3）质量控制。质量控制是对确定和达到质量要求所必需的全部职能活动的控制，其根本目的在于保证企业生产的产品或所提供的服务达到一定的质量水平，以满足顾客的需要，维持或提高自己的市场占有率，从而保证企业的生存和发展。

4）成本控制。成本控制是在企业的生产经营过程中，根据一定的控制标准，对成本形成的整个过程进行经常性的监督和控制，从而使各种开支和劳动消耗限制在规定的标准范围之内，以达到企业预期的目标。

（3）人力资源控制。控制工作从根本上说是对人的控制。其他方面的控制都要通过人来实现，所以，人力资源控制是管理控制中最重要的控制内容。在人力资源控制中常运用组织一览表、间接劳动力的比率、缺勤率、工作表现鉴定的标准与测量等相关指标对员工的工作态度、工作过程、工作成果进行评定。在人力资源控制过程中它所关注的是如何引导和保持整个企业员工的工作满意感。

4. 按控制所采用的手段分类

根据控制所采用的手段可以将控制分为直接控制和间接控制。

（1）直接控制：直接控制是指控制主体通过行政手段或命令与被控制者直接接触而进行控制的形式。此种控制方式的特点是"令行禁止"，管理人员的素质对活动结果的影响较大。

（2）间接控制：间接控制通常是指对控制主体与客体之间不进行直接接触，而是通过中间媒介，如利用经济杠杆、分配制度、政策宣传等进行的控制方式。

5. 按控制的结构分类

根据控制的结构可以将控制分为集中控制和分散控制。

（1）集中控制：集中控制的特点是有一个集中的控制机构对整个企业进行控制。在这种控制方式中，各种信息被集中传送到集中控制机构，在由其进行统一的加工处理，并可根据整个企业的状况和控制目标，直接发出控制指令，控制和操纵所有部门和成员的活动。

（2）分散控制：分散控制的特点是由分散的控制机构共同完成企业的总目标。在这种控制方式中，各局部控制机构可根据本部门的实际情况，对日常的一般性、常规性事务按照企业总体规划由各部门、各岗位及全体员工自行控制。

6. 按控制的组织层次分类

按控制的组织层次可以将控制分为战略控制与战术控制。

（1）战略控制：战略控制即有组织决策层对企业的经营方针、发展方向等所进行的战略规划的控制。

（2）战术控制：战术控制通常是由组织层级中的中下层根据企业战略规划的要求对经营战术活动的控制。

9.1.5　有效控制的原则

控制是一项很重要的管理职能，控制工作的基本运行过程和原理具有普遍性。为了使控制工作更加切实有效，在管理控制中一般需要遵循以下几条控制原则：

1. 系统控制原则

系统是一个由各种相互作用、相互制约的要素为达到共同的目的而组成的有机体。系统控制是指在控制中要树立目的性、全局性、层次性的观点，控制的目的是使实施过程与计划相一致，没有计划也就失去了控制的目标，控制活动必须要反映计划的要求。

通过前面的论述，我们知道有效控制的实施必须具备 3 个前提条件：①要有一个科学的、切实可行的、明确的计划。②要有健全的、专司控制职能的组织机构。③要有畅通的反馈渠道，从而能在组织中将反映实际情况和工作状态的信息迅速地上传下达。由于计划的种类不同，重要性不同，控制所需的信息也各不相同，在控制过程中难免出现目标扭曲的现象，控制工作越是考虑到各种计划的特点，就越能更好地发挥作用；同时，控制必须反映一个组织结构状况并有健全的组织结构来保证。因此，控制的过程必须依靠组织的群体力量，做到责权分明，使组织结构中的每个部门、每个人都能切实担负起自己的责任，否则，一旦出现偏差就难以纠正，控制也就不可能实现；人是控制的主体，在控制中应充分发挥人的主观能动性并依靠健全的组织结构来保证与维系联络渠道的畅通。

2. 重点控制原则

重点控制原则也称为控制关键点原则。管理人员每天面临的工作很多，受精力、知识等各方面的限制，工作时不能事无巨细、面面俱到，"眉毛胡子一把抓"。控制应该突出重点，分清主次，不能只从某个局部利益出发，要针对重要的、关键的因素实施重点控制。作为管理人员总是希望对自己所管理的人员和工作活动进行全面的了解与控制。但组织中的工作活动往往错综复杂、涉及面广，无法对每一个方面或每一件事都加以控制。因此，必须找出最能反映、体现成果的关键因素加以控制："擒贼先擒王，射人先射马"，根据 80/20 的管理法则，才能提高控制工作的效能和效率，取得事半功倍的效果。

3. 弹性原则

弹性原则是指在控制中应建立信息反馈控制系统，通过该系统使被控制对象能够实现自我控制，灵活适应环境。任何一个控制系统，为了同外界进行正常的物质、能量和信息交换，同外部环境之间保持积极的动态适应关系，都必须充分考虑到各种变化的可能性，使管理系统整体或内部各要素、各层次在各个环节和阶段上保持适当的弹性。具体表现在：

（1）适时控制。适时控制是指在控制活动过程中选择适宜的时机，以保证控制的效果。

组织活动中产生的偏差只有及时采取措施加以纠正，才能避免偏差的扩大，或防止偏差对组织不利影响的扩散。

纠正偏差的最理想的方法应是在偏差未产生以前，就注意到偏差产生的可能性，从而预先采取必要的防范措施，防止偏差的产生。

（2）适度控制。适度控制即控制的范围、程度和频度都要恰到好处。为此应注意以下几个问题：防止控制过多或控制不足；处理好全面控制与重点控制的关系；使控制费用得到足够的控制效益。

4. 客观控制原则

有效的控制必须是客观的、符合组织实际的。为此，控制过程中必须要贯彻"实事求是"的思想，必须要客观地了解和评价被控制对象的活动状况及其变化，必须深入实地调查研究。使控制系统能适应主客观的变化，持续地发挥作用，与计划一同变动；同时，在实际管理情况发生变化时要及时体现控制趋势，注意信息收集和传递必须及时、准确无误、具体，这样才能及时纠偏，否则不能起作用，甚至起消极作用；当然，控制还应该具有体现经济性，注意和保持成本的适度性，因为控制成本投入大未必能导致计划更顺利地实施。

5. 例外原则

例外原则是指企业的管理人员为了减轻处理日常事务的负担，把一般日常程序性的事务交由或授权给下属人员去处理，自己只保留对例外事项（重要事项）的控制权。凡对达到组织目标没有重要意义的项目与事务，管理人员应该严格地用"例外"来控制。不应该经常核查，而只应以防止情况恶化为限。即应该树立一种标准，定期地进行衡量，并且只是进行抽样衡量，只有当情况比较明显地与标准出现偏差时才予以控制。把控制的重点放在对组织目标有重要意义的项目与事务上。

在运用例外原则进行控制时要注意：①例外情况必须是一些非程序化、意外的、下属人员在紧急情况下难以决策的事项，这样可以保证控制者集中精力解决问题。②对例外的重视程度要结合实际情况加以考虑。③例外问题必须与关键问题结合起来。控制人员越是只注意一些重要的例外偏差，也就是说越是把控制的主要注意力集中在那些超出一般情况的特别好或特别坏的情况，控制工作的效能和效率就越高。

9.2 控制的基本过程

控制作为一种施控者对受控者的一种能动的作用，至少要有施控者（作用的施加者）、受控者（作用的被施加者）以及作用的传递途径3个要素。由这3个要素组成一个整体，相对于某种环境而言，才能具有控制的功能和行为。一般来说，由施控者、受控者与控制途径所组成的对于环境而言具有控制功能与行为的系统，称为控制系统，如图9-2所示。

从图9-2可以看到，控制系统中的控制作用不是单向的，而是双向的。施控者对受控者的作用是控制作用，受控者对施控者的作用是反馈作用。同时，控制系统作为一个系统，其3个要素与环境之间也存在着相互的作用，因而控制系统是一个动态的系统，控制过程也是一个动态的过程，控制的过程实质上是系统从一个稳态到达另一个稳态的过渡过程。

在管理中，控制的作用是为了取得与计划相一致的结果。管理中的控制工作首先要为各

图9-2 控制系统

项工作确立标准，这些标准表明了各项工作的预期成果。然后，各项工作进入执行阶段，工作进展如何，通过检查绩效来衡量。如果发现实际工作成效偏离了标准，就要采取措施纠正偏差，直到取得符合标准的绩效。由此，管理中的控制过程实际上包括4个基本步骤：确定工作标准、衡量实际工作、将实际工作与标准做比较、采取纠正偏差措施。这一过程可用图9-3来表示，其中，纠正偏差是控制工作的中心。

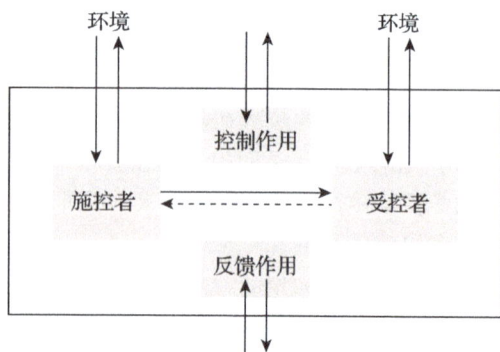

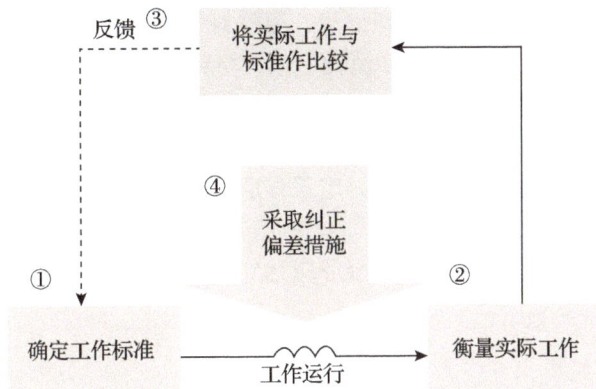

图 9-3　控制过程

9.2.1　确定工作标准

标准是评定工作绩效的尺度，缺少这把度量的尺子，控制工作就无从做起。因此，确定切实可行的工作标准是能否实施有效控制的关键，否则，控制将流于形式。

怎么知道事情是否正在按计划进行呢？好比锻炼身体，保持身体的健康在一定意义上也可以看成是一种计划，怎么知道身体是不是健康呢？检查一下就能知道。检查就有检查的指标，例如血压、体重、血脂等。管理也是如此，要有一个判断事情是否正在按计划进行的尺度，控制首先要从设定尺度和指标开始，这个环节就是确定控制的标准。

制定控制标准是控制工作的起点。在进行控制时，首先遇到的问题是"控制什么"，一般影响组织目标成果实现的主要因素包括：环境特点及其发展趋势；资源投入；活动过程等。因此，在实施控制之前，必须要明了"我们要控制什么""哪些是我们的控制对象""控制的关键在哪里"。只有目标明确，控制工作才能有的放矢。

从企业的具体工作来看，建立控制标准就是要在企业中建立起一套考评体系。假如一个企业开展了比较详细的目标管理，这套经过分解的目标，实际上就是一个现成的考评体系。如果没有，就得根据企业的战略远景、计划来加以分解，建立起一些关键的考评指标。有了这个考评指标就可以拿它来衡量了。当然仅仅有一套指标还不能构成控制。通常，人们是在一个完整的计划程序中选择众多关键点，把处于关键点的工作预期成果作为控制标准。对关键点实施控制才能最经济地达到控制工作过程的目的。

对于控制对象及控制关键点的选择，要注意判定它们：①是否会影响整个工作运行过程的重要操作与事项。②是否能在重大损失出现之前显示出差异的事项。③是否能反映组织主要绩效水平的时间与空间分布均衡的事项。只有这样，才能取得事半功倍的效果。

1. 常用的控制标准

任何一项具体工作的衡量标准都应该从有利于组织目标实现的总要求出发来加以制定，目标和计划是控制的总标准。为了对各项业务活动实施控制，还必须以总标准为依据设置更加具体的标准，作为控制的直接依据。

制定标准是进行控制的基础。标准的表现形式很多，大致分为定性标准和定量标准两大类。相比较而言，具体、可测量的定量标准更能保证控制的准确性。定量标准又可细分为：

（1）实物量标准。实物量标准是用产出量、原材料处理量或投入量等实物产品计量单位来反映组织经营状况的非货币标准，如劳动消耗定额、材料消耗定额、产品产量等。

（2）货币标准。货币标准是用以反映组织经营状况的价值标准，如成本标准、库存周转率、资本金利润率等。

（3）时间标准。时间标准是指为完成一定工作所需要花费的时间限度，如工时定额、交货期、生产周期、生产进度等。

（4）质量标准。质量标准是指产品或服务应达到的品质要求，如产品等级、合格品率、可靠性、差错率等。

2. 制定控制标准的要求

控制标准必须满足一定的要求，才能保证控制工作的有效性。这些要求主要有：

（1）简明。对标准的说明和表达要明确，通俗易懂，应尽可能体现出一致性，便于执行者理解和接受。

（2）适用。标准要以计划为基础，又有利于组织目标的实现。

（3）可行。标准的制定必须是以平均先进水平为基础的，即是绝大多数员工经过努力可以达到的，标准不能过高，也不能过低。

（4）具体。标准要便于对各部门的工作进行比较、衡量，使对实际工作成果的测量易于操作。

（5）弹性。标准应具有一定的弹性，并与未来的发展相结合，在保持标准先进性的同时，也要注意标准执行过程的稳定性。

3. 控制标准的制定方法

构成控制的基础就是要有一套合适的控制标准。控制标准对人们的行为起着指挥棒的作用，如果控制标准不合适，就会误导人们的行为，从而影响组织目标的实现。在实际工作中，制定控制标准常用的方法有：

（1）经验估计法。经验估计法是指由经验丰富的人员根据经验和判断来估计预测结果，根据评估来制定控制标准。这种方法具有简单易行、运用范围广的优点，不足之处在于以经验为依据，科学性不强。在运用此种方法制定控制标准时，要注意利用各方面人员的知识和经验，综合大家的判断，制定出一个相对先进合理的标准。

（2）统计计算法。统计计算法也叫历史性标准，是指利用历史资料以分析反映企业经营在各个历史时期状况的数据为基础，制定当前工作的控制标准。这种标准成本低、简单易行。但由于历史与现实之间的差距，这类标准往往不够准确，据此制定的工作标准可能低于同行业的卓越水平，甚至是平均水平。

（3）工程标准法。工程标准法是指通过对控制对象进行全面、科学、客观的定量分析，以分析所得到的数据和参数为基础制定控制标准。这种方法制定的标准的准确性强，但同时也存在耗时长、成本高的缺陷。

9.2.2 衡量实际工作

标准是衡量业绩的工具，衡量实际工作绩效的关键是及时获取有关工作成果的真实信息。假如企业经营活动中的偏差都能在产生之前就被发现，管理者就可以预先采取必要的措施，并取得良好的效果。这是一种理想的状态，但在客观条件的限制下，并非所有的管理人员都有卓越的见识能预估出问题，最满意的控制方式就是：必要的纠正偏差行为能在偏差产生之后迅速被采用。为此，要求管理者及时掌握能够反映偏差是否产生并能判定其严重程度的信息。

1. 衡量实际工作成果的方法

衡量实际工作是控制工作的第二个阶段，通过搜集反映实际成效的各类信息，按照标准衡量工作实际达到的标准的程度。衡量绩效是对计划执行情况与控制标准进行对比分析偏差的前提，直接关系到纠正偏差措施的采用。因此，要及时获取偏差信息并采取矫正措施，防止"积少成多"的误差积累，影响组织目标的实现。在这个阶段，管理人员面临的核心问题主要是衡量什么和怎样衡量。事实上，衡量什么已由第一阶段解决，依据计划制定的各种控制标准就是我们所要衡量的内容，而怎样衡量，也就是用什么方法来衡量需根据具体情况来选择。在实际中，常用的衡量方法有如下几种：

（1）口头汇报。口头汇报时通过语言方式，如召开会议、电话交谈、个别谈话等让各部门管理者汇报各自的工作近况及遇到的问题。这种方式的优点是了解情况方便快捷，能够得到立即反馈，有利于合作；缺点是不便于存档和重复使用，而且汇报内容常常受到汇报人员主观因素的影响。

（2）书面汇报。在日常的生产经营活动中形成了大量的资料，将这些实际工作中收集到的资料以一定的方法加工处理后形成的送交管理部门的文字资料、统计报表即为书面汇报。管理人员可以利用这些报表了解工作情况。这种方法的优点是节省时间，便于保存，但其准确性依赖于原始资料的真实、准确和全面。

（3）直接观察。直接观察是指管理者亲临工作现场，通过对控制对象的观察，从而了解工作的实际情况并进行分析、做出判断。这种方法可以使管理者全面、真实地掌握第一手资料，便于及时发现问题、解决问题，但这种方法也存在着费时费力、观察范围受限的问题。

衡量实际工作绩效实际上是一种信息的收集过程。只有及时地收集有关计划执行情况的信息，才能满足在一定时间约束条件下的衡量绩效、确定控制措施和实施控制计划的要求。迟滞的信息将导致丧失采取有效控制的时机，这就要求管理人员在计划开始执行时就注意观察、采集、积累和传递有关计划的执行信息。信息要能有效地服务于管理控制工作，需要符合以下3项基本要求：①及时性。在信息收集、加工、检索和传递时需要及时建立管理信息系统。②准确性。信息的可靠来源于收集、传递和环节的准确。③适用性。提供尽可能简便又满足要求的全部信息。

2. 有效衡量的基本要求

衡量实际工作是一项贯穿控制始终的、持续进行的工作。控制活动应当跟踪工作进程，及时获取脱离正常或预期成果的信息，及时采取各种矫正措施。如果等到工作已经完成再衡量，那么即使有过失存在偏差也难以补救。所以，在工作进行之中就应及时了解工作的进展情况并对其发展趋势加以预测，甚至有时还需在开展工作之前对工作的进展情况进行估计。

为了能够及时、正确地提供反映偏差的信息，同时又符合控制工作在其他方面的要求，管理者在衡量工作成绩的过程中应注意以下几个问题：

（1）通过衡量成绩，检验标准的客观性和有效性：衡量工作成效是以预定的标准为依据来进行的，这就出现了一个问题：偏差到底是执行中出现问题还是标准本身存在问题呢？如果是执行中出现的问题，当然需要纠正；如果是标准本身的问题，则要修正或更新预定标准。因此，利用预先制定的标准去检查各部门、各阶段和每个员工工作的过程，同时也是对标准的客观性和有效性进行检验的过程，帮助找出是否存在标准本身的问题。检验标准的客观性和有效性，是要分析对标准执行情况的测量能否取得符合控制需要的信息。在为控制对象确定标准的时候，人们可能只考虑一些次要的、非本质的因素，重视一些表面的因素，因此，利用既定的标准去检查人们的工作，有时候并不能达到控制的目的。衡量过程中的检验就是要辨别并剔除那些不能为有效控制提供必需信息及容易产生误导作用的标准，找出控制对象的本质特征，从而制定出科学的控制标准。

（2）确定适宜的衡量频度：简单地讲，频度是指数量。有效的控制要求确定出适宜的衡量频度，这就意味着衡量频度不仅体现在控制对象的数量上，而且体现在对同一标准的测量次数上。对控制对象或要素的衡量频度过高，不仅会增加控制费用，而且还会引起有关人员的不满，影响他们的工作态度，从而对组织目标的实现产生负面影响；但如果衡量或检查的次数过少，则有可能造成许多重大的偏差不能被及时发现，从而影响战略和计划的完成。适宜的衡量频度取决于被控制活动的性质、控制活动的要求，控制对象可能发生重大变化的时间间隔，也就是说主要取决于控制对象的重要性和复杂性。

（3）建立信息反馈系统：衡量实际工作的目的是为管理人员提供有用的信息，为纠正偏差提供依据。然而，并不是所有衡量绩效的工作都由主管部门进行。因此，应该建立有效的信息反馈网络，使反映实际工作情况的信息适时地传递给适当的管理人员，使之能与预定标准相比较，及时发现问题，并能迅速进行处理。这里被衡量的业绩信息通过一定的渠道传递给管理者的过程被称之为反馈。它可以告诉管理者哪些工作正在执行之中，哪些已经发生了变化，已采取哪些措施去调整或修正等，通过反馈获得的信息，对未来的计划和决策过程是非常重要的。

9.2.3 将实际工作与标准做比较

对实际工作成效加以衡量后，下一步就应该将衡量的结果与标准进行对比，找出差距。当实际工作低于（或超过）标准时，就说明工作出现了偏差。有人以为事情没有按计划进行，存在着偏差，那么消灭偏差不就可以了。但是消灭偏差这个说法实际上是不恰当的。一般来说，工作中出现偏差是不可避免的。但小的偏差和失误并不会立即给组织带来严重的损害，然而在较长的时间里，这些小的差错就会得以积累放大并最终对计划的正常实施造成威胁。偏差如果在规定的限度以内，管理人员便可让一切照常运转；如果偏差超出规定的限度以外，管理人员就必须决定做出某种改变，将工作恢复到标准控制区之内；如果偏差较大，则要分析造成偏差的原因和问题的症结所在，防止"积少成多"的误差积累，从而影响组织目标的实现；一定意义上，偏差是不可消灭的，应当消灭的是造成偏差的原因。根据前面讨论的控制过程的概念，各种各样的绩效指标，实际上是过程的输出，要调整输出的指标，仅仅在输出的地方做努力是不够的，假如这样，就会陷入"摁下葫芦起来瓢"的境地。所以正确的态度是经过衡量发现偏差，不是要消灭偏差，而是要分析造成偏差的原因，从而消灭造成偏差的原因，这才是控制。只有把造成偏差的原因消灭掉了，问题才得到解决，事情才能回到正确的轨道上来。即使未出现偏差，也应首先分析控制标准是否有足够的先进性，在认定标准水平合适的情况下，将之作为成功的经验予以分析总结，以用于今后的或其他方面的工作。

偏差是绩效与标准之间的差异，实际上并非所有的偏差都会影响企业的最终成果，有些偏差可能是由于计划本身和执行过程中的问题造成的，而另一些偏差则可能是由于某些偶然、暂时、局部性的因素引起的，对组织活动的最终结果不一定产生重要影响。产生偏差的原因是多种多样的，因此，在采取纠偏措施之前，必须首先对反映偏差的信息进行评估和分析。

一般而言，偏差可以分为有利偏差和不利偏差。造成偏差的原因通常包括计划及标准本身，原先的计划或标准制定得不科学，过高或过低，在执行中出现了问题而造成偏差；另外是由于环境发生变化，或是生产条件、资金供应、员工素质等组织内部条件，或是国家政策、技术条件、竞争对手等外部客观环境发生了预料不到的变化，与计划的前提条件产生矛盾，原来被认为是正确的计划不再适应新形势的需要也会导致偏差的出现。

管理人员在进行偏差分析时，应注意以下几个问题：①明确偏差的性质，即弄清出现的是正偏差，还是负偏差；是可以避免的偏差，还是不可控制的偏差；是关键性的偏差，还是一般性的偏差；是偶然出现的偏差，还是经常重复出现的偏差。②是了解偏差的影响，即偏差可能造成的影响范围、影响程度、偏差产生的环节和产生的时间。③是查明偏差产生的具体原因和关键原因。

分析偏差产生的原因及其影响，可以为纠正偏差提供最适当的措施依据。

9.2.4　采取纠正偏差措施

对超出允许范围的偏差采取相应的措施予以纠正，是控制过程中不可或缺的环节。通过采取一定的管理行动纠正偏差，保持工作的实际情况与计划相一致，从而达到控制的目的。

在采取纠正偏差措施过程中，首先要确定纠正措施实施的对象。实际上需要予以纠偏的可能不仅是企业的实际活动，也包括指导这些活动的计划或事先确定的衡量这些活动的标准；然后是选择适当的纠正措施，采取必要的措施纠正偏差是控制过程的关键。这就要求在衡量工作成效的基础上，针对偏离标准的偏差，进行及时有效的纠正，从而恢复到原定标准中去。由于偏差是由控制标准与实际工作绩效之间的差距所产生的，因此纠正措施也不外乎有以下两种：要么改进工作绩效，要么修订标准。但从管理职能的角度来看，纠正偏差措施主要包括：

1. 调整计划及其相应的标准

若是因为原先的计划或标准制定得不科学，过于乐观或过于保守，在执行中出现了问题而造成偏差；或因为环境发生变化，原来被认为是正确的计划不再适应新形势的需要而导致偏差的出现，则必须对原有的计划、标准、目标进行重新制定或修订。如果管理人员经过反复思考，确认计划本身或标准是合理、恰当的，就应该坚持执行该计划，在某些情况下，坚持按原计划执行也是一种纠正偏差措施。

2. 组织工作方面的调整

即运用组织职能进行机构调整，对管理人员重新加以委任或明确其职责，进一步授权；或更妥善地选拔和培训下属员工，重新配备人手等手段依靠健全的组织结构来保证控制目的的实现。

3. 改善指导和激励的方法

即通过管理人员改变领导方式，或是采取更为有效的激励措施，调动员工的工作热情和积极性，强化员工的工作责任感，从而提高工作成效。

4. 其他方面的措施

即通过经济、技术等方式，如追加设备能力，加大资金投入的力度等，使整个管理过程能够沿着正确的轨道前进。

在控制措施的选择与实施的过程中，管理者还需要注意如下一些问题：①要保持矫正方案的双重优化，使纠正偏差方案双重优化。所谓第一重优化，是指纠正偏差行动的经济性优于不采取行动的损失，即纠正偏差的成本应小于纠正偏差可能带来的损失；第二重优化是指在第一重优化的基础上，通过对各种纠正偏差方案的比较，选择投入最少，成本最小，解决偏差效果最好的方案来组织实施。②要充分考虑原有计划实施的影响，及时进行相应的监督、检查，并落实到部门、落实到人。③要注意消除组织成员对纠正偏差措施的疑惑，在采取纠正偏差措施之前，应充分考虑组织成员对这些措施的理解和接受程度，消除他们的疑虑，努力争取多数人的支持，避免进行纠正偏差时出现人为障碍。④是要在纠正偏差时应当实行例外管理。控制工作是由直线管理人员来进行的，但对于那些不重要、不明显的偏差，可授权由下级管理人员自行处理，那些重要的、影响大的偏差，应当亲自出马加以纠正。这样，高层管理者就可把注意力集中在最重要的问题上，以提高管理效能与效益；同时，也使得下属员工能进行更多的自我管理、自我控制。

总之，通过控制，才能使管理活动成为一个首尾相连的闭环过程，没有控制，就意味着做事情有始无终。上述的控制过程的 4 个基本步骤，实际上形成了一个完整的反馈控制系统，完成一个控制周期。通过每一次循环，使组织与目标的偏差不断缩小，保证管理活动向目标方向正确地发展。

9.3　控制技术与方法

在管理实践中，对于不同方面的控制往往会运用不同的控制手段和方法，为了实现有效的控制，必须合理选择适宜的控制技术与方法。在管理中可应用的控制技术很多，既有属于传统控制技术的预算控制、盈亏平衡分析，也有属于全面绩效控制的审计控制。虽然控制技术与方法的分类标准很多，但这里主要介绍两类控制技术与方法：预算控制与非预算控制。

9.3.1　预算控制

在管理控制中，最常用的一种控制方法就是预算控制。预算是计划的数量表现，其编制是计划的一部分；而预算本身又是计划过程的结果，是转化为控制标准的计划。所以，预算既是控制系统的基础，也是传统的控制技术和方法。

1. 预算的种类

预算就是用数字，特别是用财务数字的形式来描述组织未来的活动计划，它预估了组织在未来时期的经营收入和现金流量，同时也为各部门或各项活动规定了在资金、劳动、材料、能源等方面的支出额度。预算作为计划与控制的手段在企业的管理中发挥着巨大的作用，其实质是用统一的货币为组织各部门的各项活动编制计划，因此它使得组织在不同时期的活动效果和不同部门的经营绩效具有可比性，可以使管理者了解组织经营状况的变化方向和组织中的优秀部门与问题部门，从而为调整组织活动指明了方向，为协调组织活动提供了依据，用数量形式的预算标准来对照组织活动的实际效果，大大方便了控制过程中的绩效衡量工作，为采取纠正措施奠定了基础。

按照内容不同，预算可分为经营预算、投资预算和财务预算三大类。

(1) 经营预算：经营预算是指企业日常发生的各项基本活动的预算。它主要包括销售预算、生产预算、直接材料采购预算、直接人工预算、制造费用预算、销售费用预算和管理费用预算等。其中销售预算最关键，它是其他各项预算的基础。

(2) 投资预算：投资预算是对企业这类投资活动所做的预算。一般包括增加建筑物、购置机器设备等固定资产方面的投资预算和新产品开发、技术改造、广告宣传等其他方面的投资预算。对于投资方面的预算无论其投资大小，都应慎重考虑多方面的因素，如投资时间、投资数额、资金来源、预期收益等。对于投资数目大、回收期长的投资项目还应有专项预算，将其与企业的战略和长期计划紧密联系起来。

(3) 财务预算：财务预算是指企业在计划期内对企业的资金收支、损益情况及资产负债等财务状况的预算。由于企业经营预算和投资预算的内容都将最终反映到财务预算之中，财务预算也被称为综合预算。企业的财务预算主要包括：收入预算、支出预算、现金预算、资金支出预算、资产负债预算等。

此外，预算还可以按计划期的长短，分为长期预算和短期预算；按编制方法分为可变预算（也称为弹性预算）和零基预算等。

2. 预算控制

预算控制就是根据预算规定的收入与支出标准来检查和监督各个部门的活动，以保证各种活动或各个部门在完成既定目标、实现利润的过程中对资源的利用，从而使费用支出受到严格有效的约束。

(1) 预算控制的一般程序：对于企业来说，进行预算控制一般需要经过如下步骤，如图 9-4 所示。

1) 深入了解企业在过去财政年度的预算执行情况和企业在未来年度的战略规划，并以此作为企业制定预算的重要依据。

2) 围绕企业的战略规划和企业内外部的环境条件，按照企业各种预算之间的关系，制定出企业的总预算。

3) 将企业的总预算确定的任务层层分解，由各个部门、基层单位及员工个人参照并制定本部门、本岗位的预算，上报企业的高层管理部门。

4) 企业高层决策者在企业各部门实际上报的预算基础上，根据企业的实际情况对各部门的预算进行综合、调整之后，将最终确定的预算方案下发执行。

5) 各级管理部门组织贯彻落实预算确定的各项目标，在实施过程中予以监控，及时发现问题并采取相应的措施。

(2) 预算控制的特点：预算作为一种传统的控制手段，在管理活动中得以广泛使用是由于预算具有十分显著的优点。①预算通过明确的数字形式来描述组织未来的活动，将各项工作成果数字化，使人一目了然。②是便于控制，由于有了明确的标准，有据可依，使得控制工作便于开展。③便于授权，预算的编制需要各执行部门的参与、配合，实际上预算的编制过程就是一种授权过程。

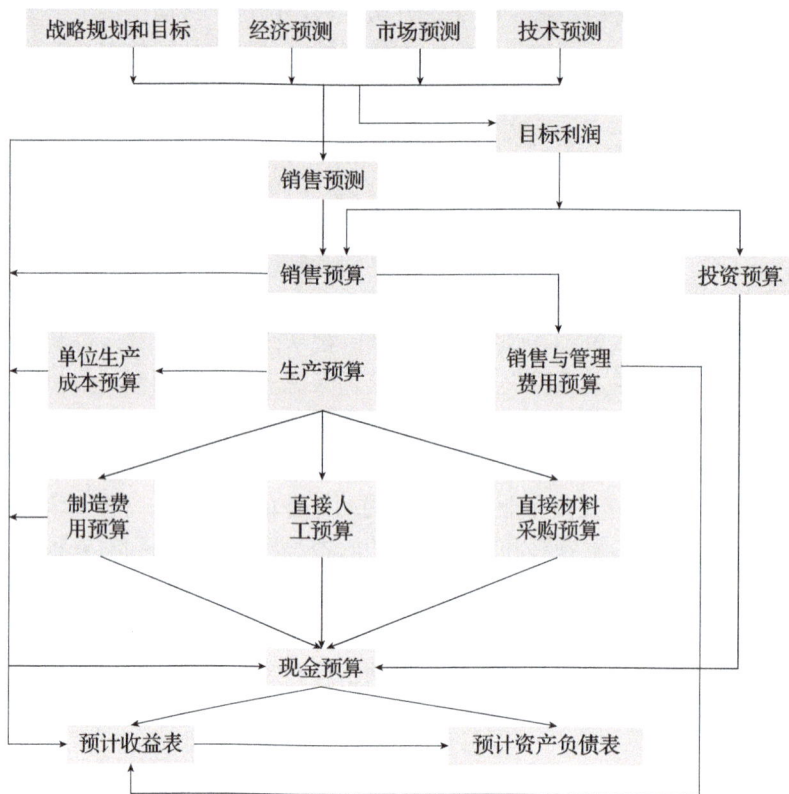

图 9 - 4　企业预算体系

但是预算控制也存在着一定的缺陷。①适用范围受到局限，它只能帮助组织控制那些可以计量的，特别是可以用货币单位计量的业务活动。②编制预算时通常参照上期的预算项目和标准，从而忽视本期活动的实际需要。③缺乏弹性，预算是以非常具体的数字形式来表述计划，除具有明确的优点外，也给人一种不可更改的印象，特别是涉及长时期的预算可能会束缚决策者的行动。④预算中也存在虚报预算数量的现象。

9.3.2　非预算控制

1. 监督检查

监督检查是一种最古老、最常见和最直接的控制方法。它的具体形式是，各级管理人员对下级人员执行计划的过程进行实地检查和评价，如发现问题立即采取措施加以纠正。这是管理控制过程中不可缺少的控制方式之一。

作为一种直接的控制方式，监督检查可使管理人员及时获取真实的第一手信息，从而保证控制工作的有效性；此外，监督检查还有助于各级管理人员与下属人员的沟通与了解，有利于创造融洽、和谐的组织氛围。

当然，各级管理人员也要注意监督检查可能引起的消极作用，防止监督检查流于形式或给下属造成较大的工作压力。

2. 报告制度

报告实质上是一种信息传递方式。它是通过向负责实施计划的主管人员全面、系统地汇报，阐述计划的进展情况、存在问题及原因分析、措施的采用及收效、可能出现的问题或谋求上级管理部门给予相应的支持。报告是管理人员掌握计划执行情况和适时控制的基本方式，因此任何组织都必须制定一整套有效、规范化的报告制度，形成时间上定期、任务上定人、内容上定性、格式上定型，从而保证控制工作的有效进行。

3. 比率控制

在对企业的生产经营状况进行分析时，首先要了解所获取的数据间的联系，简单的几个数值很难说明问题。例如，年利润 100 万元对于一家资产上亿元的大型企业和一个仅有几十万元的小企业而言，意义是不同的。比率控制也称比率分析，就是将组织的资产负债表和收益表上的相关项目进行对比，形成一个比率，从中分析和评价组织的经营成果和财务状况。组织活动分析中常用的比率分为财务比率和经营比率两类。财务比率主要说明企业的财务状况，常用的财务比率有以下几类：流动比率、速动比率、负债比率和盈利比率。经营比率也称活力比率，主要用于反映企业的经营状况，常用的经营比率有三种：库存周转率、固定资产周转率、销售收入与销售费用的比率。

4. 审计控制

通常反映组织管理绩效及其影响因素的主要有：经济功能、组织结构、收入合理性、研究与开发、财务政策、生产效率、销售能力和对管理当局的评价。

审计是对反映组织资金运动过程及其结果的会计记录及财务报表进行审核、鉴定，以判断其真实性和可能性，从而为控制和决策提供依据，是现代管理中广泛运用的一项全面控制技术。审计控制主要包括外部审计、内部审计和管理审计三种形式。

外部审计是由外部机构选派的审计人员对组织财务报表及其反映的财务状况进行独立的检查与评估。

内部审计也称为内部稽核，是由企业组织自己内部的力量，对本企业某一方面或几方面工作进行专门的检查与评估，是提供检查现有控制程序和方法能否有效地保证达成既定目标和执行既定政策的手段。

管理审计是利用公开记录的信息，从反映组织管理绩效及其影响因素的若干方面将组织与同行其他组织或其他行业的著名组织进行比较，以判断组织经营与管理的健康程度。

5. 盈亏平衡分析

盈亏平衡分析也称为量本利分析法。这种方法是利用产销量、成本与利润三者间的关系，根据经济的原则收入大于支出，找出使企业达到盈亏平衡的产量点，再根据企业的目标利润的要求确定适宜的生产规模，企业可以据此对生产的产量进行控制，从而确保目标利润的实现。盈亏平衡分析在控制方面的应用主要体现在以下几个方面：控制实现目标利润的销售量、分析各种因素变动对利润的影响、成本费用的控制、判断企业经营的安全率等。

6. 控制图法

控制图法通常用于质量控制。它是根据正态分布的有关原理，对影响产品质量的系统性因素进行控制。控制图在运用时，主要是利用控制图表，采用抽样检查的方法定期对生产制造过程中的一批制品或采购来的一批原材料进行测定，将测量的结果通过数值点反映在控制图上，并根据这些数值点的分布状况对该批产品的质量状况做出评价，从而保证生产制造过程的稳定，控制图是有效防止产品质量变异的一种预防控制方法。

7. 重点控制法

管理人员每天面临的工作很多，受精力、知识等各方面的限制，工作时不可能做到事无巨细，"眉毛胡子一把抓"。根据 80/20 的管理法则，"擒贼先擒王，射人先射马" 的控制方法就是重点控制法。

重点控制法也被称为 ABC 分类法或重点管理法。在库存控制中，它是将品种繁多的物料，按其重要程度、消耗数量、价值大小、资金占用等情况，把库存物料分为三类：A 类是品种数目虽不多通常仅占库存总数的 15%，但却占用库存成本 70% ~ 80% 的库存品；B 类是品种数目和占用资金都属于中等程度的库存品，其品种占全部库存的 30%，占库存成本的 15% ~ 25%；C 类是指那些品种数目虽很多，但占有的资金却不多的库存品，一般它们只占全部成本的 5% 左右，但数量却占库存总数的 55%。通过对其库存物料的分类，然后分别采用不同的管理方法，就能做到 "突出重点，抓住关键，照顾一般"，既可满足生产经营的需用量，又能节省资金占用，提高经济效益。因此这种方法普遍运用于库存控制和质量控制当中。

8. 订货点法

为保证生产过程的连续性，应付各种有规律或偶然性的变化，需有一定的原材料、零部件的库存；在销售过程中，为满足用户的需求，缩短用户的订货周期，避免发生缺货或延期交货以提高服务质量，也需要一定的成品库存，如果库存短缺，就可能会造成生产过程的停顿。在生产过程中，管理人员主要面临着两大问题：①物料在流动过程中，在什么地点存放多少？即确定库存量。②从服务水平和经济效益的角度，如何保证补充？因此，库存控制就是针对生产过程中的物料数量而进行的管理。其目的就是要在满足用户服务需求的前提下，通过对企业的库存量进行控制，力求尽可能降低库存水平，提高效率，增强竞争力。

在库存管理中，为了及时了解库存量的变化情况，确定何时组织订货、订货数量多少，可以运用订货点法。在实际的管理过程中，订货点法又被称为双堆法，即把同一类物料分为两堆，其中一堆的数量是根据计划确定的订货点数量。生产中实际使用另外一堆，当这堆物料消耗完毕时，管理人员就可知道物料数量已降低至订货点，需再次组织订货了，从而有效地节省时间和人力。

9. 甘特图法

甘特图是将一段时间的计划与工作进度用横道的方式在同一图表中表示出来的一种计划和控制方法，因此也称之为横道图。甘特图法简单、直观，管理人员可以通过该图对计划和实际状况进行比较，掌握工作的任务事项及生产周期、生产进度、时间分配、劳动消耗、销售量等情况，为有效达成组织目标指明方向。

除此之外，常用的非预算控制还包括一些计划方法，如目标管理法和网络分析技术等。

本 章 小 结

任何一个组织，无论计划制定得多么完善，组织机构设置得多么合理，领导方式和激励手段多么有效，都不可能保证所有的活动严格按计划执行。在计划实施的过程中，由于组织内外部因素的影响，计划的实际执行与计划安排之间、执行的结果与计划的目标之间，难免存在着一定的偏差。这就需要一种保证性的职能——控制职能，通过控制职能来纠正偏差，保证组织目标的实现。

简单地说，控制职能就是保证事情按计划进行。控制的原理非常简单，就是拿现实工作状况对照控制标准，找出偏差，分析原因，然后纠正。从控制的过程中可以看出有两个关键步骤：①控制标准的制定。②偏差原因的查找分析。其中制定控制标准更是关键之关键，最为重要，它不仅为控制工作指明方向，而且是分析产生偏差原因、选择控制技术或方法的基础。

控制工作按不同的标准进行分类，可以划分为不同的类型。在组织中，控制主要应用于生产、成本、质量、库存、财务以及人员等方面。尽管每个层次的管理人员所控制的范围不同，但他们都负有执行计划的职责，因此控制是每个层次管理部门的一项主要的管理职能。

控制职能作为管理过程中的最后一个职能，它使管理周期完满运转，循环往复。控制职能如同汽车的转向盘，它把前述的组织、领导与规划的目标连接起来，通过监视各项活动使它们与企业的资源、环境更加符合，从而保证组织计划与实际运行状况动态相适应。离开了控制职能，计划和设想就有可能落空。

复 习 思 考 题

1. 传统的控制方法有哪些？
2. 简述制定控制标准的步骤。
3. 简述控制工作的过程和要素。
4. 简述控制的类型。
5. 制定和实施纠正偏差措施的过程中要注意哪些问题？
6. 简述有效控制的原则。

阅 读 资 料

海尔集团 OEC 方法的实际运用

一、海尔集团 OEC 的基本框架

OEC 管理法由 3 个基本框架——目标系统、日清控制系统和有效激励机制组成，是海尔生存的基础，并成为海尔企业集团对外扩张、推行统一管理的基本模式，也是海尔走向世界的最好发展资本。

（一）目标系统

目标体现了企业发展的方向和要达到的目的。目标提出的高度必须依据市场竞争的需要，

低于竞争对手就毫无意义。海尔刚开始生产冰箱时，确定争中国第一的目标，1988年夺得了冰箱行业第一块金牌。随后又确定创国际名牌的目标，从出口策略上坚持先难后易，先进入发达国家，形成高屋建瓴之势，再进入发展中国家。目前，海尔产品已出口102个国家和地区。

目标的实施首先是将总目标运用目标管理的方法，分解为各部门的子目标，再由子目标分解为每个员工的具体目标值，从而使全公司总目标落实到具体的责任人身上。在日清日高管理法中，目标的建立有以下几个重要特征：

（1）指标具体，可以度量。如在质量管理上，海尔把156个工序的545项责任进行价值量化并汇编成小册子，小到一个门把螺钉上不好都有明确规定。

（2）目标分解时坚持责任到人的原则。各项工作都按标准进行分解，明确规定主管人、责任者、配合者、审核者、工作程序、见证材料、工作频次，从而做到企业内的每件事都有专人负责，使目标考核有据可循。海尔对每一台冰箱的156道工序，从第一道工序开始即规定不准出二等品。

（3）做到管理不漏项。企业中的每件物品（大到一台设备，小到一块玻璃）都规定具体的责任人，并在每件实物旁边明显标示出来，保证物物有人管理。不但车间、办公室的玻璃，就连材料库的1964块玻璃，每块玻璃上也均标有责任人。

这样一个目标系统就保证企业内所有工作、任何一件事情、任何一样物品，都处于有序的管理控制状态。企业内的所有人员，上至总经理下到普通工作人员，都十分清楚自己每天应该干什么、干多少、按什么标准干、要获得什么样的结果，从而保证了企业各项工作的目的性和有效性，减少了浪费与损失。

（二）日清控制系统

日清控制系统是目标系统得以实现的支持系统。海尔在实践中建立起一个每人、每天对自己所从事的每件事进行清理、检查的"日日清"控制系统。它包括两个方面：一是"日事日毕"。即对当天发生的各种问题（异常现象），在当天弄清原因，分清责任，及时采取措施进行处理，防止问题积累，保证目标得以实现。如工人使用的"3E"卡，就是用来记录每个人每天对每件事的日清过程和结果。二是"日清日高"。即对工作中的薄弱环节不断改善、不断提高。要求职工"坚持每天提高1%"、70天工作水平就可以提高一倍。

"日清"控制在具体操作上有两种方式：一是全体员工的自我日清；二是职能管理部门（人员）按规定的管理程序，定时（或不定时）地对自己所承担的管理职能和管理对象进行现场巡回检查，也是对员工自我日清的现场复审。组织体系的"日清"控制，可以分为生产作业现场（车间）和职能管理部门的"日清"两条主线。两者结合就形成了一纵、一横交错的"日日清"控制网络体系。无论是组织日清还是个人自我日清，都必须按日清管理程序和日清表进行清理，并将清理结果每天记入日清管理台账。

日清体系的最关键环节是复审。没有复审，工作只布置不检查，便不可能形成闭环，也不可能达到预期效果。所以在日清中重点抓管理层的一级级复审。复审中发现问题，随时纠偏。在现场设立"日清栏"，要求管理人员每两小时巡检一次，将发现的问题及处理措施填在"日清栏"上。如果连续发现不了问题，就必须提高目标值。

（三）有效激励机制

激励机制是日清控制系统正常运转的保证条件。海尔在激励政策上坚持的原则：一是公开、公平、公正。通过"3E"卡，每天公布职工每个人的收入，不搞模糊工资，使员工心理上感到相对公平。二是要有合理的计算依据，如海尔实行的计点工资，从 12 个方面对每个岗位进行了半年多的测评，并且根据工艺等条件的变化不断调整。所谓"计点工资"，是将一线职工工资的 100% 与奖金捆在一起，按点数分配，在此基础上，又进一步在一、二、三线对每个岗位实行量化考核，从而使劳动与报酬直接挂钩，报酬与质量直接挂钩，多劳多得。

在激励的方法上，海尔更多地采用及时激励的方式。如在质量管理上利用质量责任价值券的方法。员工们人手一本质量责任价值券。手册中整理汇编了企业以往生产过程中出现的所有问题，并针对每一个缺陷，明确规定了自检、互检、专检 3 个环节应负的责任价值及每个缺陷应扣多少钱，质检员检查发现缺陷后，当场撕价值券，由责任人签收；操作工互检发现的缺陷经质检员确认后，当场予以奖励，同时对漏检的操作工和质检员进行罚款。质量责任价值券分红、黄两种，红券用于奖励，黄券用于处罚。

二、海尔集团 OEC 的形式与内容

在上面的框架之下，设立"三本账"和"三个表"。

"三本账"是指公司管理工作总账、分厂、职能处室的管理工作分类账和员工个人的管理工作明细账。管理工作总账即公司年度方针目标展开实施对策表，它按工作的目标值、先进目标、现状及难点实施对策、完成期限、责任部门、工作标准、见证材料和审核办法的统一格式，将全公司的产量、质量经济效益、生产率管理、市场产品和发展作为重点进行详细分析和分解，由总经理签发执行，按规定的标准和审核周期进行考核奖惩。

管理工作分类账，即各部门、分厂年度方针目标展开实施对策表。它采用与公司管理工作总账相同的格式，按工作分工和总账中确定的主要责任进行分析和分解，由部门负责人或分厂厂长签发执行。对职能部门，按其职能确定重点工作并分解到人。如质量部门，按质量体系、质量管理、现场管理、新产品和内部日清等方面进行分解和控制。对分厂则按产量、质量、物耗、设备计量、现场管理、安全和管理等 7 个方面进行分解和控制。

管理工作明细账，即工作控制日清台账，其格式为项目、标准和指标（分先进水平、上期水平、本期目标）价值比率、责任人、每天的完成情况、见证性材料、考核结果、实得总额和考核人。此账按天进行动态控制，每天将控制的情况填入，以达到有效控制和纠偏的目的。

"三个表"指日清栏、3E 卡和现场管理日清表。

日清栏由两部分组成：一部分是在每个生产作业现场设立的一级大表，将该作业现场的质量、工艺纪律、设备、材料物耗、生产计划、文明生产和劳动纪律等方面的实际情况由职能巡检人员每两小时登记填写一次，公布于众。另一部分是职能人员对上述 7 方面进行巡检时做的记录和每天的日清栏考评意见，它将每天日清栏的全部情况进行汇总和评价，存档备查。

3E 卡，指"3E 日清工作记录卡"。"3E"为每天、每人、每个方面 3 个英文单词的开头字母。3E 卡将每个员工每天工作的 7 个要素（产量、质量、物耗、工艺操作、安全、文明生产、劳动纪律）量化为价值，每天由员工自我清理计算日薪并填写记账、检查确认，车间主任及职能管理员抽查，月底汇总计件工资。其计算公式为：岗位工资 = 点数 × 点值 × 产量 + 各种奖罚。这使每个人每天的工作有了一个明确定量的结果，体现了数据说话的公正性和权威性，保证了各项工作的有序进行。

管理员日清表，由各级管理人员在班后进行清理时填写，主要对例行管理的状况进行清理

和分析，找出存在问题的原因、整改措施和责任人，不断提高受控率。

"日日清"的内容分为区域（生产作业现场）日清和职能日清。

区域日清主要包括7项内容，即：

（1）质量日清。主要对当天的质量指标完成情况、生产中出现的不良品及原因分析与责任人，所得红、黄质量价值券等情况进行清理。

（2）工艺日清。主要以当天的首件检验结果与其他工件（产品）指标参数的对比情况、工艺纪律执行率情况进行清理。

（3）设备日清。主要对设备的例行保养、设备完好状况和利用率及责任人等情况进行清理。

（4）物耗日清。主要对材料超标部分按质量、设备、原材料、能源、人员素质等方面的原因与责任进行分类清理。

（5）生产计划日清。主要对生产进度及影响原因、实际产量、欠产数量、解决措施与结果、责任等情况进行清理。

（6）文明生产日清。主要对分管区域的定量管理、卫生、安全及责任进行清理。

（7）劳动纪律日清。主要是对劳动纪律执行情况进行清理。

上述7项日清内容，是在各职能人员控制的基础上，由区域上的员工进行清理，并把清理情况及结果填入"3E"卡。区域日清所要解决的主要问题是：各生产作业现场7项内容的受控状况；发生问题的原因及责任分析；员工当天工资收入测算。

职能日清，是各职能部门对本部门的职责执行情况进行的日清。它含两部分：一是生产作业现场，按"5W3H1S"9个因素进行控制性清理，对发现的问题及时填入相应的区域的"日清栏"。

"5W3H1S"是：

WHAT：何项工作发生了何问题。

WHERE：问题发生在何地。

WHEN：问题发生在何时。

WHO：问题的责任者。

WHY：发生问题的原因。

HOW MANY：同类问题有多少。

HOW MUCH COST：造成多大损失。

HOW：如何解决。

SAFETY：有无安全注意事项。

二是各职能部门的工作人员，按自己分工区域、分管职能的受控情况、问题原因的查找及整改措施的制定情况进行分类清理，填入个人的"日清工作记录表"。职能日清所要解决的主要问题是：找出问题的原因及改进措施；分析责任；变例外因素为例行因素；测算职能人员的工资类别。

三、海尔集团 OEC 的运行程序

"日日清"的运行分三段9步。

第一段包含3个步骤：

（1）召开班前会，明确当天的目标及要求。

（2）按目标和标准工作。生产系统按 7 项日清要求进行生产，职能系统针对 7 项日清，按"5W3H1S"的要求，从事瞬间控制。

（3）填写日清栏。由车间主管、职能巡检员每两小时公布一次巡视中发现的问题及处理意见。

第二段，即班后清理，分 5 步，按组织体系进行纵向清理。

（4）自清。所有岗位的员工对当天的工作按日清的要求逐项清理，在生产岗位的填写"3E"卡交班组长，在管理岗位的填写日清工作记录交科（处）长。

（5）考核。由班组长根据一天对每人各方面情况的掌握进行考核确认，然后报车间主任。

（6）审核。由车间主任根据当天对各班组的掌握，复核各班组的"3E"卡，确认后返回班组。本人填写"日清工作记录"报分厂厂长。

（7）分厂厂长审核各车间的"日清工作记录"，登记分厂日清台账，并将每天分厂的运行情况汇总报公司经理助理。同时各职能部门负责人审核所属人员"日清工作记录"，并将当天职能分管工作出现的问题、解决的措施、遗留的问题，拟采取的办法汇总报公司副总经理。

（8）公司副总经理复审后签署意见和建议，反馈各管理者，并汇总报经理。

第三段为整改建制，即：

（9）由各职能部门会同有关部门、岗位根据"日清"中反映出的问题进行分类分析，在提出解决措施的基础上，制定和完善相应的管理制度，提高薄弱环节的目标水平，并作为下一循环的依据。

四、海尔集团 OEC 的效果

从海尔集团下属各公司的实践看，OEC 的效果体现在 4 个方面：

（一）提高管理精细化程度

搞企业离不开管理，企业管理的内容大致相同，但在管理的程度上却有很大的差别。OEC 方法以追求工作的零缺陷、高灵敏度为目标，把管理问题控制、解决在最短时间、最小范围，使经济损失降到最低，逐步实现了管理的精细化。它消除了企业管理的所有死角，并将过去每月对结果的管理变为每日的检查和分析，对瞬间状态的控制，使人、事、时、空、物等因素不断优化，为生产提供了优质保障，使不良品率、材料消耗大幅度下降，使管理达到了及时、全面、有效的状态。

（二）提高流程控制力

主要表现在 3 个方面：一是自控能力普遍提高，所有员工都以追求工作缺陷和经济损失最低、收益水平最高为目标，苦练基本功，提高技术技能，在努力消灭不良品的同时，自我把关，绝不让不良品流入下道工序。二是互控能力普遍提高。通过实行质量责任价值券，各道工序之间的质量互检工作得到了加强。三是专控能力得到加强。在各生产环节上，各职能部门的巡检人员定时巡查，进行瞬间纠偏，使各环节始终处于有效控制之中。通过"日日清工作法"，海尔的各项管理工作实现了由事后把关向全过程控制的转变，从岗位上看受控率达到了 100%，从时间上看，由过去的 50% 达到了 98% 以上。

（三）完善企业激励机制

实行"日日清工作法"，使海尔形成了对不同层次、不同侧面均有激励作用的激励机制。在分配上，推行了计点到位、计效联酬的全额计点工资；在人员上，实行"优秀工、合格工、试用工三工并存，动态转换"，对人员的使用，全部实行公开招聘、公开竞争，择优聘用。在这样的机制下，在海尔有理想、有作为的青年脱颖而出，20 多岁的处长、分厂厂长随处可见。在考核上，对员工按日进行 7 项日清考核，对干部按事挂钩，对单位按年度总兑现。在奖励上，对个人设有海尔奖（分金、银、铜）、希望奖（分一等、二等、三等）、合理化建议奖；对集体设有合格班组、信得过班组、免检班组、自主管理班组等集体荣誉奖。这极大调动了全体员工奋发向上、追求卓越的积极性。

（四）培育高素质员工队伍

这是"日日清工作法"取得的最好效果，也是"日日清"工作得以全面落实的基础。"日日清工作法"通过每天进行的整理、整顿、清扫和清理，使全体员工养成了良好的工作习惯和令行禁止的工作作风，一支高素质的队伍迅速成长。

（该阅读材料来源于中华品牌管理网）

案例分析

天宏公司的绩效管理体系

天宏铁路有限责任公司（以下简称天宏公司）是 1998 年在国家铁路运输整体提出"网运分离"的号召下，前几批进行市场化运营的国有大型股份制企业，主要由天宏集团投资控股。

天宏公司在成立之初，为了实现市场化运营和管理，引入了现代化的法人治理结构，进行产权结构的现代化变革，同时为了充分地调动各级人员的积极性，大胆引入市场化的用人机制，由过去传统的一种用工形式——国家正式工，转变成正式工 3 年一签的劳动合同工，同时相对扩大了非正式工的人员比例的形式，通过这些多种形式的改革，天宏公司内产生动力，实现了"当年铺通当年运输"的行业先例，同时节省大量人工，也为国家和企业节省了大量开支，并为下一阶段企业快速发展奠定了良好基础。

2003 年春节前某天下午，天宏公司总部会议室，赵总经理正认真听取关于 2002 年度公司绩效考核执行情况的汇报，其中有两项决策让他左右为难。一是经过年度考核成绩排序，成绩排在最后几名的却是在公司干活最多的人，这些人是否按照原先的考核方案降职和降薪？下一阶段考核方案如何调整才能更加有效？另一个是人力资源部提出上一套人力资源管理软件来提高统计工作效率的建议，但一套软件能否真正起到支持绩效提高的效果？

天宏公司成立仅 4 年，但是实际上前 3 年都在进行国家重点工程"西煤东运"煤炭铁路基建与施工，在 2000 年才正式开始煤炭运输的工作，为了更好地进行各级人员的评价和激励工作，天宏公司在引入市场化的用人机制的同时，建立了一套绩效管理制度，这套方案目前已经在 2002 年度考核中试行实施，对于这套方案，用人力资源部经理的话说：是细化传统的德能勤绩几项指标，同时突出工作业绩的一套考核办法。其设计的重点是将德能勤绩几个方面内容细化延展成考核的 10 项指标，并把每个指标都量化出 5 个等级，同时定性描述等级定义，考核时只需将被考核人实际行为与描述相对应，就可按照对应成绩累计相加得出考核成绩，这套方法操作起来简单易行，另外，这套体系汇总起来有 4 个比较明显的特点：

特点一：全员参与。公司规定全体在编人员都进行考核（为年度和季度两种）。

特点二：内容统一。所有干部考核都使用同一个量表，内容包括 4 个方面 10 项指标以及规范权重。

特点三：民主评议。考核形式采用类似民主评议的方法，每个被考核的干部分别由与其相关的所有人员考核（包括上级、本部门员工、相关部门代表等），成绩最后取平均成绩。

特点四：结果排序。所有管理干部统一进行成绩排序，对前几名和最后几名实行晋升或降薪。

人力资源部负责人接着介绍道：本次考核虽然是公司一年中最大的一次大规模全面的考核，却也得到了绝大多数干部和职工的认可，同时各级领导组织积极配合人力资源部的考核工作，据统计，全公司在编的 5700 人中有 96% 的人参加了本次考核，很多干部职工反映现在的考核比在原来单位的考核进了一大步，考核内容更加容易量化了。当然，我们在考核中也发现了一个奇怪的现象：就是原先工作比较出色和积极的职工考核成绩却常常排在多数人后面，一些工作业绩并不出色的人和错误不少的人却都排在前面。还有就是一些管理干部对考核结果大排队的方法不理解和有抵触心理。但是综合各方面情况，我们认为目前的绩效考核还是取得了一定的成果，各部门都能够很好地完成，唯一需要确定的是对于考核排序在最后的人员如何落实处罚措施，另外对于这些人降职和降薪无疑会伤害一批像他们一样认真工作的人，但是不落实却容易破坏我们考核制度的严肃性和连续性。另一个就是：在本次考核中，统计成绩工具比较原始，考核成绩统计工作量太大，我们人力资源部就 3 个人，却要统计总部 200 多人的考核成绩，平均每个人有 14 份表格，统计、计算、平均、排序发布，最后还要和这些人分别谈话，在整个考核的一个半月中，我们人力资源部几乎都在做这个事情，其他事情都耽搁了。因此，我们希望尽快购买一套人力资源信息化软件，这样一方面能提高公司整体人力资源水平和统计工作效率，同时能减少因相互公开打分而造成的人为矛盾。

听完这些汇报，赵总经理决定亲自请车辆设备部、财务部和工程部的负责人到办公室深入了解一些实际情况。因为他知道这几个人平常工作非常认真，坚持原则，也从不计较个人得失，说话也比较直率，赵总非常想知道他们目前的感受和想法。

1 个小时以后，车辆设备部李经理，财务部王经理，来到了总经理办公室，当总经理简要地说明了原因之后，车辆设备部李经理首先快人快语回答道：我认为本次考核方案需要尽快调整，因为它不能真实反映我们的实际工作，例如我们车辆设备部主要负责公司电力机车设备的维护管理工作，总共只有 20 个人，却管理着公司总共近 60 台电力机车，为了确保它们安全无故障地行驶在 600km 的铁路线上，我们主要的工作就是按计划到基层各个点上检查和抽查设备维护的情况，同时我们还主动对在一线的机车司机进行机车保养知识的培训，累计达到 12 次，目前安全行车公里数和保养标准完全符合国家标准，这是我们工作的业绩，但在评估成绩中也就占 18 分，还有在日常工作中，我们不能有一次违规和失误，因为任何一次失误都是致命的，也是会造成重大损失的，但是在考核业绩中有允许出现"工作业绩差的情况"，因此我们的考核就只有合格和不合格之说，不存在分数等级多少。还有第九个指标，口头表达能力，我是做技术工作的，语言表达能力本就不是我的强项，现在我的这项成绩和办公室主任的成绩如何比较，如何科学地区分？

财务部王经理紧接着说道：我赞成车辆设备部老李的意见，我认为考核内容需要进一步调整，比如对于创新能力指标，对于我们财务部门，工作基本上都是按照规范和标准来完成的，平常填报表和记账等都要求万无一失，这些如何体现出创新的最好一级标准？如果我们没有这项内容，评估我们是按照最高成绩打分还是按照最低成绩打分？还有一个问题，我认为我们应该重视，在本次考核中我们沿用了传统的民主评议的方式，我对部门内部人员评估我没有意见，但是实际上让很多其他人员给我打分是否恰当？因为我们财务工作经常得罪人，让被得罪的人评估我们财务，这样公正吗？比如说物资部何某曾多次要求我们报销他部门的超额费用，我坚持原则予以回绝，让他产生不满，在这次评估中，他给我的成绩最差，我的考核成绩也就被拉下来了，因此，现在我是让违反制度的人满意还是坚持公司原则而得罪他？最后一个就是项目中"专业知识技能考核"，财务部人员的专业技能是只有上级或者财务专业人员能够客观和准确评估的，现在却由大量的其他非财务部门进行评估，这样科学吗？

听完大家的各种反馈，总经理陷入了深深的思考中。

❓ 思考与分析

1. 公司的绩效管理体系本身设计得是否有问题，问题到底在哪里？
2. 考核内容指标体系如何设计才能适应不同性质岗位的要求？
3. 公司是否同意人力资源部门提出购买软件方案？
4. 目前能否有一个最有效的方法解决目前的问题？

实 践 练 习

美国国家立法局通过了一项法律，规定高速公路的最高车速为 88km/h。对于快运公司的管理者而言，仅此一项公司的汽油成本就可以节约 10% 以上，但是那些货车驾驶员们却对这条新规定牢骚满腹，因为他们宁愿开快车，以便在一装一卸之间有更多的时间随意逗留。

快运公司为了确认驾驶员们在路上遵守新的车速规定，保证汽油能节省下来，在每辆车上都安装了电子监控仪。这种电子监控仪能记录车速和运时，而以前只有车上的里程表是唯一的凭证，它说明不了问题，装卸中途耽误或消磨的时间，很容易听凭司机编造。

但驾驶员们埋怨电子监控器老出毛病，车速记录得非常不准确，实耗时间也不能反映真实的路况，再说，一装一卸之间的耽误是码头装卸速度太慢的缘故，不能由他们承担责任。

对此，你作为主管，将如何处置？如何让驾驶员们接受公司对车队进行的控制？

第10章 创 新

学习目标
- 理解创新的概念和意义，区别创新与维持的关系。
- 掌握创新的基本类别。
- 理解并掌握观念创新、技术创新、制度创新、组织创新、市场创新和管理创新的内涵。
- 了解和把握熊彼特的创新理论和国外创新理论的发展。
- 掌握激发组织创新和个人创新的方法。

导入案例

去过庙的人都知道，一进庙门，首先是弥陀佛，笑脸迎客，而在他的北面，则是黑口黑脸的韦陀。但相传在很久以前，他们并不在同一个庙里，而是分别掌管不同的庙。弥陀佛热情快乐，所以来的人非常多，但他什么都不在乎，丢三落四，没有好好地管理账务，所以依然入不敷出。而韦陀虽然管账是一把好手，但成天阴着个脸，太过严肃，搞得人越来越少，最后香火断绝。佛祖在查香火的时候发现了这个问题，就将他们俩放在同一个庙里，由弥陀佛负责公关，笑迎八方客，于是香火大旺。而韦陀铁面无私，锱铢必较，则让他负责财务，严格把关。在两人的分工合作中，庙里一派欣欣向荣景象。

其实在管理者的眼里，没有无用之人，正如武功高手，不需名贵宝剑，摘花飞叶即可伤人，关键看如何掌握用人之道，并在此基础上进行创新。

10.1 创新及其作用

科学史上有一个非常有名的"酒吧问题"。这个问题是这样的：每周四在爱尔兰音乐厅里有音乐会，而这个小镇的 100 个爱尔兰人都非常喜欢听音乐，但是，音乐厅却很小，容纳不了100 个人，最多只能容纳 60 个人。这样每到星期四，每一个爱尔兰人就发愁了，到底去不去听音乐呢？如果去并欣赏了音乐，这个星期四将非常幸福；如果不去，将不能享受这种幸福。而如果去了，音乐家发现有多于 60 个人买了票，会认为来听音乐的人太多、太嘈杂，将拒绝演出，那样，所有的人都没有机会听音乐了。为方便说明问题，我们用经济学上的"效用"来简单地表示这个问题的 3 种情况。①星期四去了，但人太多，买了票却听不到演出，白白损失了1000 元钱（票价非常贵）。②去了，也欣赏到了美妙的音乐，获得了精神上的享受，以 5000元钱表示，扣除票价的 1000 元，总的效用是 4000 元。③没有去听音乐，既没有获得什么，也不损失什么，效用为零。

现在假设你是一个爱尔兰人，每周四该不该去音乐厅买票听音乐？如果你不去，当然什么事也没有发生，但如果每一个人都这么想，岂非白白损失了 4000 元钱？或者从另外一个角度看，你非常希望去听音乐，所以你很想去音乐厅，但同样，如果每一个人都这么考虑，去了只能是白白损失 1000 元钱，所以你没法决定自己到底是去还是不去。但科学家对这个极其简单也似乎非常可笑的问题却颇感兴趣，因为它反映的问题极为深刻。首先，到目前为止，没有哪一个人，包括最著名的科学家能告诉一个爱尔兰人在每周四是否该去音乐厅买票，用科学研究中常用的建立模型、逻辑推理、假设验证等都不能解决这个问题；其次，这个问题对每个爱尔兰人而言是一个人的行为，但对 100 个爱尔兰人而言则是一种随机的、甚至是一种混沌的行为，每一个爱尔兰人都有自己的预测方法，而且预测是不确定的，还有每一个人都可以决定自己是去还是不去；最后，对这个问题科学家们得出的结论之一是必须与众不同，才能得到幸福（白白获得 4000 元钱）。如果说，只有酒吧问题中的与众不同才能成功，那么，对一个国家、一个企业而言则表现为创新，即只有与众不同的创新才能成功。在经济学或者在商业中也有一个很有趣的现象，那就是经济上的行为或者商业上的行为不取决于自己有多高的预测和策略。

10.1.1　创新的概念

创新一词首先是由美国经济学家熊彼特在《经济发展史》中提出来的。根据《辞海》的释义："创"是"创始、首创"；"新"是"首次出现的"或"改旧、更新"。因此，从思维层面来说，创新 = 创造新意（意义、意境、主意）；从实践层面来说，创新 = 创造 + 革新；从范围层面来说，最佳的创新定义是"不限大小、不限部门、不限职务、不限资历、不限性别。"

创新与平常所说的发现、发明既有联系又有区别，创新不是"创造新东西"的简单缩写，而是具有特定的经济学内涵。发现是知识的新的增加，是发明和创新的重要知识来源；一项发明则是一个新的人造装置或工序，发明可以取得专利，但不一定能为经济和社会带来效益；而创新则是发明创造的运用和实践，是创造或执行一种新的方式，创新的主体是企业家，目的是为了获得更高的经济效益和社会效果。创新与发现、发明的不同之处在于它是一种具有经济和社会目标导向的行为。目前以经济和社会利益为目标的创新是世界各国理论界和政府政策制定者主要关注的对象。从知识经济的角度看，发现、发明活动是一种知识生产活动，是科技行为；创新则表现为知识创新，是一种经济行为。创新与发现、发明的区别也就是知识创新与知识生产的区别。

从这个意义上来理解，所谓创新，是指改变、更新或执行一个新方案；改变、更新或制造一种新的东西，以获得更高的社会和经济效果的过程或行为。

10.1.2　创新与维持的关系

任何管理都是对系统的管理。没有系统，也就没有管理，而维持与创新对系统的存在非常重要。

维持是保证系统的活动顺利进行的基本手段。根据热力学第二定律的熵增原理，原来基于合理分工、职责明确而严密衔接起来的有序的系统结构，会随着系统在运转过程中各部分之间的摩擦而逐渐地从有序走向无序，最终导致有序平衡结构的解体。管理的维持职能便是要严格地按预定的规划来监视和修正系统的运行，尽力避免各子系统之间的摩擦，或减少因摩擦而产生的结构内耗，以保持系统的有序性。没有维持，社会经济系统的目标就难以实现，计划就无法落实，各成员的工作就有可能偏离计划的要求，系统的各个要素就可能相互脱离，各自为政，各行其是，从而整个系统就会呈现出一种混乱的状况。所以，维持对于系统生命的延续是至关重要的。

但是，系统仅有维持是不够的。因为，任何社会系统都是一个由众多要素构成的，与外部不断发生物质、信息、能量交换的动态的、开放的非平衡系统。而系统的外部环境是在不断地发生变化的，这些变化必然会对系统的活动内容、活动形式和活动要素产生不同程度的影响；同时，系统内部的各种要素也是在不断发生变化的。系统内部某个或某些要素在特定时期的变化必然要求或引起系统内其他要素的连锁反应，从而对系统原有的目标、活动要素间的相互关系等产生一定的影响。系统若不及时根据内外变化的要求，适时进行局部或全局的调整，则可能被变化的环境所淘汰，或为改变了的内部要素所不容。这种为适应系统内外变化而进行的局部和全局的调整，便是管理的创新职能。

任何社会经济系统，首先必须维持其存在，延续其寿命，实现其发展。但是，不论系统的主观愿望如何，系统的寿命总是有一定的期限的。我们把系统自诞生——被社会承认开始到消亡——被社会淘汰结束的时期称为系统的寿命周期，一般社会经济系统在寿命周期中要经历孕育、成长、成熟、蜕变以及衰亡等5个阶段。

从某种意义上说，系统的存在与发展是以社会的接受为前提的，系统的生命力取决于社会对系统贡献的需要程度和系统本身的贡献能力。系统向社会的索取（投入资源）越小于它向社会提供的贡献（有效产出），系统能够向社会提供的贡献与社会需要的贡献越吻合，则系统的生命力就越旺盛，其寿命周期越可能延长。而系统的这种贡献能力又取决于系统从社会中获取资源的能力。要提高系统的生命力，扩展系统的生命周期，就必须使系统提高内部的这些能力，并通过系统本身的工作，增强社会对系统贡献的需要程度。由于社会的需要是在不断变化着的，社会向系统提供的资源在数量上和种类上也在不断改变，系统如果不能适应这些变化，以新的方式提供新的贡献，则系统就难以继续存在。系统不断改变或调整取得和组合资源的方式、方向和结果，向社会提供新的贡献，这正是创新的主要内涵和作用。

综上所述，作为管理的两个基本职能，维持与创新对系统的生存和发展都是非常重要的，它们是相互联系、不可或缺的，创新是在维持基础上的发展，而维持则是创新的逻辑延续；维持是为了实现创新的成果，而创新则是为更高层次的维持提供依托和框架。任何管理工作都应围绕着系统运转的维持创新而展开。只有创新没有维持，系统便会呈现无时无刻无所不变的、无序的混乱状态，而只有维持没有创新，系统则缺乏活力犹如一潭死水，适应不了任何外界变化，最终会被环境所淘汰。卓越的管理是实现维持与创新最优组合的管理。

10.1.3　创新的意义

创新是人类社会永恒的主题。创新的意义体现在以下几方面：

1. 创新是民族进步的灵魂，是国家兴旺发达的不竭动力

从整个人类社会发展的过程看，人类是通过向自然界的索取活动来满足自己的生存发展需要的，而自然界又是复杂多变的，它给人类带来了诸多的困难和威胁，因此，人类必须通过创造性活动向自然界索取，人本身富有创新能力，并通过不断总结经验教训来增强自己的创新能

力。从这个意义上说，创新既是人类活动的本质要求，又是人类的本性规定。人类正是凭借自身的创新能力和创新活动，才逐步走向了文明进步的社会。

对于个体来说，创新是个人价值的最高体现，是人的最高层次的需要。对于一个国家和民族来说，创新是一个民族素质的重要体现，是一个国家永远立足于世界先进民族之林的有力保证。创新是发展不竭的动力，社会的发展、经济的发展、民族的进步莫不如此。哪个民族和国家勇于创新、善于创新，就能够迅速发展。一个没有创新能力的民族将是一个不幸的、没有前途的民族。

中华民族是富有创新精神的民族，曾经创造了世界先进的文明成果和辉煌的科技成就。我国古代的"四大发明"远远超前于西方国家。几千年来，我们的先辈不断努力，实践创新，为人类文明进步做出了不可磨灭的贡献。但同时我们也应该看到，自15世纪以来中国人的创新能力同西方相比逊色了，这也正是近代中国落后挨打的根本原因。

2. 创新是企业生存的基础和发展的源泉

在当今竞争激烈的国际国内环境中，企业要生存和发展，要成功地开展竞争，就必须创造出新的产品或采取最先进的技术和管理组织形式以及先进的并与之相适应的文化。可以说，谁最早进行创新，创新水平最高，谁就占有主动权；谁能使创新持续发展下去，谁就能保持永久的竞争优势；谁能以比别人更快的速度进行创新，谁就能在竞争中占有主动权。创新是一种超越，既是对现实主观状况的超越，又是对客观条件的超越。

创新是企业进步的根本途径，是企业发展的加速器和动力源。它是企业获得核心竞争优势的决定因素，是企业实现持续发展的重要源泉，是企业提高经济效益的根本途径。不创新的企业会走向灭亡，而不会创新的企业也难逃危机或灭亡。一句话，"不创新，则灭亡"。

3. 创新是知识经济的灵魂

从20世纪70年代托夫勒在《第三次浪潮》中提出的"后工业经济"到1986年英国福莱斯特在《高技术社会》中提出的"高技术经济"；从1990年联合国研究机构第一次正式提出"知识经济"，再到1996年世界经济合作与发展组织发表《以知识为基础的经济》报告，知识经济已经向我们走来。

知识创新是知识经济时代创新的聚焦，成为当今创新的特殊含义。知识创新是指新思想产生、深化、交流并应用到产品中去，以促使企业获得成功、国家经济活力得到增强、社会取得进步。许多国家竞相提出，要把创新能力当成知识经济发展最主要的动力源泉，在寻求新的增长方式的努力过程中，知识与创新成为知识经济社会的第一资源。在知识经济时代，人们为满足自己的生存发展的需要而进行生产活动时，不再首先考虑如何大量开发利用自然界的现成资源，而是首先考虑如何创新自己的知识，通过知识创新，去合理开发利用有限的自然资源。在知识经济时代，构成社会经济增长部分的，已不再是追加的资金或劳力或自然资源，而主要是新增知识。人们及其社会生活的各个方面将普遍知识化、科技化。先进的科技成果会更多地代替人们的体力劳动，还会部分地代替人们的脑力劳动。

10.1.4　创新的基本类别

创新可以按照不同的标准进行分类。对创新进行分类的目的是为了在实际工作中能够针对不同类型的创新，采取不同的创新方法和手段，从而更有效地开展创新活动。由于创新主体所在的行业、规模、环境及创新能力不同，创新必然表现出不同的类型。系统内部的创新可以从以下不同的角度去考察。

（1）根据创新的规模以及创新对系统的影响程度的不同，可以把创新分为局部创新和整体创新。

局部创新是指在系统性质和目标不变的前提下，系统活动的某些内容、某些要素的性质或其相互组合的方式，系统的社会贡献的形式或方式等发生变动；整体创新则往往会改变系统的目标和使命，涉及系统的目标和运行方式，影响系统的社会贡献的性质。

（2）根据创新的广度和深度的不同，可以把创新分为根本性创新和渐进性创新。

根本性创新是指在观念上和结果上有根本突破性的创新，通常是指首次向市场引入的、能对经济和社会生产产生重大影响的创新产品或技术。一般是研究开发部门精心研究的结果，常伴有产品创新、过程创新和组织创新的连锁反应。其内涵包括对系统的局部变革、对系统的整体变革和超系统的社会变革。渐进性创新是指渐进的、连续的小创新。虽然每个渐进的创新所带来的变化是小的，但它是重要的。这是因为，①许多大创新需要有相应的若干个小创新辅助才能发挥作用。如计算机的普及、应用和发展离不开软件的升级换代；②一些创新虽然很小，但却可能具有很大的商业价值，有市场需求；③根本性创新需要一个由量变到质变的飞跃过程，在这一过程中渐进性创新正好起到了这种作用。

（3）根据创新与环境的关系，可以把创新分为消极防御型创新和积极攻击型创新。

消极防御型创新是指由于外部环境的变化对系统的存在和运行造成了某种程度的威胁，为了避免威胁或由此造成的系统损失扩大，系统在内部展开的局部或全局性调整；积极攻击型创新是在观察外部世界运动的过程中，敏锐地预测到未来环境可能提供的某种有利机会，从而主动地调整系统的战略和技术，以积极地开发和利用这种机会，谋求系统的发展。

（4）根据创新的组织方式的不同，可以把创新分为自主创新和模仿创新。

自主创新是指系统通过自身的努力，依靠自身力量所进行的创新。在自主创新中，知识、技术或制度等方面的关键性突破是依靠自身的力量实现的。就其运作机理而言，自主创新或者源于所要解决问题的特殊性，或者旨在追求知识、技术或市场方面的率先性。一般说来，自主创新所具有的率先性不仅能为系统在竞争环境中确立优势地位提供前提，而且还能给系统带来大量的渐进性创新以及与之相关联的创新群。在各种创新活动中，自主创新最具有主动性和专有性，但这种主动性和专有性是以企业自身的知识和能力为条件的，也是以独立承担创新风险为代价的。因此，自主创新也是难度最大、风险最高的创新。

模仿创新是指系统在率先创新的示范影响和创新利益的诱导之下，通过合法的方式学习、模仿别人的创新思路和创新成果，并在此基础上进行改进的一种创新形式。显然，模范创新不是照搬照抄，而是在维持的基础上有所发展、有所改善。一般说来，模仿创新是一种跟随性的被动创新。但模仿创新往往以率先创新的成功组织为基础，具有较低的风险，而且可以吸取其经验和教训，因而具有较强的针对性。

10.2　创新的内容

系统在运行中的创新要涉及许多方面。为了便于分析，我们以企业系统为例来介绍创新的内容。

10.2.1　观念创新

观念是人们对客观世界的理性认识。人们对客观事物的看法、思维的结果都属于观念。观念就是认识或思想。观念的形成和发展是一个需要较长时期的培养、积聚和塑造的过程。观念一旦形成，对人们的行为就具有驱动、导向和制约作用。人类要想优化自身的行为，就必须首先优化自己的观念。在社会进步、历史发展的过程中，观念的优化直接表现为观念的更新。一种新观念的产生和发展是社会变革的前奏曲，新观念的深入人心则是社会变革成功的标志。可以这么说，观念是行为的先导，是实践的灵魂，是正确发展的道路。优化行为，必须首先优化观念。

观念创新是人们适应客观世界的发展和变化，并科学、准确地把握客观世界变化的规律和发展趋势，以正确的方式构建新的思维、新的理念、新的思想，以形成对变化了的客观世界的正确认识。观念创新来源于客观世界的变化，是人类主动适应客观世界变化的体现。

与人的行为一样，企业行为总是在一定的思想观念的支配下产生的。企业每一种经营行为的产生与实行，都是一定观念支配的结果。不同的观念必然支配不同的行为，也自然产生不同的结果。在社会主义市场经济条件下，企业作为市场经济的主体，只有不断地更新观念，不断地产生适应并领先时代发展的新思维、新观点（市场观念、竞争观念、效率观念、质量观念、信息观念、产品开发观念、服务观念、人才观念、人本思想、环保意识等），并落实到经营行动上，企业才能生存和发展。否则，就会被市场无情淘汰。一个优秀的企业首先需要的不是利润指标，也不是计算机硬件系统，而是不断创新的思想观念。从某种意义上说，观念创新是企业成功的导向，是其他各项创新的前提。

观念创新的新思维："无为管理"的管理理念。世上没有永远对任何企业都通行的管理模式，在不同的时期，不同的企业都应有与之相适应的模式。在管理界中，没有权威，只有创新。美国的管理专家毕可斯描绘了这样一幅画面：由于信息技术的日益进步，未来企业的办公室内，看不到一个员工，有人选择在家或工作室工作，有人在外面拜访客户，所有的工作可以通过网络进行。这些迹象表明：虚拟的办公室工作状态，已逐渐成为未来的发展趋势。这种情况的出现，打破了传统的权威管理和严格管理，意味着组织的分权，把权力从领导者手中分散到组织成员手中，员工获得了独立处理问题的机会。领导者则支持、指导、协调员工的工作，激发员工的智慧，并为员工服务。这时企业的领导不再是聪明的总裁，而是集体智慧的网络。大家通过网络分享信息，在企业内部形成一种"无为管理"的管理理念。所谓"无为管理"，并不是取消管理，而是管理进入更高的层次和更高的境界，人人都是管理者，都是重大决策的参与者，也是决策的执行者。管理达到如此境界，才能使领导者摆脱日常事务，面对未来，纵观世界，审时度势，筹谋企业发展的根本大计。

10.2.2　技术创新

当今世界，经济竞争的实质就是技术实力的竞争，企业的竞争实力将主要取决于技术实力。企业争得市场份额，拓展生存空间，求得自身发展的最现实的选择就是不断推动企业的技术创新。著名经济学家罗伯特·艾略说："技术是企业参与全球竞争的一个强有力的武器，尤其是当技术能帮助企业向市场推出一代新产品时，其威力更加强大。"一个企业在竞争中的地位和优势，主要取决于技术转化为生产力的速度、规模、范围和效果。发达国家争夺资源的重点已由原材料转到技术上，各国不仅在技术开发和创新上大量投入，还不断以优厚的条件网罗人才，进行大规模的技术投入、开发，促进技术特别是高新技术向经济的各个领域渗透。技术创新已成为一个国家、一个企业获得竞争优势的第一推动力。由于技术创新大多具有高效低耗、较少影响环境的特点，因而可以提高效益，加快速度，调整结构，优化配置，实现企业要素的最佳组合，使企业始终保持旺盛的生命力。

技术创新就是将技术转变为商品，并在市场上得以销售并实现其价值，从而获得经济效益的过程和行为，它是技术进步的核心。技术创新是一个以新的技术思想产生为起点，以新的技术思想首次商业化为终点的过程。所谓商业化就是新的技术思想转化为正常生产和销售的新产品或正常生产中实际使用的新工艺。技术创新是以市场实现程度和获得商业利益作为检验成功与否的最终标准。企业是技术创新的主题。

技术创新与通常所说的技术进步、技术改造既有联系，又有区别。技术进步常被看成是一个三种要素互相重叠又互相作用的综合过程。第一个要素是技术发明，即有关新的或改进的技术设想，发明的重要来源是科学研究。第二个要素是技术创新，它是指发明的首次商业化应用，也就是新的技术思想转化为正常生产和销售的新产品或正常生产中实际使用的新工艺。第三个要素是技术扩散，是指创新随后被许多使用者采用。在技术进步的全过程中，技术创新主要是引入新产品、新工艺、新的生产方式，实现商业化，培育新的经济增长点。技术改造则是采用相对成熟的技术，提高现有企业的生产能力和技术水平，实现规模经济。技术创新为技术改造提供新技术源，它有利于提高技术改造的起点。技术改造为技术创新实现批量生产提供条件，同时，众多的企业采用技术创新的成果，有助于使技术创新取得更广泛的社会经济效益。

技术创新的新思维：当代技术创新的一些新特征。

（1）从产品销售阶段延伸到研究开发阶段——竞争战线前移：在工业经济时代，企业之间乃至国家之间的竞争是建立在自然资源和资本资源的基础之上的，谁拥有更多更好的自然资源和更多的资本，谁就会在国际经济竞争中占据优势地位。竞争的焦点是以自然资源为基础的产品品种及其质量，区位优势在决定国家或者企业的竞争能力方面往往起着决定性的作用。然而，在知识经济时代，企业之间乃至国家之间的竞争是建立在知识资源的基础之上的，而知识的"无国界性""无限供应性"以及"非独占性"又决定了知识经济必然是一种全球经济。在这种情况下，国际竞争的焦点不再是各种生产活动的最终产品而是各种知识活动的成果，竞争的战线已经前移到产品的研究开发阶段乃至基础研究阶段，国家或者企业的竞争优势是建立在其研究开发能力以及技术创新能力的基础之上的。因此，在知识经济时代，企业之间、国家之间的竞争是一种全方位的竞争，因而其市场竞争更加激烈。在许多情况下，市场竞争的结果甚至在研究开发阶段就已经决定了。竞争成败与否并不仅仅取决于有形的产品和服务，而是更多地取决于国家和企业选择研究开发的主攻方向、研究开发资源的有效配置等方面的能力。

（2）从技术突破到技术融合——创新模式转变：如同身体器官一样，技术和产业也有自己从产生到衰老的生命周期，而产业的生命周期是由该产业中主导技术的生命周期决定的。任何领域的技术进步最终都是受自然规律制约的。例如，在一块硅片上能放多少晶体管取决于硅的晶体结构，一根纤维的最终长度取决于其分子间的联结状况。这种最终的制约可称之为极限，技术进步的过程就是不断地向极限挺进的过程，现实技术手段与技术极限的差距即技术机会。技术机会的内涵是沿着现有的技术规范继续改进；它的外延是应用到其他技术系统的可能性。在技术发展的不同阶段，技术机会是不一样的，创新的模式也在不断地发生变化。在技术的萌芽阶段或成长初期，多数创新是重大的技术突破，如晶体管代替真空管，集成电路取代分立元件等。然而，随着新技术与新产业的不断发展，在进入成长期或成熟早期之后，技术创新从产品创新转向工艺创新，突破型创新让位于渐进型创新，技术机会从内含更多地转向外延，这些决定了技术融合成为一种趋势，技术扩散的地位日益重要。当然，这并不是说不再存在突破型创新，事实上，在一些新的领域，特别是在生物技术等领域正充满着新突破的可能性，但是在特定技术轨迹（如以微电子为代表的信息技术）上内涵的机会，或者说突破性的机会已不多。当代信息技术已进入到成熟阶段，将其广泛应用于各个领域，或者说将其与各个领域的现有技术广泛融合，以提高劳动生产率和人民的生活质量，是当代技术创新的重要特征。

（3）从"有形"到"无形"——竞争对手转变：长期以来，企业战略分析的一个重要内容是产业竞争态势分析，即对本产业内可能成为自己竞争对手的企业的优势、弱点及其可能采取的策略进行分析，以此作为形成本企业竞争对策的依据。然而在当代，技术的迅速变化使企业的竞争对手发生变化，不再仅仅是通常意义上的明确对手，而且是在同新技术的发展竞争，同潜在的对手竞争。这主要表现在两个方面。

1）由于技术沿着特定轨迹的迅速发展，使得企业确定研究开发投资水平的主要依据不再是投资回报率，而是技术更新的速率。在许多情况下，企业对研究开发的投资已没有太多的选择余地。也就是说，当新技术出现时，企业必须抓住机会，否则就会落后。伴随着产品的更新换代，企业之间的竞争态势也在不断变化，常常是各领风骚两三年。一种产品在尚未达到其经验曲线的最低点之前就被新一代产品所取代，或者说新技术的不断出现加速了原有技术的老化，技术和产品的生命周期缩短。企业所面临的选择是：要么对新技术、新产品的研究开发投资，要么被挤出市场。对于高新技术产业中的企业而言，技术过时是最大的风险之一。

2）由于技术的相互渗透和广泛扩散，使得企业所受到的竞争威胁不仅来自本行业之内，而且来自其他行业。在某一技术领域内，一个具体的技术性问题可能成为该领域继续发展的"瓶颈"，而解决这一问题的技术有可能来自本领域之外，从而为其他行业内的企业的进入提供了契机。以光导纤维为例，最初的生产厂家多属于玻璃制造业，但当时生产的产品有两大缺陷：易脆性和高传输损失。前者由电缆生产企业通过涂层技术解决，后者由光纤的用户采用长波传输解决。伴随着这些技术障碍的清除，光纤行业内的竞争态势发生了变化，其他行业内的企业通过创新在很短时间内就进入了新的领域，并取代玻璃制造业的厂家，取得了竞争优势。因此，面对迅速变化的技术，某一行业内的领先企业，其研究开发活动不仅要探索本行业主导技术的未来进展，还必须关注相关行业技术的发展。这一方面是为了提防其他行业内的潜在竞争对手，另一方面也是在寻找机会，以便能够以自身的优势参与其他行业的竞争。

（4）从对抗到合作——竞争方式转变：自亚当·斯密开始，在经济学理论中一直将竞争看成是推动经济增长、改善资源配置的最强大的力量。然而，传统意义上的竞争是一种你死我活的竞争，即竞争是高度对抗性的，而现在这种传统的竞争方式却正在发生变化，在合作基础上的竞争成为当代企业竞争的一种重要方式。以知识为基础的产业中的高投入与高风险决定了合作的必要性。当前合作的特点主要是：合作规模的不断扩大，合作方式的多样化和合作向上下游延伸。

需要强调指出的是，合作并不排斥竞争，而是合作与竞争同在。有竞争，也有合作，在竞争和合作中求得发展。在处理竞争与合作的关系中，美国人、日本人和中国人不一样。美国人喜欢玩桥牌，桥牌讲究的是两个牌手之间的配合，美国是一个提倡合作的国家，所以多民族的美国依然可以相安无事并且蓬勃发展。日本人喜欢下围棋，围棋讲究的是大局观，是全局观念，所以日本在与别国的竞争中就显示出强烈的团队精神。但是我们还不善于竞争，自己与自己的竞争是必不可少的。但更重要的是与别人的竞争。中国最终的富强是通过与别人的竞争获得的。中国企业最终的富强也要通过与世界级企业的竞争获得。这样一种利害关系注定中国企业不仅要善于竞争，而且还要善于合作。

10.2.3　制度创新

制度有两层含义：一是在一定的历史条件下形成的政治、经济、文化等各方面的体系，如社会主义制度、资本主义制度等；二是要求成员共同遵守的、按一定程序办事的规程，如工作制度、学习制度、岗位责任制度等。以上两种含义是相互联系的，前者是基本制度，是决定企业方向的，是实现企业目标、完成企业任务的带有根本性的制度；后者是对各项管理工作的范围、内容、程序和方法所做的规定，一般比较具体。

企业是一个以盈利为目的的经济组织。从基本制度上看，企业制度属于经济方面的制度，它是在一定的历史条件下形成的企业经济关系；从具体制度上看，企业制度是指企业在运行和发展中的一些规定、规程或行动准则。按上述分析，所谓企业制度，是指在一定的社会经济条件下，企业在运行和发展过程中，有关企业性质、地位、权力、责任以及相互关系的规定、规范、准则的总和。企业制度属于上层建筑的范畴，表明了一定的经济关系。

所谓制度创新，就是要改变原有的企业制度，塑造适应社会主义市场经济体制和现代化大生产要求的、新的微观基础，建立起产权清晰、权责明确、政企分开、管理科学的现代企业制度。制度创新意味着对原有制度的否定，而不是在原有制度上的修补。因为不同的经济体制要求有不同的微观基础，市场经济体制要求企业成为自主经营、自负盈亏、自我约束、自我发展的法人实体和市场竞争主体，因而企业制度必然要经历一个破旧立新的过程。

企业制度主要包括产权制度、经营制度和管理制度等3个方面的内容。

1）产权制度是决定企业其他制度的根本性制度，它规定着企业最重要的生产要素的所有者对企业的权利、利益和责任。生产资料是企业生产的首要因素，因此，产权制度主要指企业生产资料所有制。目前存在的相互对立的两大生产资料所有制——私有制和公有制在实践中都不是纯粹的。私有制正越来越多地渗入"共同所有"的成分，被"效率问题"所困扰的公有制则正或多或少地添进"个人所有"的因素。企业产权制度的创新也许应朝向寻求生产资料的社会成员"个人所有"与"共同所有"的最适度组合的方向发展。

2）经营制度是有关经营权的归属及其行使条件、范围、限制等方面的原则规定。它表明企业的经营方式，确定谁是经营者，谁来组织企业生产资料的占有权、使用权和处置权的行使，谁来确定企业的生产方向、生产内容、生产形式，谁来保证企业生产资料的完整性及其增值，谁来向企业生产资料的所有者负责以及负何种责任。经营制度的创新方向应是不断寻求企业生产资料最有效利用的方式。

3）管理制度是行使经营权、组织企业日常经营的各种具体规则的总称，包括对材料、设备人员及资金等各种要素的取得和使用的规定。在管理制度的众多内容中，分配制度是最重要的内容之一。分配制度涉及如何正确地衡量成员对组织的贡献并在此基础上如何提供足以维持这种贡献的报酬。由于劳动者是企业诸要素的利用效率的决定性因素，因此，提供合理的报酬以激发劳动者的工作热情对企业的经营就有着非常重要的意义。分配制度的创新在于不断地追求和实现报酬与贡献的更高层次上的平衡。

产权制度、经营制度、管理制度这三者之间的关系是错综复杂的。一般来说，一定的产权制度决定了相应的经营制度。但是，在产权制度不变的情况下，企业具体的经营方式可以不断地进行调整；同样，在经营制度不变时，具体的管理规则和方法也可以不断改进。而管理制度的改进一旦发展到一定程度，则会要求经营制度做相应的调整；经营制度的不断调整，必然会引起产权制度的革命。因此，反过来，管理制度的变化会反作用于经营制度；经营制度的变化会反作用于产权制度。企业制度创新的方向是不断调整和优化企业所有者、经营者、劳动者三者之间的关系，使各个方面的权力和利益得到充分的体现，使组织的各种成员的作用得到充分的发挥。

制度创新的新思维：学习型的企业组织。随着知识经济时代的来临，市场信息复杂多变，人类知识日益膨胀。在美国，每天约有1000多家企业诞生，同时每天又有1000多家企业倒闭。人们不禁要问：面对纷繁复杂的变化，企业如何才能保持永久的生命力？英国壳牌石油公司的企划主任伍德格告诉我们："企业唯一持久的竞争优势，或许是具备比你的竞争对手学习得更快的能力。"真正出色的企业，都是那些能够设法使各阶层人员全心投入，并能不断学习的组织。彼得·圣吉在研究系统动力学的管理理论和无数优秀大企业的管理实践后提出：未来理想的企业组织形式是学习型组织。学习型组织必须进行以下几项修炼：①超越自我，不断学习，集中精力，培养耐心，客观地观察事物。②改善心智模式，发掘内心，并加以审视。③建立共同愿望，把领导者个人的愿望转化为能够鼓舞组织的愿望。④组织团队学习，运用深度交谈和讨论，建立真正有创造性的"群体智力"。学习型组织的出现，是企业制度的一次创新。

10.2.4 组织创新

企业系统的正常运行，既要求具有符合企业及其环境特点的运行制度，又要求具有与之相应的运行载体，即合理的组织形式。因此，企业制度创新必然要求组织形式的变革和发展。

组织创新是企业一切创新活动的源泉和根本。没有一个不断创新的组织，企业的其他创新活动就不会是有效的，也不会是持久的。中国企业能够阶段性优秀的比比皆是，能够持续优秀稳定发展的企业却是凤毛麟角。为什么我们的企业不能持续发展？大概有3个原因：缺乏体制保证、缺乏战略设计和缺乏创新能力。

组织创新的新思维：扁平化的组织结构。知识经济时代，信息技术的发展使得知识在管理者及劳动者之间共享，企业组织等级结构已不再受到管理幅度的限制，纵横交错的信息渠道造就了一种崭新的组织结构——扁平化的组织结构。企业扁平化的组织结构是一种通过减少管理层次、压缩职能机构、裁减人员而建立起来的一种紧凑而富有弹性的新型团体组织。它具有敏捷、灵活、快速、高效的优点。扁平化的组织结构是一种静态构架下的动态组织结构。其最大的特点就是等级型组织和机动的计划小组并存，具有不同知识的人分散在结构复杂的企业组织形式中，通过凝缩时间与空间，加速知识的全方位运转，以提高组织的绩效。扁平化组织结构的竞争优势在于不但降低了企业管理的协调成本，还大大提高了企业对市场的反应速度和满足用户的能力。不难预言，扁平化的企业组织将是知识经济时代独具特色的组织创新。

10.2.5 市场创新

市场是企业生存发展的场所，是企业谋求竞争优势的舞台，没有市场就没有真正意义上的企业。所谓市场创新，就是指企业通过开拓新市场和创造市场新组合来提高企业市场竞争力或扩大市场销售量的过程和行为。新产品的开发往往被认为是企业创造市场需求的主要途径。其实，市场创新的更多内容是通过企业的营销活动来进行的，即在产品的材料、结构、性能不变的前提下，或通过市场的地理转移，或通过揭示产品新的物理使用价值，来寻找新用户，或通过广告宣传等促销工作，来赋予产品一定的心理使用价值，影响人们对某种消费行为的社会评价，从而诱发和强化消费者的购买动机，增加产品的销售量。

市场创新大致有两个基本方向：一是纵向创新，即对现有市场的挖掘和深化，提高产品的市场渗透率；二是横向创新，即开拓新市场，扩大产品的销售量。

市场创新的新思维：知识经济时代，信息网络技术进入商品流通的每个环节，实现了对传统商业管理的根本性变革。网络营销就是信息革命带来的一次市场创新。美国于 1997 年率先提出"全球网络贸易框架"，明确了"网络自由贸易区"的概念，将电子商务活动的触角伸向世界各地。网络营销日益成为开拓市场的有效手段，卖方和买方都发生了根本性的变革。

10.2.6　管理创新

提起创新，人们很容易想到技术创新、制度创新，但是，却很少有人想到管理创新。在实践中也是如此，企业愿意投巨资进行产品创新、工艺创新和市场创新，却不愿花费财力于管理创新。事实上，管理创新是企业中各类创新的桥梁和纽带，没有相应的管理创新，技术等其他方面的创新就很难达到预期的创新效果。没有管理创新的"整合"和"优化"作用，即使技术创新、制度创新能够取得成功，也只能是成功一时而无法持续长久。因此，面对复杂多变的环境，企业需要进行技术创新、制度创新、市场创新等，但更需要进行管理创新。管理创新是企业创新系统的重要组成部分。

所谓管理创新，是指一种有目的的能动性实践活动，是管理者根据内外环境变化而采用某种新的、更有效的资源整合和协调范式，促进企业管理系统综合效率和效益目标实现的过程。这个定义可以从以下方面来理解：

1）管理创新是一项有目的的实践活动。人们完全能够根据客观情况的变化和自身的实际条件，有计划、有步骤地开展管理创新。

2）管理者是管理创新的主体，管理创新贯穿于管理者的所有管理活动之中。

3）管理是一种协调活动。协调就是使个人的努力与集体的预期目标相一致。管理的本质是协调。与此相关，管理创新的实质是创立一种新的、更有效的资源整合和协调范式。

4）管理创新的目的在于能动地适应环境的变化，达到提高企业整体效率和效益的目标。环境变化是客观的，不以人们的意志为转移。企业要在动态多变的环境中发展壮大，就必须适应环境的变化。当然，适应环境的变化并不是管理创新的目的，管理创新的真正目的在于通过对变化的环境的快速反应，更好地实现提高企业整体效率和效益的目标。

管理创新与技术创新、市场创新、制度创新等不同，它强调创始是贯穿于整个管理过程中的基本活动。

总之，企业创新可以分为观念创新、技术创新、制度创新、组织创新、市场创新和管理创新等。这些创新之间具有联动作用，每一项创新的变化都会影响到其他创新的变化，它们之间相互联系、相互作用，构成一个具有一定功能的有机整体——企业创新系统，而在企业中每一项创新又具有独自的

管理创新

运行规律，具有一定的功能作用，构成了自身的运行体系即企业创新系统的子系统，各子系统在企业创新系统中的地位和作用是不同的。观念创新是企业创新的先导，技术创新是企业创新的根本，制度创新是企业创新的基础，组织创新是企业创新的组织保障，市场创新是企业创新得以实现的载体，管理创新是企业创新的保证。

10.3 创新理论

10.3.1 熊彼特与创新理论

关于创新的经济学研究，不能不提到熊彼特。约瑟夫·阿洛伊斯·熊彼特（1883—1950）是当代著名的美籍奥地利经济学家。他出生于奥匈帝国摩拉维亚省的一个织布厂主的家庭。早年求学于维也纳大学，攻读法律和经济，是奥地利学派主要代表人物庞巴维克的弟子。1906年获维也纳大学博士学位。随后游学到伦敦，求教于马歇尔，并对瓦尔拉十分推崇。1932年迁居美国，长期任美国哈佛大学教授，并先后担任过美国经济计量学会会长和美国经济学会会长。熊彼特是最早把"创新"引入经济学的人，在他创立以"创新"为核心的经济发展理论之后的相当长的一段时间内，其描述资本主义经济发展规律性和解释世界经济不均衡增长的理论，并没有引起西方经济学界的重视。直到20世纪50年代，由于西方经济迅速发展，已不能用传统的资本、劳动力因素来解释。因此，熊彼特的创新理论又重新受到广泛重视，并得到进一步的发展。其理论在西方经济学的许多流派中都产生了重大影响。了解熊彼特创新理论的起源、内涵及其影响，对正确理解创新理论的演变过程，具有现实意义。

1. 熊彼特创新理论的起源

在熊彼特之前，古典经济学家亚当·斯密在《国富论》中明确地指出："国家的富裕在于分工，而分工之所以有助于经济增长，一个重要的原因是因为它有助于某些机械的发明，这些发明将减少生产中劳动的投入，提高劳动生产率。"斯密把经济增长定义为人均产出的提高，或者是劳动产品的增加，并认为劳动、资本、土地的数量决定一国的总产出，是经济增长的基本要素。这一时期创新理论并未真正提出。

熊彼特在1912年出版的《经济发展理论》一书中首次提出了"创新理论"。他以"创新理论"为核心，研究了资本主义经济发展的实质、动力与机制，探讨了经济增长和经济发展的模式和周期波动，预测了经济发展的长期趋势，提出了独特的经济发展理论体系。

熊彼特最推崇的经济学家是瓦尔拉，其研究方法受瓦尔拉的影响最深。他认为瓦尔拉的一般均衡理论是经济理论方面的杰出成就。但熊彼特不满足于瓦尔拉的静态均衡分析，而用动态的方法创立了"动态的经济发展理论"。他认为经济发展不是由外部推动的，而是来自资本主义经济内部，即是"创新"的结果；而资本主义的灭亡和"社会主义"的胜利，正是由于"创新"的减退和消失。可以看出，熊彼特在研究经济发展时采用的主要是动态均衡的分析方法，并侧重于从事物的内部寻求原因。其研究方法一方面直接来源于瓦尔拉的一般均衡分析，同时也受到了马克思的很大影响。

马克思认为：科学和技术是社会经济或生产力发展的基本动力；反过来，社会经济又决定着科学和技术的发展，即科学—技术—社会经济的相互依赖、相互作用的辩证的发展过程。熊彼特十分欣赏马克思对技术发明和创新作用的观点，也在一定程度上接受了马克思剖析资本主义的观点和方法。正是在马克思关于技术发展和作用的观点的基础上，熊彼特深入地剖析了资本主义经济发展的过程的决定因素，创造性地提出了独特的创新理论。但熊彼特虽然在发展观上与马克思有一定的共同之处，却反对马克思的历史唯物主义，反对马克思的劳动价值理论和剩余价值理论，因而与马克思在世界观和立场方面有根本的不同，正如熊彼特夫人所指出的"它使马克思谴责资本主义，而使熊彼特成为资本主义的热心辩护人"。

2. 熊彼特创新理论的基本要点

熊彼特以创新理论为其经济学说的核心内容，在经济发展、经济增长和经济周期等领域开辟了一条新的研究途径，其理论学说在西方经济学中自成体系。熊彼特创新理论的基本要点如下。

（1）熊彼特创新概念：何谓"创新"？按照熊彼特的观点，所谓"创新"，就是要建立一种新的生产函数。也就是说，把一种从来没有过的关于生产要素和生产条件的新组合引入生产体系，其目的是为了获取潜在的利润。

所谓生产函数，是在一定时间内，在技术条件不变的情况下生产要素的投入同产出或劳动的最大产出之间的数量关系，它表示产出是投入的函数。每一个生产函数都假定一个已知的技术水平，如果技术水平不同，生产函数也不同。又比如，生产一种产品，原来实行手工劳动，需要的劳动力较多，生产工具比较简单，现代科技和经营管理方法落后，即为一种生产函数。现在改用机械操作，劳动力较少，现代科技和经营管理方法得到广泛应用。这是生产函数发生了改变，或是生产要素和生产条件实现了"新组合"，其结果是后者可以比前者获得更多的利润。

熊彼特所说的"创新"或生产要素的新组合有以下 5 个方面的内容：

1）引进新产品，即产品创新。制造一种消费者还不熟悉的产品，或一种与过去产品有本质区别的新产品。

2）引进新技术，即采用一种新的生产方法，如工艺创新或生产技术创新。

3）开辟新市场，即市场创新。开辟有关国家或某一特定产业部门以前尚未进入的市场，不管这个市场以前是否存在。

4）控制原材料的新供应来源。不管这种资源是已经存在，还是首次创造出来。

5）实行新的企业组织形式，即组织管理创新。如形成新的产业组织形态，建立或打破某种垄断。

熊彼特的创新概念主要属于技术创新范畴，也涉及了管理创新、组织创新等，但他强调的是把技术与经济结合起来，因而他所说的创新是一个经济学的概念，是指在经济上引入某种"新"的东西，不能等同于技术上的发明，只有当新的技术发明被应用于经济活动时，才能成为"创新"。他把发明与创新分开，强调第一个将发明引入生产体系的行为才是创新。

（2）创新与企业家：熊彼特指出："我们把新组合的实现称为'企业'；把职能是实现新组合的人们称为'企业家'。"企业家活动的动力来源于对垄断利润或超额利润的追逐，其目的或结果是实现"新组合"或创新。可以说，创新的承担者（主体）只能是企业家，企业家的创新活动是经济兴起和发展的主要原因。

发明者不一定是创新者，只有企业家才会有能力把生产要素和生产条件的新组合引入生产体系，实现"创新"。同样，资本家和股东也不同于企业家，资本家和股东是货币的所有者、物质财富的所有人，而企业家则是资本的使用人、实现生产要素新组合的首创人。企业家可以同时是一个资本家或是一个技术专家或是一个技术发明者，但拥有资本的资本家或技术发明者如果不把他们的资本和技术用于生产方式的新组合，没有创新行为，那他们就不能成为企业家。

在熊彼特看来，企业家应具备 3 个条件：

1）有敏锐的洞察力，能预见到潜在的市场和潜在的利益。

2）有能力，有胆略，敢冒经营风险，从而取得可能的市场利润。

3）有经营能力，善于动员和组织社会资源，进行并实现生产要素的新组合，最终获得利润。

创新者往往就是企业家，企业家的基本职能和企业家精神的核心就在于"创新"。经济发展的动力是利润和企业家精神。

（3）创新与经济增长：熊彼特认为，经济会由于创新而增长，但这种增长呈现周期性。

创新能够导致经济增长，是因为创新既给创新者带来了盈利机会，同时也为其他企业开辟了发展道路。其他企业见到创新后有利可得，就必然要进行模仿，从而使整个行业形成一个"创新"浪潮。一个行业的发展又会推动其他行业以及整个社会经济的发展，于是经济走向高涨。当较多的企业模仿同一创新后，创新浪潮便消逝，经济出现停滞。如果经济要再度增长，就必须有新一轮的创新。只有不断创新，才能保证经济的持续增长。

资本主义经济增长的过程是通过繁荣、衰退、萧条和复苏的周期过程而实现的，而创新是决定这种周期的主要因素。经济危机是创新过程中不可避免的周期性的经济现象，繁荣之后，便是衰退，衰退和萧条就是危机，摆脱经济危机只有通过创新。

（4）创新与经济发展：熊彼特认为，经济发展是一种"质变"或生产方法的"新组合"，它与经济增长的最大区别在于经济发展是一个动态的过程，它是内部自行发生变化的结果。

用熊彼特的话来说，创新就是实现生产方法的新组合，创新就是经济发展。因此，"创新""新组合""经济发展"实际上是一个意思或同义语。

在熊彼特看来，创新是一种创造性的破坏。他注意到，创新的过程，是不断破坏旧的结构，不断创造新的结构的过程，是一个创造性的破坏过程。一批又一批的企业在创新浪潮中被淘汰，一批又一批新的企业在创新浪潮中崛起，具有创新能力和活力的企业不断发展，生产要素在创新过程中实现优化组合，经济就会不断发展。持续创新，持续破坏，持续优化，持续发展。这就是创新的经济发展逻辑。

经济发展了，必然带动社会发展。所以，创新也与社会发展密切相关。

3. 熊彼特创新理论的意义

熊彼特的创新理论从其概念到涉及的经济增长、社会发展、经济周期等，无一不是将科学技术与经济社会联系起来。

熊彼特所说的"创新"，涉及科学技术的重大发展和技术变革，但它并不是纯经济和技术的概念，而是具有广泛的含义。它既包括技术变革、生产方法的变革内容，同时更具有经济制度形态的转变特征。熊彼特的创新理论突出了企业家的作用。在他看来，没有企业家就没有创新。这些是熊彼特经济发展理论的特色。熊彼特的创新理论对西方经济学的许多流派产生了重大影响，有些被发展成为新的分支学科，如技术创新经济学、制度创新经济学等。

熊彼特把创新理论置于他的经济发展理论的核心地位，直接地、明确地把创新活动作为经济增长的原动力。后来，他又根据前苏联经济学家尼古拉·康得拉齐耶夫的长波理论，研究了创新在资本主义经济发展的长周期中所起的作用，勾画了技术创新经济学理论的大致框架。

熊彼特的创新理论并非十分完善。例如，他强调"创新"就是生产要素在生产过程中的新组合，包括生产的新产品、新方法，原材料的新来源、新市场和生产的新组织。实际上，他把创新局限在生产过程中的新变化，突出了新技术的商业应用。这种"创新"就具有一定的局限性，或仅是经济学意义上的"创新"，虽然它包含着科学技术是经济发展的主要动力的意思。

熊彼特的创新理论中不完善的地方，为后来技术创新和制度创新理论的进一步研究所补充和发展。

熊彼特因提出自成体系、独树一帜的创新理论而享誉西方经济学界。他用创新理论解释资本主义的经济周期，解释资本主义的产生和发展，给当时的理论界以耳目一新之感。他对西方经济理论思潮的发展产生了久远的影响，其后的许多理论流派都在很大程度上秉承和发展了他的观点。今天，甚至有人声言，熊彼特的创新理论将在21世纪复活，用以指导人们今天的经济实践。

综上所述，我们可以看出，熊彼特"创新"理论的最大特点，就是强调生产技术的革新和生产方法的变革在资本主义经济发展过程中的至高无上的作用，并把这种创新或生产方法的新组合看成是资本主义的最根本特征，因而认为没有创新，就没有资本主义，既没有资本主义的产生，更没有资本主义的发展。并且，熊彼特还非常强调和重视"企业家"在资本主义经济发展过程中的作用，把企业家看成是资本主义的"灵魂"，是创新、生产要素新组合以及"经济发展"的组织者和推动者。

10.3.2　创新理论的发展

继熊彼特之后，西方经济学家沿着熊彼特的创新思想对创新理论进行了进一步的研究和发展，形成了一系列的创新理论和流派，其中最具代表性的是技术创新学派和制度创新学派。

1. 技术创新学派

技术创新学派的主要代表人物有爱德温·曼斯菲尔德、莫尔顿·卡曼、南赛·施瓦茨、保罗·戴维斯等。他们在分析研究熊彼特创新理论的基础上，对技术创新理论作了开创性的研究工作，研究了诸如技术创新的概念、含义、过程、影响因素等，初步建立了技术创新理论的基本框架。他们研究的重点问题有：新技术的推广、技术创新与市场结构的关系；企业规模与技术创新的关系；技术创新的动力源，主要有技术推动说、需要推动说、政府行为启动说、企业家偏好驱动说、社会—技术—经济系统组织作用论、技术轨道推动说等；技术创新的阻力机制和环境因素；技术创新的扩散问题。

2. 制度创新学派

制度创新学派的主要代表人物是美国经济学家道格拉斯·诺斯和他的合作伙伴兰斯·戴维斯。他们于1971年出版了著作《制度变革和美国经济增长》一书，率先在制度创新领域进行了实质性的开拓，从而丰富和发展了熊彼特的创新学说。这一时期的研究主要有以下几点：

（1）按照诺斯的理论，"制度就是人为设计的各种约束，它构建了人类的交往行为。制度是由正式约束（如规则、法律、宪法）、非正式约束（如行为规范、习俗等）以及实施它们的特点构成的。它们共同确定了社会的尤其是经济的激励结构。"因此，在讨论制度变迁时，首先应区分规则（或组织）的变迁与习惯的变迁。对于前者的分析，则深入到更微观的层次，涉及行为人的思维理性和记忆问题。以上就是制度创新的分析对象和工具。

（2）制度的经济功能与作用。制度的经济功能与作用主要有：①用于降低交易费用。罗纳德·科斯 1937 年在其论文《论企业的性质》中提出了"交易费用"的概念，认为市场交易是有成本的，这一成本就叫作交易费用，企业组织的产生和存在是为了节约市场交易费用，即用费用较低的企业内交易替代费用较高的市场交易。企业规模的大小则取决于企业内交易的边际费用的那一点上；而相继生产阶段或相继产业之间是制定长期合同，还是实行纵向一体化，则取决于两种形式的交易费用孰高孰低。科斯教授的"交易费用"概念为我们提供了观察组织产生、发展及创新的新视角。②用于影响要素所有者之间配置风险（如合约、分成制等）。③用于提供职能组织与个人收入流的联系（如产权等）。④用于确立公共品和服务的生产与分配框架。

（3）制度创新的原因分析。制度创新的原因主要有：①人们经济价值不断相对提高的结果。②要素与产品的相对价格以及与经济增长相关联的技术变迁所引起。③生产性资产的"专有性"和驱动分工等。

（4）制度创新的主体和途径。①制度创新的决策者。②政府机构或为制度创新决策者服务的机构或个人。③强制性制度创新。

诺斯等人认为，制度创新与技术创新既相互支持，又相互制约：知识和技术确立了制度创新的上限，而进一步的制度创新又需要知识、技术的增长；反之，制度则确立了知识和技术进步的上限，在既定的制度框架内，创新总会有被终止的时候，这时的制度创新成为技术创新的制约。

本 章 小 结

创新，是指改变、更新或执行一个新方案，改变、更新或制造一种新的东西，以获得更高的社会效果和经济效果的过程或行为。创新可以按照不同的标准进行分类。根据创新的规模以及创新对系统的影响程度的不同，可以把创新分为局部创新和整体创新；根据创新的广度和深度的不同，可以把创新分为根本性创新和渐进性创新；根据创新与环境的关系，可以把创新分为消极防御型创新和积极攻击型创新；根据创新的组织方式不同，可以把创新分为自主创新和模仿创新。

创新的内容主要包括观念创新、技术创新、制度创新、组织创新、市场创新和管理创新。

熊彼特在 1912 年出版的《经济发展理论》一书中首次提出了"创新理论"。他以"创新理论"为核心，研究了资本主义经济发展的实质、动力与机制，探讨了经济增长和经济发展的模式和周期波动，预测了经济发展的长期趋势，提出了独特的经济发展理论体系。

熊彼特"创新"理论的最大特点，就是强调生产技术的革新和生产方法的变革在资本主义经济发展过程中的至高无上的作用，并把这种创新或生产方法的新组合看成是资本主义的最根本特征，因而认为没有创新，就没有资本主义，既没有资本主义的产生，更没有资本主义的发展。并且，熊彼特还非常强调和重视"企业家"在资本主义经济发展过程中的作用，把企业家看成是资本主义的"灵魂"，是创新、生产要素新组合以及"经济发展"的组织者和推动者。

复习思考题

1. 什么是创新？创新与发现、发明有什么联系和区别？
2. 如何理解创新与维持的关系以及在管理中的作用？
3. 企业创新有哪些基本内容？
4. 如何理解和认识熊彼特的创新理论？

阅读资料

三星集团：从学步到引领变革

曾几何时，三星在人们眼里还只是一个模拟别人制造廉价产品的公司。但是，近几年来，三星依托发展自我技术和品牌而迅速崛起，一跃成为全球最大的内存芯片、纯平显示器和彩色电视制造商之一。从某种意义上讲，三星创造了企业神话，并成为许多企业争相学习和探秘的对象。但一个企业保持强势比造就强势要困难得多。三星能将这种强势延续多久成为很多人关注的焦点。三星的高层习惯于谈论危机和变化，那么他们在目前的状况下看到什么新的危机呢？他们会怎样去面对潜在的危机呢？

三星集团在 2002 年世界 500 强排名中列第 134 位，销售收入达到 306.46 亿美元。《中国经营报》：三星集团会长李健熙有句名言："除了妻儿一切都要变！"这代表了三星集团面对未来发展和随时可能出现的危机的态度。你走马上任三星中国总部会长一年以来，是否也在不断地改变着三星中国？李亨道：我到中国的根本目的有两个，一是让三星中国公司具有非常独特的核心竞争力，二是让三星在中国树立优秀的品牌形象。三星中国现在已经发生了许多变化。三星中国加大了对尖端技术和产业的投资力度和领域，目前，三星 CDMA 系统和手机已进入了正规化的生产，液晶显示板也进入了生产阶段。另外，对笔记本电脑、等离子电视、液晶电视、激光打印机、中心空调的投资也有所加强，确保了三星的技术优势。还有，三星中国现在正在努力构建"当地完结型经营"模式，即从产品的早期研发直至原材料采购、营销、生产、销售等一系列的经营环节，今后都希望在中国当地完成。

《中国经营报》：今年以来，中国国产手机已经占到了市场份额的一半；另外，长虹"五一"以来的"背投降价风暴"席卷全国，海信等离子彩电突破 3 万元的价位，高端彩电领域的新一轮"价格战"已来临。这些三星在中国主要从事的领域中的激烈竞争是否对三星中国的发展构成了威胁，你们如何看待并应对这些危机？

李亨道：中国手机制造企业的确是在市场上取得了非常不错的成绩。但从根本上讲，手机生产企业的技术开发能力很重要。要拥有自己的技术，并且能够很快地、不断地对技术进行改进，才能引领手机的发展。作为三星，我们希望能够在中国市场上做手机技术和设计的领跑者。彩电方面，三星不会投身于市场的价格战。中国电视市场的竞争非常激烈。长虹等彩电生产企业的降价行动引发了整个彩电行业的降价风潮。但是三星不打算通过打"价格战"来赢得市场。对于电视产品我们也将继续推行高端战略，通过向市场提供背投、LCD 等高端产品，通过持续地率先引进先进技术，起到引领潮流、主导市场的作用。

《中国经营报》：当初三星进入中国，是看中了中国"突出的制造能力"，把中国作为"后院工厂"。现在，三星集团对中国的战略定位是否有改变？

李亨道：三星刚刚进入中国时确实是比较看中中国突出的制造能力，当时的情况是所有的产品在韩国进行研发，拿到中国来生产再出口。但如今情况发生了根本的变化，三星从生产、研发到销售，所有的环节都要独立自主地在中国完成，我们要成为一个名副其实的中国企业。这意味着三星中国战略的根本改变。我们已从原来的建立生产基地的战略中走出来，积极探索以产品的高级化、个性化为基础的品牌中心战略。

《中国经营报》：据我们所知，三星曾实行以资历为基础的用人制度，为此失去了很多优秀员工，这也是不少日韩企业经营本土化方面落后于欧美企业的地方。您将如何改变这种状况？

李亨道：这种情况在三星最初进入中国的时候确实曾一度存在。当时我们在中国没有事业基础，又缺乏必要的人力，一度曾只能相对多地聘用有一定工作经验的人。但三星中国在发展"当地完结型经营"的过程中，产品越来越多，而且生产规模也在不断扩大。这样我们肯定会需要更多的优秀人才补充到我们的队伍中来。如今我们录用的员工中，除了某些非凡的岗位，绝大多数刚刚走出校门。我们在中国 17 所重点大学设立了奖学金，并和很多大学开展产学协作，共同开发一些项目。我们已在中国国内设立了三个研修院，开设了各种员工培训课程。我们还在北京大学设立了 MBA 干部培训班课程。三星希望通过以上的方式吸引到更多优秀的人才。

《中国经营报》：中国绝大部分企业的学习目标是通用、IBM 等欧美企业。三星做得很成功，但至今似乎没有听过一个中国企业学习三星，是否三星的核心治理理论还不太为人所知？

李亨道：这点是可以理解的。因为在中国，人们对三星不是很了解，而且跟美国的一些企业相比，三星确实和它们存在一定差距。但值得一提的是，三星在韩国、欧美及日本等地受到的关注程度相当高。韩国闻名的报纸连载了，后又编纂成书，除此之外也有很多媒体在探讨三星的成功之路。在美国，三星的成功成为哈佛大学 MBA 的教学案例，在日本也受到了极大的关注。因为在世界经济普遍不景气的背景下，三星企业发展得非常好，是除微软、IBM 几个大公司外屈指可数的业绩上升公司之一。三星在很多方面的业绩甚至已超过索尼。

在危机中找到转机，三星集团会长李健熙的"李式危机论"在韩国企业界久负盛名，他总是告诫三星人"假如只对眼前沾沾自喜，三星随时都可能陷入危机当中，必须仔细思考未来 10 年三星的立足之本并时刻为之做好预备"。三星的一次次重要转型也是在这种"危机"意识驱使下实现的。而三星转向自有品牌的经营以及运作品牌的成功，无疑是其取得今日成绩的关键。把握产业的战略变革时机在三星工作已达 30 年之久的三星集团副会长、中国总部会长李亨道先生认为："李健熙会长在 1993 年倡导的'新经营运动'对于三星能发展到今天起到了决定性的作用。""新经营运动"对于当时的三星意义深远。"新经营运动"的核心是强调三星要从以数量为主的经营模式转到以质量为主的经营模式，在追求质量的基础上确保企业的核心竞争力，这样企业才能长足发展。在李健熙倡导新经营运动前，韩国企业经历了一个高速成长期，其间韩国企业的生产都是以数量为中心，对质量的要求不是很高。李健熙感觉到企业以数量为中心的经营将对企业的长远发展产生很大的限制。但真正要实现变革需要下很大的决心。在这样的背景下他提出了"除了妻儿一切都要变！"的口号。"今天我们回过头来看，这场变革是非常成功的，对三星是具有决定性意义的。"李亨道这样总结。李健熙的"新经营运动"理念使得当时韩国企业界从一致认可的"量经营"思想，开始向"质经营"思想转变。韩国爆发金融危机后，"新经营"思想成为三星抢先一步完成调整的原动力。1997 年，金融危机席卷亚洲，很多韩国企业遭受了沉重打击，不得不通过结构调整减少附属机构、削减人员及健全财务机制来渡过难关。三星也削减了旗下机构，将其 10 个事业部以 15 亿美元卖给海外财团。但是，三星却将这次考验当成了一次契机，很快在危机中找到了新的发展方向。李健熙提出了三星集团重大的战略转型：为成为 21 世纪名副其实的世界超一流企业，将电子、金融及服务业确定为其核心业务，成长为引导信息时代的"数字企业"，经营核心转向以自有品牌、数字技术为中心。三星集团中三星电子担当了新战略的领军角色。这次转型使得三星电子的核心竞争力也开始从大规模模拟生产，转向基于数字技术的自有品牌开发。三星涉足电子事业已有 33 年的历史，在模拟时代，三星算是起步比较晚的企业，但是在数字时代三星则成为领袖企业，李亨道认为其根本原因在于："三星比较准确地预见到了数字时代和信息时代的来临，并为迎接这个时代的来临做了很充分的预备和努力。比如，三星在研发方面的投资力度非常大，而且在确保核心技术方面三星很早就开始预备，所以在数字时代到来时，三星从一个'后发'企业而变成了'先发'企业。"2002 年，在世界闻名品牌调查机构英国进行的年度品牌调查中，三星电子排名剧升，从第 42 位提升到第 34 位，排名上升了 8 位，品牌价值由 64 亿美元增加到 83 亿美元，上升了 30%，成为全球品牌价值提升速度最快的公司。对于三星品牌迅速提升的原因，曾在三星集团从事企划业务长达 10 年的李亨道则认为："究其根本还是三星产品优异的品质，正因为消费者对三星产品的热衷，三星的品牌价值才得以如此快的提升。全球首款珍珠白色的手机、首款挂在脖子上的手机等新型手机都出自三星，我们在产品的外观设计、人体工艺学方面煞费苦心。我们对于设计的投入非常大。"三星为确保源源不断的创作源泉，旗下网罗了大批优秀人才，设计经营中心有 307 名设计师，他们每年开发出 700 多件产品模型。三星电子在 2002 年度工业设计奖的评选中共获得 5 项大奖，与美国的苹果公司平分秋色，同为该届工业设计奖中获奖最多的公司。由美国工业设计协会颁发的年度工业设计奖是全球工业设计界最重要的奖项之一。自 1998 年至今，三星电子共获得了 17 项工业设计奖，连续 5 年成为获奖最多的公司。1997 年在三星身陷亚洲金融危机时，李健熙带动发起了一场设计革命，他亲自从美国请来了 IBM 的设计神童汤姆·哈蒂为三星的设计师们开阔思路。三星主要的设计师还同美国公司的设计天才们一道工作，以激发自己的头脑。三星设计中心为了能拿出优秀的新产品方案，对不同地区进行分类，选定该地区将集中供给的消费群，研究他们的生活方式，然后投其所好开发出符合他们口味的产品。三星设计人员将与这些消费者相处一周，对他们进行充分理解，然后拿出好的计划，三星的 178 件专利产品均是如此诞生的。李健熙的理念是："设计方面的创意是企业重要的资产，也是 21 世纪决定企业经营最后胜败的关键。"他对三星设计中心提出的要求是：要从所有产品中一眼就能认出哪个是三星的产品。李健熙为三星提出的目标是：到 2010 年成为数字融合革命的主导者，跻身全球三强之列。在前行的路上，三星肯定将面对诸多的危机，他们能否依靠现在的经营策略稳步成长，他们还会怎样去主动应变，这是值得我们关注的。

（该阅读材料来源于中国营销传播网）

案例分析

会做文章的宝洁公司

    提起广州宝洁公司和它的系列日用品，中国的老百姓可谓无人不知，无人不用。宝洁，即 P&G，是美国 PROCTE&GAMBLE 公司的简称，于 1837 年由从事酿造业的威廉·普罗克特和制造香皂的詹姆斯·甘波尔在美国俄亥俄州辛辛那提市创办。经过150多年的艰苦奋斗，这家公司已经发展成为目前世界上最大的日用消费品制造商和经销商之一。全球雇员9.65万人，年销售额达320亿美元，在全球最大的500家工业公司中名列第34位。宝洁公司在世界60多个国家和地区设有工厂及分公司，所经营的300多个品牌的产品畅销140个国家和地区，其中包括食品、纸品、洗涤用品、药品、护发护肤品、化妆品等。1988年8月，经过广泛的市场调研以及精心慎重的选择，美国宝洁公司在广州成立了在中国的第一家合资企业——广州宝洁有限公司。自公司成立后，仅用了一年多的时间，先后生产出"海飞丝""玉兰油""飘柔"等国际名牌产品，行销中国20多个省市，出口东南亚等地，深受消费者的欢迎。其中，"飘柔"洗发水是宝洁公司在中国市场推出的第一个品牌。除此之外，还有我们熟悉的潘婷、护舒宝、碧浪、汰渍、舒肤佳等家喻户晓的品牌。1994年，美国宝洁公司被评为全美十大最受尊敬的企业之一。

1996年，宝洁公司的汰渍洗衣粉成为中国市场上洗衣粉销售量最大的品牌。飘柔则成为中国销售量最大的洗发水。舒肤佳香皂更是后来居上，直逼老牌的力士和夏士莲。

作为全球最大的日用消费品制造、经销商，宝洁公司在短短几年内成功地将它的众多知名品牌推广到中国的城市和农村的日用品市场，而广州宝洁公司又是怎样创造和保持这骄人的业绩的呢？

宝洁公司在中国的成功最主要得力于依据中国特点的创新经营——先出售、后生产的营销思想，在市场研究方面始终处于领先地位。对消费者需求的研究，宝洁公司创造了很多市场调研方法与技术，不仅满足了全球消费者的共同需求，还尽力满足具体市场的独特需求。10多年来，宝洁公司向中国市场推出7个大类17个品牌的产品，其中国名字都是广泛调研后产生的，也有不少是中国消费者参与的结果。仅从1996年以来，宝洁公司广州总部就收到消费者来信3万多件，对产品、包装、广告等提出了许多建议，为宝洁在中国市场创新创牌提供了重要的信息。与此同时，宝洁公司每年用于创新开发的奖金有15亿美元，年均申请专利2万件，可见宝洁公司"后营销管理"拓展国际市场的不懈追求。"后营销管理"是企业以维持现有客户为目标并不断扩展市场的经营行为。其特征是以维持为基本出发点，把营销侧重点放在现有顾客身上，满足现有顾客的要求，培养忠诚的消费群体，从而达到低营销成本、高营销效率进而扩大市场的目的。一般地说，企业新开拓国际市场需花费较多的投入，而"后营销管理"则具有扩大市场的高效率和高效益。这是因为，它是在现有消费者群的巩固的基础上的市场拓展，具有事半功倍的效果。

宝洁公司很早就发现，电视是其接触消费者的最有效的途径，而电视广告并非娱乐，首要任务是有效地传递商品信息。宝洁的广告总是向顾客承诺一个重要的利益点，而且多是运用演示说明或者比较式表现的形式。从文案创意到完成，宝洁的广告通常要经过4次测试。如果被邀请的消费者不满意，广告便可能被取消。

宝洁公司每年的广告费支出高达30亿美元。在广告公司眼里，宝洁是最大的"米饭班主"，皆因宝洁作为一个持续的广告主，即使在世界最困难的经济萧条时期，都从未放弃过广告。大量的广告对宝洁的市场占有率起着举足轻重的作用。

宝洁公司的营销宗旨里，有一点很明确，即只要有宝洁品牌销售的地方，宝洁公司就要努力成为该市场的领导者。为了创建品牌，占有市场，宝洁在大量投放广告之余，也很注重产品试用和抢先进入消费者生活的"第一步"。

早在 1934 年，宝洁公司就在美国成立了消费者研究机构，成为美国工业界率先运用科学分析方法了解消费者需求的公司。宝洁公司陆续建立起用户满意程度监测系统，了解各个国家的消费者对公司产品的反映，20 世纪 70 年代更成为最早用免费电话与用户沟通的公司。宝洁建立起庞大的数据库，把用户的意见及时反馈给产品开发部，以求产品的改进。

宝洁公司从 1887 年起从事基础研究，是世界上第一批进行基础研究的企业之一，这为宝洁公司独立开展研发和生产打下基础。百余年来，宝洁公司的科学家和研究人员，一直致力于如何改良产品，降低成本，形成宝洁公司产品的独特差异，从而建立起宝洁王国。

宣称"我们与世界上的家庭息息相关"的宝洁公司，通过广告语清晰地表达自己占领市场，争当先驱的思路——让我们尽心尽力……，让每天尽善尽美……

宝洁的竞争优势能够持续保持，这无疑是一项奇迹。事实上，这种优势正来源于特色，特色之泉不枯竭，优势之源不枯竭。

? 思考与分析

结合有关创新的理论和知识，你在案例中发现了什么成功秘密？

实践练习

项目

调查、访问一个创新企业或企业管理创新的某一领域、内容。

目的

1）通过了解企业管理创新某一方面的内容、特征，进一步加深理解管理创新的含义、原则等。

2）在此基础上，探索管理创新的步骤、策略与技巧。

3）初步培养和锻炼学生的创新思维能力以及运作技术与方法。

内容

在调查或访问的过程中，可以围绕如下问题：

1）该企业管理创新涉及哪几个方面？

2）管理创新的特点、模式、方式是什么？

3）该企业管理创新的策略与具体创新方法有哪些？

4）该企业管理创新的思维方法有什么优缺点，在实际运用时应如何取长补短？

5）通过对该企业管理创新的调查、访问，你得到了哪些启示？

Chapter Eleven

第 11 章　综合实训演练

学习目标
- 锻炼学生综合运用所学管理学基础、财务管理等知识。
- 增强学生的市场竞争观念，训练其在变化的市场环境中，不断跟踪、调整营销战略和策略，保证营销计划实施和目标实现的能力。
- 理解和把握观念创新、技术创新、制度创新、组织创新、市场创新和管理创新的内涵。
- 培养学生现代管理者必须具备的"团队精神"，使其在模拟过程中学会与不同性格、不同能力的人合作，取长补短，齐心协力地为实现公司目标而工作。
- 使学生加深对所学知识的理解，并认识自己在能力上的特点和掌握知识方面的薄弱点。

综合实训演练采用企业资源计划（ERP）沙盘模拟对抗的形式进行。ERP 沙盘模拟对抗课程采用哈佛流行的沙盘情景教学模式，通过游戏模拟和展示企业经营和管理的全过程。其基本思想是围绕市场竞争和市场预测的需求建立企业内、外部各种资源计划，实质是如何在资源有限的情况下，合理组织生产，力求做到利润最大，成本最低。本演练共分为 6 个任务，从学生刚接触沙盘到企业经营结束，其中财务分析以实际经营数据为例，给出了具体的计算评价及改进方法，经营管理分析系统地讲解了企业经营中战略的重要性及如何进行有效的竞争，在企业运营实录中的表格实用、详细，可有效地改善沙盘课程中的控制缺失现象。

11.1　组建团队，学习规则

11.1.1　实训目的

在教师的组织带领下，认真学习沙盘模拟训练规则，了解市场环境，预测和把握市场运行的基本趋势，为整个沙盘模拟做好准备。

通过组建自己的经营团队，分配成员角色，让学生了解各角色的岗位职责，明确公司组建初期的整个环节，并在此基础上有意识地培养学生团队协作精神。

11.1.2　实训步骤

（1）按照每组 5 ~ 7 个学生，将参加沙盘模拟实训的学生分成 12 组，每组各代表不同的一个虚拟公司。

（2）各组学生讨论各个分工角色，分别担任公司中的重要职位（CEO、CFO、市场总监、生产总监），并明确自己的岗位职责。

组建沙盘团队

（3）组织公司成员学习竞争规则。

实训规则：
电子沙盘引导

实训规则：
生产运营（一）

实训规则：
生产运营（二）

实训规则：
市场营销

实训规则：
财务管理

11.1.3 实训成果

（1）组建公司经营团队。
（2）学习掌握竞争规则。

11.1.4 问题思考

（1）如何组建团队，并进行合理分工？
（2）制定公司整体战略与市场环境的关系如何？

11.2 开始第一年的运营

11.2.1 实训目的

实训模拟的第一年也可称之为感性经营时代。通过本年度的运营，让学生认识企业经营的本质、企业利润的关键因素，包括如何开源节流，如何进行市场战略的制定，如何产品、市场的定位，以及对市场投入的效益分析等方面。

11.2.2 实训步骤

（1）各公司召开新年度规划会议，制定公司整体战略。
（2）根据市场预测表，参加广告订单，争取客户订单。
（3）根据所拿到的客户订单制定本年度生产计划。
（4）根据实训规则，进行具体操作：更新贷款、应收/应付款，更新原材料，更新生产，更新生产线以及支付订单等。
（5）填写管理报告，期末自我总结。

11.2.3 实训成果

（1）完成第一年的经营。
（2）把竞争规则具体运用到实际操作中。

模拟沙盘：
第一年运营

11.2.4   问题思考

（1）如何把竞争规则具体运用到实际操作中？
（2）如何才能拿到大的市场份额？

11.3   开始第二年的运营

11.3.1   实训目的

在实训的第二年，学生通常对企业经营管理沙盘模拟系统有了一定的认识，可以称之是理性经营时代。通过第二年的运营，让学生尝试学会对产品需求的数量趋势分析，学会产品销售价位、销售毛利进行分析，了解市场开拓与品牌建设对企业经营的影响；学会企业偿债能力进行分析等。

11.3.2   实训步骤

（1）各公司召开新年度规划会议，制定公司整体战略。
（2）根据市场预测表，参加广告订单，争取客户订单。
（3）根据所拿到的客户订单制定本年度生产计划。
（4）根据实训规则，进行具体操作：更新贷款、应收/应付款，更新原材料，更新生产，更新生产线以及支付订单等。
（5）填写管理报告，期末自我总结。

11.3.3   实训成果

（1）完成第二年的经营。
（2）把竞争规则具体运用到实际操作中。

模拟沙盘：
第二年运营

11.3.4   问题思考

（1）如何进行量本利分析？
（2）如何把握长贷和短贷的最有利时机？

11.4   开始第三年的运营

11.4.1   实训目的

在第三年的科学管理时代中，让学生学会产品管理与成本控制，学会对订单的控制（以销定产、以产定购的管理思想），学会对产品成本的控制（产能改造和建设的意义），理解产销排程管理（据销售订单的项目管理），以及对存货周转率分析与准时性生产理论有一个理性认识。

11.4.2　实训步骤

（1）各公司召开新年度规划会议，制定公司整体战略。

（2）根据市场预测表，参加广告订单，争取客户订单。

（3）根据所拿到的客户订单制定本年度生产计划。

（4）根据实训规则，进行具体操作：更新贷款、应收/应付款，更新原材料，更新生产，更新生产线以及支付订单等。

（5）填写管理报告，期末自我总结。

11.4.3　实训成果

（1）完成第三年的经营。

（2）把竞争规则具体运用到实际操作中。

模拟沙盘：
第三年运营

11.4.4　问题思考

（1）如何掌握产品管理与成本控制？

（2）分析权益不断下降的原因。

11.5　开始第四年的运营

11.5.1　实训目的

第四年在模拟经营中是一个企业的利润转折年，根据这一年的运营，让学生学会从盈亏平衡点这个指标上展开分析，学会从直接成本、研发投资、市场品牌建设等费用方面分析对企业利润的影响。

11.5.2　实训步骤

（1）各公司召开新年度规划会议，制定公司整体战略。

（2）根据市场预测表，参加广告订单，争取客户订单。

（3）根据所拿到的客户订单制定本年度生产计划。

（4）根据实训规则，进行具体操作：更新贷款、应收/应付款，更新原材料，更新生产，更新生产线以及支付订单等。

（5）填写管理报告，期末自我总结。

11.5.3　实训成果

（1）完成第四年的经营。

（2）把竞争规则具体运用到实际操作中。

模拟沙盘：
第四年运营

11.5.4　问题思考

（1）如何进行盈亏平衡点分析？
（2）如何在权益不断下降的情况下，绝地逢生？

11.6　开始第五年的运营

11.6.1　实训目的

第五年的运营是化战略为行动时代的运营，让学生理解全面计划预算管理（现金流控制策略），学会如何制定销售计划和市场投入，学会如何根据市场分析和销售计划，来制定安排内部项目管理；如何进行高效益的融资管理。

在此基础上，进一步理性学习人力资源管理，学会安排各个管理岗位的职能，学会对各个岗位进行业绩衡量及评估，进一步理解"岗位胜任符合度"的度量思想。

11.6.2　实训步骤

（1）各公司召开新年度规划会议，制定公司整体战略。
（2）根据市场预测表，参加广告订单，争取客户订单。
（3）根据所拿到的客户订单制定本年度生产计划。
（4）根据实训规则，进行具体操作：更新贷款、应收/应付款，更新原材料，更新生产，更新生产线以及支付订单等。
（5）填写管理报告，期末自我总结。

11.6.3　实训成果

（1）完成第五年的经营。
（2）把竞争规则具体运用到实际操作中。

模拟沙盘：
第五年运营

11.6.4　问题思考

（1）如何理解"预则立，不预则废"的管理思想？
（2）如何更有效地监控各个岗位的绩效？

11.7　开始第六年的运营

11.7.1　实训目的

最后一年是制胜时代，通过本年度的运营，让学生充分意识到信息化的重要性，理性理解决策的制定是企业经营成败的关键因素，理解科学决策需要管理信息化的支撑，了解信息孤岛，信息集成及 ERP，全面掌握企业整体的 ERP 建设。

11.7.2　实训步骤

（1）各公司召开新年度规划会议，制定公司整体战略。

（2）根据市场预测表，参加广告订单，争取客户订单。

（3）根据所拿到的客户订单制定本年度生产计划。

（4）根据实训规则，进行具体操作：更新贷款、应收/应付款，更新原材料，更新生产，更新生产线以及支付订单等。

（5）填写管理报告，期末自我总结。

11.7.3　实训成果

（1）完成第六年的经营。

（2）把竞争规则具体运用到实际操作中。

11.7.4　问题思考

（1）分析比较自己公司与其他公司的权益差距。

（2）综合 6 年的模拟经营，分析总结自己公司的经验教训。

模拟沙盘：
第六年运营

参 考 文 献

[1] 罗宾斯，库尔特. 管理学（第13版）[M]. 刘刚，程熙鎔，梁晗，等译. 北京：中国人民大学出版社，2017.

[2] 罗宾斯，德森佐，库尔特. 管理学：原理与实践 [M]. 毛蕴诗，译. 北京：机械工业出版社，2018.

[3] 周三多，陈传明，鲁明泓. 管理学：原理与方法 [M]. 5版. 上海：复旦大学出版社，2011.

[4] 邢以群. 管理学 [M]. 4版. 杭州：浙江大学出版社，2016.

[5] 单凤儒. 管理学基础 [M]. 6版. 北京：高等教育出版社，2017.

[6] 王凤彬，李东. 管理学 [M]. 5版. 北京：中国人民大学出版社，2016.

[7] 汪克夷，齐丽云，刘荣. 管理学 [M]. 2版. 北京：清华大学出版社，2016.

[8] 张友苏，李晓园. 管理学 [M]. 2版. 北京：高等教育出版社，2016.

[9] 王金台. 管理学原理与实务：修订版 [M]. 上海：上海交通大学出版社，2012.

[10] 雷恩，贝德安. 管理思想史 [M]. 孙健敏，黄小勇，李原，译. 6版. 北京：中国人民大学出版社，2012.

[11] 芮明杰. 管理学：现代的观点 [M]. 3版. 上海：上海人民出版社，2013.

[12] 曾旗，高金章. 管理学 [M]. 2版. 北京：高等教育出版社，2018.

[13] 戈麦斯－梅西亚，鲍尔金，卡迪. 管理学：原理、案例与实践 [M]. 詹正茂，主译. 3版. 北京：人民邮电出版社，2009.

[14] 大内. Z理论 [M]. 朱雁斌，译. 北京：机械工业出版社，2013.

[15] 黄铁鹰. 海底捞你学不会 [M]. 北京：中信出版社，2015.

[16] 圣吉. 第五项修炼：学习型组织的艺术与实践 [M]. 张成林，译. 北京：中信出版社，2018.

[17] 侯志春. 管理沟通理论与实务 [M]. 北京：清华大学出版社，2010.

[18] 苗雨君. 管理学：原理·方法·实践·案例 [M]. 3版. 北京：清华大学出版社，2017.

[19] 德鲁克. 卓有成效的管理者 [M]. 许是祥，译. 7版. 北京：机械工业出版社，2019.

[20] 沙因. 组织文化与领导力（第四版）[M]. 章凯，罗文豪，朱超威，等译. 北京：中国人民大学出版社，2014.

[21] 周三多. 管理学 [M]. 5版. 北京：高等教育出版社，2018.

[22] 韦里克，坎尼斯，孔茨. 管理学：全球化、创新与创业视角（第十四版）[M]. 马春光，译. 北京：经济科学出版社，2015.

[23] 孔茨，韦里克. 管理学：国际化与领导力的视角（精要版第9版）[M]. 马春光，译. 北京：中国人民大学出版社，2014.